话说中国海洋
HUASHUOZHONGGUOHAIYANG

军事系列

张召忠 主编

国家出版基金项目
NATIONAL PUBLICATION FOUNDATION

规范海洋（上）

张召忠 著

廣東省出版集團
广东经济出版社

图书在版编目（CIP）数据

规范海洋. 上册 / 张召忠著. —广州：广东经济出版社，2013. 8（2020. 9重印）
（话说中国海洋军事系列. 张召忠主编）
ISBN 978-7-5454-1981-8

Ⅰ. ①规… Ⅱ. ①张… Ⅲ. ①海洋法—通俗读物 Ⅳ. ①D993.5-49

中国版本图书馆CIP数据核字（2013）第152890号

责任编辑：周　晶　毛一飞
责任技编：陆俊帆
营销总监：杨　芳
出版统筹：赵　娜
封面设计：郭　炜
插图绘制：王明贺

规范海洋. 上册
GUIFAN HAIYANG. SHANGCE

出版人	李　鹏
出　版 发　行	广东经济出版社（广州市环市东路水荫路11号11～12楼）
经　销	全国新华书店
印　刷	咸宁市新源印务有限公司 （湖北省咸宁市高新区武咸快速路与横一路交汇处）
开　本	730毫米×1020毫米　1/16
印　张	17
字　数	269千字
版　次	2013年8月第1版
印　次	2020年9月第6次
书　号	ISBN 978-7-5454-1981-8
定　价	68.00元（上、下册）

图书营销中心地址：广州市环市东路水荫路 11 号 11 楼
电话：（020）87393830　邮政编码：510075
如发现印装质量问题，影响阅读，请与本社联系
广东经济出版社常年法律顾问：胡志海律师

《话说中国海洋》丛书编委会

总序

Zong Xu

林　雄

自古以来，华夏文明的辞典中，就不乏“海国”一词。华夏民族，并不从一开始就是闭关锁国的，而是有着大海一般宽阔的胸怀。正是大海，一直激发着我们这个有着五千年历史的文明古国的想象力和创造力。一部中国海洋文化的历史是波澜壮阔的历史，让后人壮怀激烈，意气风发。

金轮乍涌三更日，宝气遥腾百粤山。

影聚帆樯通累译，祥开海国放欢颜。

古人寥寥几行诗，便把广东遍被海洋文明之华泽，充分地展现了出来。两千多年的海上丝绸之路，就是从广东起锚，不仅令广东无负“天子南库”之盛名，更留下千古传诵的“合浦珠还”等众多的神话传说。而指南针的发明，造船业的兴盛，尤其是航海牵星术，更令中国之为海国，赢得了全世界的声望。唐代广州的“通海夷道”、南汉的“笼海得法”、宋代的市舶司制度，充分显示了我们作为海洋大国的强势地位。明代郑和七下西洋，更创造了古代对外贸易、和平外交的出色典范。尽管自元代开始，有了海禁的政策，但明清“十三行”，在推动开海贸易上功不可没，并带来了大航海时代先进的人文与科学思潮，也为中国近代革命作出长期的铺垫，成为两千多年海上丝绸之路上的华彩乐段。新中国的广交会，可以说是“十三行”的延续，为打破列强的海上封锁，更为今日走向全面的对外开放，功高至伟。改革开放之初，以粤商为主体的国际华商，占据了中国来自海外投资最早的也是最大的份额。这也证实了中国民主革命的先驱孙中山先生所说的，国力强弱在海不在陆。海权优胜，则国力优胜。他的海洋实力计划，更在《建国方略》中一一加以阐述。进入21世纪，中国制定了《全国海洋经济发展规划纲要》，提出了要把我国建设成为海洋强国的宏伟目标。海洋强则国家强，海业兴则民族兴。曾经有着辉煌的海洋文明的中国历史和现实充分印证了这一点。

正是在这个意义上，国家的强盛，历史之进步，无不与海洋相关。今日改革开放之所以取得如此巨大的成功，包含了当日海洋文化传统得以发扬光大的成果。在经济腾飞的今天，文化在综合竞争力中的地位已日益突出。而作为华夏文化的重要组成部分之一 —— 海洋文化，更早早显示出其强劲的势头。当我们致力于提高文化的创新力、辐射力、影响力与形象力之际，更应当从海洋文化中吸取取之不竭、用之不尽的活力源泉。

为此，我们出版《话说中国海洋》丛书，给海洋文化建设添加一汪活水，为推动广东乃至全国的海洋经济建设，使我国在更高层次、更宽领域参与国际合作与竞争，发挥一份力量。丛书亦可进一步增强国民的海洋意识，让国民认识海洋、了解海洋，向国民普及海洋知识，激发他们开发海洋、维护海权的热情。这在当前，是一件很有现实意义的事情。

历经千年不息的海上丝路，往来的何止是数不胜数的宝舶，更是始终推动世界文明进步的海洋文化。灿烂的东方海洋文化走到今天，当有更辉煌的乐章，从展开部推向高潮部，愈加丰富多彩，愈加激动人心。《话说中国海洋》丛书的出版，当为这一高潮部增色，令高亢、激越的乐曲久久回荡在无边的大海之上，永不止歇！

是为序。

（作者系中共广东省委常委、宣传部部长）

序言

Preface

2011年7月，广东经济出版社出版了我的《百年航母》《走向深蓝》两部专著。《百年航母》主要是回顾百年来航空母舰发展的艰难历程，以及各国航空母舰在发展过程中参与的战争和威慑行动，同时对航母的发展战略、研制和建造等技术细节进行了介绍。巧合的是，《百年航母》推出后不久，中国第一艘航母辽宁舰随之服役，歼-15舰载战斗机更是一飞冲天，这算是对世界航母发展百年的一种回应吧。中国第一次可以向世界表明，在21世纪开始的时候，中国已经进入航母元年。《走向深蓝》主要讲述了世界海洋强国不仅具有强烈的海洋观念和航海传统，而且大都拥有航空母舰和远洋作战的历史。反观中国，虽然有着漫长的海岸线，在历史上也有过郑和下西洋的壮举，但缺乏海洋观念，缺乏远洋舰队，始终没能成为一个海洋强国。尤其是在近代史上国门洞开，屡遭劫难，海洋给中国人留下的是血泪和悲情，是不堪回首的记忆。1982年《联合国海洋法公约》虽然赋予沿海国一系列海洋权益，但中国却未能保住本来应该属于自己的大片海域，大量海洋资源被掠夺，几乎与周边所有国家和地区都存在海洋争端。历史的经验告诉我们，只有重视海洋才能开发海洋、开放海洋、保卫海洋。《走向深蓝》出版后不久，南海风云骤起，先是中菲黄岩岛争端，接下来就是围绕南海的大量军事演习，之后海洋争端的浪潮逐渐北移，终于引发了中日钓鱼岛争端。

2012年11月27日，海南省人大通过了新修订的《海南省沿海边防治安管理条例》，媒体开始对此进行大量解读，有人认为这个条例的执法范围在九段线以内，也就是说，只要外国舰艇和飞机进入南海九段线以内，海南省执法力量就有权在海上进行拦截、搜查、临检和拿捕。美国早就说中国打算在南海实施“拒止战略”，这样的解读显然为“拒止战略”提供了有力证据。海外媒体一时哗然。按照我的理解，海南省这个条例的管辖范围仅限于海南岛本岛周边和西沙群岛周边中国宣布的12海里领海，在这个范围之外、九段线以内的海域外国舰艇和飞机享有自由航行的权利。

2013年初，中日在钓鱼岛及其周边海域的维权执法行动逐渐升级，日本提出要对进入防空识别区的中国飞机发射曳光弹进行警告性射击。有些评论者认为这是对中国进行战争挑衅，中国也应该划定自己的防空识别区，如果日本飞机胆敢进入，我们应立即开火射击。此类话题的评论牵涉到复杂的历史问题和法律问题，比如：什么是防空识别区？什么是专属经济区？什么是领海？在不同的区域内各自应该拥有怎样的法律地位？处于不同的法律地位应该采取哪种恰当的军事行动？国际上在遇到类似问题的时候一般是如何应对的？飞机、舰艇相互撞击并产生危机之后如何控制？世界历史上曾经发生过哪些类似的案例，都是怎样处置的？中国有哪些可以借鉴的经验教训？应该如何趋利避害，在捍卫自己主权、尊严和海洋权益的同时，尽量避免武装冲突和战争，最终回到和平解决争端的轨道上来？显然，一个发射曳光弹的话题牵涉到如此多深层次的理论问题，如果没有深厚的学术理论功底，不能从历史、法理、外交、军事、经济等方面综合评判和解读，是难以服众的。当然，如果过度解读或者错误解读，也很容易让别人抓住把柄甚至让外国人笑话。

20世纪60年代开始，菲律宾不断向中国南海九段线以内蚕食，夺占了中国数个岛礁和大面积海域，并企图吞并黄岩岛。菲律宾的海上扩张行为有实际占领、军事控制、行政管辖、领海基点、基线划定，它们环环相扣、互为依托，且履行了一定的国内法律程序。反观中国，虽然我们历朝历代都在宣称台澎金马、东沙群岛、南沙群岛、西沙群岛、中沙群岛、黄岩岛、钓鱼岛是中国的固有领土，但真正从法律上划定领海基点、基线的却只有西沙群岛和钓鱼岛。虽然中国1946年出版的地图就划定了传统疆界线（当时是十一段线，目前为十段线），但至今没有从法律上明确界定九段线的法律地位和准确的经纬度。我们总是希望在海洋争端和岛屿争端问题上与相关声索国进行友好协商，和平解决争端，但对方却把中国的好心好意理解为软弱可欺，借机先占为主，开发资源，甚至明确立法并依法进行行政管辖和军事控制。2012年，在《南海各方行为宣言》执行十年之后，南海声索国在美国的支持下，提出签署《南海行为准则》，企图用法律的框架界定南海争端。2013年伊始，菲律宾就南海争端问题向设在荷兰海牙的国际常设仲裁法院提交诉讼，状告中国。这说明，许多国家都在琢磨用法律的武器来维护自己的权益。在这种情况下，如果我们不突破传统的思维定式，不拿起法律武器进行有理、有利、有节的斗争，就很难捍卫我们的国家主权和海洋权益。

2012年10月2日，阿根廷海军“自由”号风帆训练舰在环球航行过程中应邀前往西非沿海国家加纳进行访问，军舰停靠码头之后，突然接到加纳最高法院的判决书，该国执法部门依法扣留了阿根廷来访的“自由”号风帆训练舰。这真是闻所未闻，类似的案例从未有过。阿根廷大为震惊，出动了外交使团分别前往加纳和联合国，大声疾呼“军舰享有外交豁免权”，要不惜一切代价捍卫国家主权和尊严。毫无疑问，阿根廷的说法是正确的，但十分可惜，这种外交斡旋并没有发挥任何作用。相反，加纳却变本加厉，要求强行登舰，迫使停泊在港内的“自由”号风帆训练舰转移泊位。“自由”号风帆训练舰的官兵手持武器把守住舷梯口，严厉警告加纳执法部门，如果胆敢强行登舰，他们将立即开火。双方剑拔弩张，危机进一步加深。阿根廷在尝试了政治、外交、军事等多种手段之后，突然想到了法律手段，他们向设在德国汉堡的国际海洋法法庭提起诉讼，只用了一个月，法庭就完成了调查取证、分析案情、依法判案的所有程序，并于2012年12月15日作出判决：军舰享有外交豁免权，加纳擅自扣留阿根廷来访军舰的做法是非法的行为，判定其最迟于12月22日前立即无条件释放该舰，使之顺利回国。阿根廷知道，加纳只是把手枪而已，背后握枪的是美国，美国是整个事件的操盘手。尽管如此，在法律面前，美国也只好认输。由此看来，法律正在成为当今时代和平解决争端的一个锐利武器。

我不是法律专家，但不经意间却与法律产生了不解之缘。20世纪90年代中期之前，我的知识结构主要分为三大体系：我的第一个大学专业属于理工科，所以对科学技术和武器装备有较为系统而深厚的研究；我的第二个大学专业是外语类专业，所以打开了我认识外部世界的窗户，使我能够在20世纪70年代就放眼看世界；我第一次出国去的是伊拉克，正好赶上了1980年爆发的两伊战争，我亲历了那场战争，从此之后就下决心放弃外语专业，开始从事军事实体研究。从1970年开始的20多年间，我一直是沿着上述三条并行的轨道开展研究，并产生了大量学术成果。1993年9月，我突然接到上级通知，要我作为中国人民解放军的代表前往日内瓦参加国际海战法专家会议，任务是讨论修改《适用于海上武装冲突的国际法》。什么是国际法？什么是海战法？为什么打仗还使用法律？中国军人为什么要到瑞士日内瓦参加国际法的修订？这其中包含一些什么关系？我一时理不出个头绪来。军人以服从命令为天职，有些可以问，有些不可以问，我只好打点行装前往日内瓦。在日内瓦会议上，有34个国家的代表参加了会议，美国派出了具有海军少将、中将军衔的专家与会，到会的还有美国国务院的法律专家，而我当时只是个海军中校。1996年，我再次参加了在意大利召开的海战法专家会议。

我有个习惯，从不轻易介入陌生领域，一旦介入就必须把这个领域搞清楚、弄明白。从日内瓦回国之后，我开始梳理带回来的那些厚重的英文资料，想看看对中国的海军建设有什么用处。有一天，上级通知我前往青岛参观来访的美国军舰，于是，我带着日内瓦会议的部分资料前往青岛。当我登上来访的美国“邦克山”号宙斯盾导弹巡洋舰后，就询问其是否有法律顾问随行。他们给我找来了第七舰队所属第五航母大队的军法官，这是一位负责军事法律的海军少校军官。我向他说明来意，并赠送给他刚刚从日内瓦带回来的法律资料复印件，他非常高兴，于是我们找了一个军官休息室开始谈话。他向我介绍了美国海军军事法律的结构，他说美国海军总共有800多名军法官，每艘舰艇的官兵都要进行法律培训，每艘舰上都有《海军交战规则》和《美国海军军官手册》等法律文件，所有师以上的高级指挥官都配有军法官，他们签署的任何命令都必须有军法官的签字才能生效。于是，我就问了他一个问题：既然你们如此重视法律，而且你又是第五航母大队的军法官，你们高级指挥官的命令都需要你的签字，那么你是否知道“小鹰”号航母及其舰载机经常进入中国领海和领空，这种行为是否侵犯了中国的主权？这样的作战命令你是否签过字？他听后大为吃惊，马上回答我：这些命令他都知道，但多数没有签字，他每次都会提醒指挥官这样的行为是非法的，是侵犯中国主权的行为。但是，如果指挥官执意而为，军法官不得阻拦，但指挥官必须独自承担后续的法律责任。他承认，“小鹰”号航母及其舰载机的确经常侵犯中国领海和领空，其中有两个原因：一是美国的挑衅和威慑，二是中国没有划定明确的领海基点和基线，美国舰机事实上无法确认哪里是中国领海和领空。他的回答令我无比震惊，原来中国也有法律上的责任！这一点我从未想过。从那以后，我就开始专注于海战法、海洋法和国际法的研究，这种专业性研究一直坚持了近5年。最终，我编写的一本法律专著《海战法概论》，于1995年由解放军出版社出版。

1998年我调入国防大学工作。由于国防大学的教学科研学科分工细致，上级分配给我的专业范围是科学技术和武器装备，所以我对海战法、海洋法和国际法的研究从此中断，没有再继续跟进。国防大学是中国最高军事学府，在这里，我研究的科学技术和武器装备都是属于战略层次的，向上能够与国家战略和军事战略接轨，向下能够与具体的型号对接。由于科技装备是现代战争的重要物质基础和原动机，任何危机、冲突和战争都离不开它们，因此我很自然地就介入了联合作战的专业范畴，并在国防大学脱产一年学习联合作战指挥，这段经历使我以科技装备为基础，研究范围提升到联合作战与军事战略层面，视野大为拓展，经验日益积累。2001年，上级又派我前往英国皇家军事科技学院学习国防管理，课程包括反恐作战、国防部业务、危机管理和危机处置以及国际法规等。这次学习进一步拓展了我的知识结构，使我的研究得以从联合作战和军事战略层面提升到国家战略、国防管理和危机处理层面，这对我而言是一次重大的学术转折。之后的学术研究开始上升到战略层面：2001年后我相继出版了《网络战争》《怎样才能打赢信息化战争》《下一场战争》《谁在制造战争》《明天我们安全吗》《朝鲜半岛风云》《百年航母》《走向深蓝》等。这个时期，我已经开始注意海战法、海洋法和国际法对军事行动的规范和限制。尽管如此，我并没有想过单独就法律问题写一部专著，因为法律对我而言实在是高不可攀，对于读者而言也实在是有些遥不可及。

从1992年我第一次上电视对军事问题进行评论以来，屈指一算，我在中央电视台进行新闻评论已有20多年。从1970年参加海军并开始对海军、海洋及军事问题进行研究以来，到现在也已经有43年了。其间，我先后出版过20多部学术著作，共计4000多万字。不知从什么时候开始，社会上流行写书找人代笔、说话找人代言、考试找人代考的怪现象。作为学者，我感觉这是一种耻辱，有失学术的尊严。我从来不在我没有写过的书上挂名，也从来没有找任何人帮忙找资料，更没有找任何人代笔，我的书都是我自己亲自撰写的。40多万字的一本书，在电脑上开始，在电脑上结束，从不使用纸张打印，这种无纸化办公模式我已经持续了十几年。我始终认为，一个人的学术水平有高有低，但学术态度绝对应该是端正的。我总是把写作的过程当作是学习和提高的必修课，尽管如此，我依然难以应对近两年媒体对海洋问题的炒作，每一次访谈都有种知识被掏空的危机感和忧患意识。

最近两年来，随着中国海洋争端和危机越来越多，对于海洋方面的评论也日益增多。我虽然40多年一直进行这方面的学术研究，做电视评论也有20多年的经验，可以前进行电视评论，节目上得很少，大家关注度也不高，所以我感觉自己的知识基本上能够应对自如。但连续不断地对如此一系列重大话题进行评论，实在感到力所不及，因此就加大了学习研究的力度，这就是我撰写《百年航母》《走向深蓝》的初衷。尽管如此，我仍然感到难以满足观众和读者对知识的需求，一个原因是热点问题涉及历史、法律、政治、外交、经济和军事的范围越来越广，另一个原因是水涨船高，观众和读者的水平有了很大提高，如果评论员再像以前那样通过网络搜索来获取知识和普及知识，那是很难得到观众认可的。台上一分钟，台下十年功。没有一桶水就很难给别人一滴水，道理就是这么浅显。正是出于这样的考虑，我才产生了撰写《规范海洋》的想法。中国海军在拥有了航空母舰、驱逐舰、护卫舰等大中型舰艇并走向深蓝之后，作为一个国际性军种和海上力量，如何规范自己的军事行动？如何规范别人的挑衅行为？如何正确发声、发力、发威，捍卫国家的主权和海洋权益？有了这样一个想法之后，我就与出版社讨论，起初的构思很简单，就是在1997年出版的《海战法概论》基础上进行改编，补充一些新的内容即可。结果，实际操作起来就完全不同了。我是写一本纯法律的海洋法和海战法学术著作，还是面向普通大众撰写一本可读性很强，融国际法与海上危机、冲突、战争为一炉的普及性读物？我陷入了长期的纠结，来回折腾了很多个回合。

有一天，不经意间我在微博上看到一则寓言故事。有一个国王让两个工匠雕刻一只老鼠，第一个工匠雕得栩栩如生，第二个工匠雕得却不是很像。当国王要宣布第一个工匠获胜时，第二个工匠提议最好让猫来鉴别谁雕得最好。结果很快出来了，猫特别喜欢第二个工匠雕的老鼠。国王不解，为何这只猫有审丑的喜好，雕工如此之差的一只老鼠居然得到它的赏识？第二个工匠赶紧解释：我的雕工虽然一般，但我使用的雕刻材料却是猫最喜欢的鱼骨。真是投其所好！国王恍然大悟，他意识到最好和最差不是绝对的而是相对的，雕工的好坏是一个角度，让猫来评判则是另外一个角度。

这则寓言故事给我一个重要启发，说话要看对象，写书要照顾读者，我不是一个法律专家，我完全没有必要站在法律的高度用法律的语言去呐喊。于是，我挣脱了自我束缚，思路大开，开始从读者角度去思考法律问题。历史上、现实中、国际方面、外国执法机构都有过怎样的经验和教训以及实际案例可资借鉴？我通过列举大量的案例来观察、分析法律的实际运用，从中得到启示和思考，然后提升到法律的高度去解释和评判。为了提高可信度和可操作性，我在书中还摘编了大量支撑性材料，作为“援引法条”和“延伸阅读”进行链接。《规范海洋》虽然不是一本法律著作，却是一本与法律有关也与军事相关的讲述海洋与海战的通俗读物。当然，通俗是最难的，因为它必须经历一个艰难的吞吐、消化、吸收和再利用的过程，这比生吞活剥要难得多。

我今年61岁，军龄43年。在如此厚重的岁月中，我把自己的军旅生涯和学术积淀融入《百年航母》《走向深蓝》《规范海洋》这三本书中，使之共同成为“海洋三部曲”。我非常感谢广东省出版集团和广东经济出版社的精诚合作，使我有机会把我的所学奉献给大家。我真诚地希望那些20多年来经常看我电视节目的观众把它作为业余读物，必会相得益彰。也希望那些40多年来经常阅读我作品的读者把这套书列为自己的收藏，没事的时候翻开看看，必会开卷有益。

2013年春节，于北京国防大学

目录

Contents

目录

目录

目录

第一章

古代海上交战的法律实践

文明古国的交战惯例

人类经历了从野蛮到文明长达数千年的发展，古巴比伦、古埃及、古中国、古印度、古希腊、古罗马等文明古国，在抵抗外来侵略者、捍卫自己生存权利的战争中积累了丰富的经验和教训，进行了大量的法律实践，并不断地从习惯法上升到成文法，为战争法的形成与发展奠定了重要基础。在中国古代的春秋战国时期，各国的独立性很强，在相互之间的交往中孕育着许多国际法要素，诸如信守盟约、双方交战不斩来使等维护和平、进行正义战争的法规等。在西亚，埃及法老在于公元前1296年缔结的条约文本中就规定了两国之间保持永久和平同盟、禁止侵略、相互引渡逃亡人员等主权平等的条约。

在古希腊，设立了国家以自立为本、以自由平等作为国际关系的指导原则，并设有维持和平的国际机构。当时，不仅存在着攻守同盟、共同防卫、休战、媾和、通商、投降等条约制度和固定的法律名称，而且存在着一定的法律意识，如战争并非上策，战争并不能保障安全，依靠法律自然胜于依靠武力，争端应通过仲裁裁判来解决，对准备提交仲裁裁判的国家开战是不合法的，战争是为了和平，和平是最理想的目标，应选择公正平等进行仲裁裁判的国家作为盟国，等等。当时人们就奉行某些战争法规和惯例，如尊重使者，对盟国讲信义，削弱敌国加强实力的手段，禁止毁灭寺院和雕像等文物，对不法者进行战争不是为了将其毁灭，而是为了纠正其错误行为等。

在古罗马，出现了建立在自然理性基础上的万民法，规定不杀害和奴役俘虏，独立国家应以礼让精神尊重别国主权，以及禁止对敌国来使施加暴行等。还制定了一些相应的法规，如对敌人要讲究正义和信义，以理性原则裁判国际争端，战争的正当理由只能是为了和平，在战争中不能用极其残暴的手段来毁坏或掠夺城市，胜利者应保护那些在战争中不施暴行的人们，归还俘虏，非正规军队人员参加战争属于违法等。

强调和平解决争端

古巴比伦是四大文明古国之一，位于美索不达米亚平原，即幼发拉底河和底格里斯河两河流域，大致在现在的伊拉克境内，《圣经》中称为“伊甸园”。该地区的文明在这一时期也达到了全盛，史称古巴比伦文明，也被认为是西方文明的摇篮。公元前3500年以后，苏美尔人在两河流域下游建立起很多奴隶制小国，古巴比伦国王汉谟拉比于公元前18世纪统一了两河流域，建立了统一的中央集权制的奴隶制国家——古巴比伦王国。巴比伦城是世界上第一个城市，公元前1728—前1686年，古巴比伦国王汉谟拉比制定了《汉谟拉比法典》，用楔形文字刻在一块巨大石柱上，这是迄今发现的世界上现存古代第一部比较完备的成文法典。《汉谟拉比法典》分为序言、正文、结语三部分，其中正文共282条法条。《汉谟拉比法典》用以帮助弱者反抗强者的压迫，并且规定：付了赎金的人质必须被释放。

赫梯国约形成于公元前19世纪中叶，在古巴比伦后期逐渐强盛，常侵扰两河流域，与古巴比伦王国多次交战，公元前15世纪末至公元前13世纪中期是赫梯国最强盛的时期。其间，赫梯人夺取埃及领地，与埃及争霸。埃及法老拉美西斯二世曾与赫梯军队会战于卡迭石，两败俱伤。在如何处理与周边国家的关系问题上，赫梯人开创了用条约巩固军事征服成果的方式。在众多条约文献中，赫梯国王哈图西里三世（约公元前1267—前1237年）与埃及法老拉美西斯二世之间签署的和平条约最为引人注目。这份条约签署的背景是在公

古巴比伦的《汉谟拉比法典》

元前1274年两国之间在卡迭石爆发的一场战役后，这场战役是古代军事史上有文字记载的最早的会战之一，战后双方缔结的条约是保存最完整的、年代最早的有文字记载的国际军事条约文书。条约规定：双方实现永久和平，“永远不再敌对”，永远保持“美好的和平和美好的兄弟关系”，双方实行军事互助，共同防御任何入侵之敌，双方承诺不得接纳对方的逃亡者，并有引渡逃亡者的义务。赫梯人的法律除了对宣战和签订和平条约作出规定之外，还要求尊重已投降的敌方城镇的居民。

战争并不是不受限制的

印度古代长篇叙事史诗《摩诃婆罗多》于公元前400年写成，它的成书过程是印度古人汇集和保存民族思想文化遗产的一种特殊方式，成书时间从公元前4世纪至公元4世纪，历时800年。印度这段时间处在从原始部落社会转化为国家社会的时期。这部史诗以印度列国纷争为背景，描写婆罗多族的两支后裔为争夺王位继承权而展开了种种斗争，最终导致大战。大战的结果虽然有胜败，但双方将士几乎全部捐躯疆场，是一场历史悲剧。

只要权利争夺存在一天，战争的危机就无法消除。反战从来都是弱者、受害者的愿望。不能制止战争的时候，就要约束它的破坏力。约束战争是《摩诃婆罗多》中的宝贵思想。这种思想被许多国际公约采纳，主要目的就是防止盲目的仇杀。《摩诃婆罗多》中还规定了对等及诚信原则：战争双方达成协议，晚上不打仗，而且严格规定骑兵对骑兵、步兵对步兵、马兵对马兵的规则，马兵不能打步兵，骑兵也不能冲步兵。在公元纪年之后编纂的法律手册中，已经包含了这样的条款：禁止杀死已无战斗能力或者已投降的敌人；禁止使用某些作战手段，诸如有毒的或燃烧的箭；对敌方财产和战俘要予以保护；等等。

作战方法和作战手段要讲仁义道德

古代中国区域内的人道主义原则产生于距今3000多年前的西周，是当时奴隶社会礼法制度的重要组成部分。这些原则以不成文的习惯法形式影响着西周（约公元前11世纪—前771年）至春秋（公元前770—前476年）

中国战国时期的陆上交战

中期的战场。

战前宣战是一个很重要的原则，宣战的方法有四种：一是宣布绝交。目的在于通晓敌人，双方将结束和平关系，进入战争状态。二是旁告诸侯。意在表明发动战争的一方光明磊落、正大不诈。三是旗鼓进讨。战前张旗击鼓，一方面是为了壮大军威，鼓舞士气；另一方面是为了声讨有罪，彰显正义。四是晓谕民众，争取民心。关于开战时间的选择，发动战争时应做到“不违农时”“不历民病”“不加丧”“不因凶”“冬夏不兴师”。

“以仁为本”的用兵原则是西周“德治”思想在军事领域里的反映，它要求战争双方遵守正面对敌的原则，不得采用乘敌之危、背信弃义等诡诈方式或欺骗手段对敌人发起攻击。该原则的主要内容又具体分为开战时间的选择、作战方法和作战手段的限定以及战前宣战原则等几个方面。

在作战方法和作战手段的运用方面，包括怀仁杀敌、不追逃敌、处险不薄、不用诈术、禁止通叛等原则。《司马法·仁本》规定，战场上追杀逃敌不过百步，追击退却的敌军不过九十里，不杀害丧失战斗力的敌人，哀怜敌军伤员，等敌人摆好阵势后再发起进攻。一国军队进入他国作战时，应注意保护百姓生命和财产的安全，不得亵渎神位，不得打猎，不得破坏水利工程，不得烧毁房屋建筑，不得砍伐树木，不得擅取家畜、粮食和各种器具；遇到老人和小孩，护送他们回家，不得加以伤害；对于无抵抗行为的青壮年人，不得当作敌人对待。两国交兵期间，也有礼遇使节和不斩来使的规定。秦汉以后，保护来使生命安全的规定被沿用下来。

战争强调合法，条约必须遵守

古希腊是西方历史的开源，持续了约650年（公元前800—前146年）。古希腊位于欧洲南部、地中海的东北部，包括今巴尔干半岛南部、小亚细亚半岛西岸和爱琴海中的许多小岛。公元前五六世纪，特别是希波战争以后，古希腊经济生活高度繁荣，产生了光辉灿烂的希腊文化。古希腊人在哲学思想、历史、建筑、文学、戏剧、雕塑等诸多方面有很深的造诣，对后世有着深远的影响。古希腊人不仅认为在城邦之间的战争中各方有着同等的权利，而且即使在由亚历山大大帝领导的对波斯的战争中，他们也同样把尊重战争受害者的生命和人格作为主要原则。对于敌方的寺庙、大使馆和牧师、特使等都避免侵占和伤害，并且与敌方交换战俘。

古希腊人强调宣战和结束战争，把战争分为有合法理由的战争和没有合法理由的战争。合法理由的范围没有限制，因而在各城邦的战争实践中千差万别。某些理由被认为是无可争辩的，其中包括保卫国家不受侵犯、保护宗教圣地、履行同盟义务。除了有使战争合法的理由之外，还需进行隆重的宣战仪式。在宣战的同时，要采取一系列行为，这些行为不仅具有法律意义，而且是具有宗教仪式性质的。在作战手段和作战方法方面，对于作战行为也没有明确的约束，因而战争往往极其野蛮、残酷。战俘沦为奴隶，被攻陷城邑的居民任由处置，境遇非常悲惨。关于限制武器使用方面的规范也不多，其中主要的核心思想是庙宇和其他祭祀设施的中立化。规定在奥林匹克赛会以及其他全希腊的体育赛事期间休战。为埋葬死者，也规定休战。背信弃义在战争中是受到谴责的。缔结和约是结束战争的一种方式，古希腊与斯巴达于公元前421年缔结了《尼西亚和约》，和约规定：双方退出领地；如果希洛人发生暴动，雅典必须援助斯巴达。此和约时效为50年，但仅维持了6年10个月。除此之外，古希腊著名历史学家修昔底德还多次提及休战和约和条约，其中多数得到了遵守。早在古代社会，“条约必须遵守”就已经是一个公认的传统原则了。

公元前2世纪，罗马消灭古希腊，希腊法虽然被罗马法所取代，但它在西方法律发展史上已经烙下了深刻的印迹。古希腊关于战争法的萌芽，不仅有许多闪光的思想，而且为罗马及后世的法律创制和编纂提供了史料。罗马的战争规范主要有发动战争的理由和战争结束的规则。从公元前6世纪起，罗马人就确立了发动正义战争的四种理由：侵犯罗马的领土；侵犯大使；违反条约规定；在战争中援助敌国。只有在具备上述情形之一时，才可以向敌国宣战。由于罗马人认为自己从事的是正义战争，因此不承认战争有任何限制。被攻占的或无条件投降的城市及其居民和财产均被认为是胜利者的战利品，甚至庙宇和圣物也可以被毁坏。罗马人强调战争要正式宣战，反对发动非正义的战争。战争结束的规则包括终止战争以缔结和约、对方投降和征服对方。对方投降可使生命和财产得以保全，如果被征服，则生命和财产都由罗马人自由处分。

大航海时代的交战规则

开拓万里波涛，中国怀柔天下

春秋时期（公元前770—前476年），中国的诸侯国已有一百多个，滨江沿海的楚国、齐国、吴国和越国的造船和航海技术比较发达，已建立了舟师，能够在海上进行作战行动，开始驾舟于江河，梭巡于近岸沿海。有记载的最早的海战，是吴国和齐国在黄海进行的黄海海战。公元前485年，吴国率舟师进攻齐国，两国在黄海海面展开激烈海战，最后吴国战败。

大唐王朝，政治清明，经济繁荣，中西往来已相当频繁，当时最值得称道的是开通了海上丝绸之路。到了宋代，造船技术和航海技术已处于世界领先地位，指南针和磁罗盘也已用于航海，船只能够航至阿拉伯各国，海上贸易十分繁忙。

元代，是中国扩展疆土的一个重要时代，蒙古人成吉思汗曾把中国的国土扩展到阿拉伯一带。除陆上扩张外，元代还十分注重海上扩张，当时的外海远洋航线已达140多个国家和地区，海上作战能力和规模已达到相当高的水平。1260年，成吉思汗的孙子元世祖忽必烈，即位后继承先祖事业，极力拓展疆域。1270年，造战船5000余艘，训练水军将士70000余人。1273年，又造战船2000余艘，增练水军将士约6000名。之后，便开始了两次海上讨伐行动。1274年，第一次派遣900余艘战船和25000余名将士从朝鲜半岛出发，东征日本。在对马、九州等岛屿登陆之后，直逼福冈及佐贺附近海湾，因遭遇风暴而宣告失败，损失战船200余艘，死伤将士13000多名。1281年，又聚集战船4000余艘，水军将士140000余名，兵分两路，再征日本，但损失惨重，未获成功。两次海上东征虽全部失败，但并没有阻止其扩展疆域的决心。此后，元朝水军又多次利用舰船，接连攻入印度、安南（今越南）和缅甸等国。

明朝始建于1368年，建国初期，沿海一带倭寇盛行，严重危害了国家安全。明政府不是采取积极的抵御措施，而是采取了“禁海”的政策，闭关自守，规定“片板不得下海”，不得在海上与外国人往来。在海防建设上，采取“卫所”制，从辽东至海南岛沿海一线共设“卫所”54个，“千户所”127个。

1403年，进入明成祖永乐年间。为了扩大明朝的政治影响，宣扬大明帝国的国威，加强与海外各国的贸易往来，明成祖于1405年开始派遣郑和七下西洋。明朝称海军为舟师、水军或水师，当时，航海家郑和率大小海船200余艘，将士27000余人，七下西洋，足迹踏遍37个国家和地区，遍历东南亚、波斯湾、红海沿岸及北非一带海域，最远到达了东非的索马里，开创了人类航海史上前无古人、规模巨大的远洋航程。郑和所率船队规模之大、航程之远、次数之频繁、所到国家之多，在当时世界上是绝无仅有的。郑和七下西洋，显示了明朝先进的造船技术和丰富的远洋航海经验，也显示了明朝在政治、外交、经济、科技和军事上的巨大威慑力和影响力。当时，世界上还没有国际法，海洋和陆地上还有许多岛屿和地域没有被人发现或利用，战争还被认为是一国的权利，即便如此，郑和在近30年的远洋中，竟然未曾侵占别国一寸土地，未曾掠夺外国一点钱财，堪称一支仁义之师。

明朝中后期，不仅没有继承永乐年间开放海洋和利用海洋的政策，反而海禁政策愈加严格。曾经长期作为世界航海大国和拥有强大海军实力的中国，此时却主动关闭了国门，“厉行海禁”，规定任何船舶不得下海，凡出洋下海者，一律问斩。这种僵化、落后、封闭、保守的观念一直持续了300多年。

从这个时期的情况来看，中国作为一个海洋大国和航海大国，虽然具有非常先进的造船技术和航海技术，但只是走向深蓝，炫耀皇威和皇权，遍施仁政于天下，形式主义的内容多于实质性的内容。庞大的郑和船队七下西洋等伟大的航海运动却仅限于政治外交目的，竟没有开展任何海上贸易往来，更没有开疆拓土占领率先发现的土地，只是告诉当地的人们郑和船队曾经到此一游，给他们带来了东方的问候和礼物。这些做法被今天的人们大为赞颂，称其为和平外交活动的典范。既然如此，这种政治外交活动为何没有持续发展，为何没给后来的中华民族带来荣耀？在法律上有个原则，就是不能用现在的法律解释以前的行为，我们不能用今天和谐海洋的理念去解释那个时代的海洋竞争。一失足成千古恨。在那个弱肉强食的时代，先发现、先占领是合理合法的行为，禁止侵略战争的国际法律规定直到

1945年“二战”结束之后才出现。中国在当时没有这样做，恰恰是中国忍辱负重的儒家思想在与弱肉强食的国际习惯法强烈碰撞中衰落的表现。

比郑和晚半个世纪的意大利航海家哥伦布、葡萄牙人达·伽马和麦哲伦，横渡大西洋和太平洋，“发现”了印度、美洲大陆等地域。15世纪中期的这次所谓的“地理大发现”，使西班牙、葡萄牙、荷兰、英国、意大利、法国等欧洲小国，通过海洋迅速占领和征服了世界上几乎所有的“无主地”，从此，便开始了殖民掠夺和瓜分世界。他们派出海军舰船去征服和占领这些所谓的“无主地”，从而使其国土和疆域大大扩展。15世纪以前的英国，只有550万人，是一个落后而封闭的农业国。向海外的侵略和扩张，使它得以迅速征服世界，包括南极在内的世界6个大陆被它占领和瓜分了5个，到1914年，其殖民地人口达4亿以上，殖民地面积已占全球陆地面积的1/4，比英国本土面积几乎大100倍。

当时的中国虽然走向了深蓝，走向了远洋，但由于政治上的迂腐和愚昧，最终在世界性开发海洋、利用海洋和控制海洋的大竞争中第一次失去了宝贵的历史机遇，主动放弃了传统的海洋大国地位而固守近海沿岸和陆地疆域，从而严重影响了国家的经济发展和国防安全。

海盗船长成英国海军中将

早在15世纪，航海家哥伦布就在西班牙和葡萄牙的赞助下发现了美洲大陆。后来麦哲伦船队完成了环球航行，西班牙远远领先了其他欧洲国家率先进入美洲，葡萄牙人则开进了印度。1519年西班牙人找到了传说中的“黄金之国”，彻底控制了南美大陆，控制了秘鲁的金矿。为了垄断与亚洲和美洲的贸易，它们封锁了航路，严禁一切他国船只的来往，从此，太平洋变成了西班牙的内湖。

从1567年开始，海盗出身的英国航海家弗朗西斯·德雷克就多次进行远洋探险。1572年，德雷克乘坐小船横渡大西洋，躲进巴拿马地峡，横穿美洲大陆，第一次见到了浩瀚的太平洋，在南美丛林里抢劫了运送黄金的骡队，又抢下了几艘西班牙大帆船，成功返回了英国。回国后他成了英雄，受到女王的召见。1577年，他带领由旗舰“金鹿”号组成的船队直奔美洲沿岸，一路打劫西班牙商船，并于1579年横渡太平洋回国。德雷克不

英国海盗船长弗朗西斯·德雷克

仅带回了数以吨计的黄金、白银，更重要的是他发现了德雷克海峡，是继麦哲伦船队之后完成环球航行的第二人，为英国开辟了一条新航路，大大促进了英国航海业的发展，打破了西班牙在太平洋上的霸权。1581年4月，英国女王伊丽莎白一世亲自登船赐予德雷克皇家爵士头衔。

1587年，西班牙联合葡萄牙对英国宣战，当时英国海军非常弱小，仅有34艘战舰，根本无力与西葡联盟作战。危急时刻，德雷克带领25艘海盗船在西班牙加的斯港外击沉了36艘补给舰，接着又冲进港内击沉了33艘舰船。接下来，德雷克的海盗船集群又突袭了葡萄牙首都里斯本附近的舰船锚地，千百艘船只在混乱中相互撞击沉没，损失无以估量。这还不算完，他又攻占了葡萄牙西南端的圣维森特角要塞，扼制了地中海的咽喉。在得胜回国的路上，他顺路打劫了西班牙国王菲利普二世的私人运宝船，抢到了价值11万英镑的财富。这一系列的作战行动，使战争至少延后了一年，从而为英国争取到了宝贵的时间。

1588年5月20日，由10个支队、130艘舰船组成的西班牙无敌舰队从里斯本起航，于7月19日开始在英吉利海峡布阵。英国方面除34艘皇家海军战舰外，还有私人船舰60艘，前锋就是由34艘战舰组成的“德雷克支队”。西班牙海军仍旧使用古老的横队战术，让舰船排成一路横队肩并肩地前进，用舰艏炮轰击后靠近敌船用步兵打接舷战。英国战舰灵活轻便、速度快，火炮布置在两舷，放弃传统

1588年西班牙无敌舰队与英国海军舰队的海上交战

的接舷战战术，采用德雷克发明的“纵队战术”，让舰船首尾相接排成纵列，用舷炮轰击。这是海战史上的一次革命，自此以后火炮取代步兵成为海战的主角。7月22日晨，英国舰队借着顺风，以“一字长蛇阵”的队形楔入排列整齐的西班牙横队阵列。25日，西班牙损失了1/10的舰船，英国不仅没有损失，反而将舰船总数增加到136艘。28日晚，德雷克采取火攻战术，西班牙舰队阵脚大乱，无法保持队形，英舰趁机突击。29日下午，西班牙在混战中损失了近一半的船只，死伤1400人。英军则一船未沉且死伤不足百人。这就是史上著名的英西大海战，自此以后，西班牙一蹶不振，英国逐渐取代其成为海上霸主，而海盗出身的德雷克船长则被伊丽莎白女王封为英格兰勋爵，被授予海军中将军衔。

海盗成为海军的左膀右臂

从16世纪至19世纪，欧洲列强为了争夺海上霸权，动用了包括“鼓励海盗袭击他国船只”在内的一切手段。各国虽然在表面上都义正严词地宣布与海盗势不两立，背地里却大肆收罗海盗，为己所用。武装商船就是在这种背景下诞生的。当然，这种授权在表面上的理由并不是鼓励抢劫，而是讨回公道。例如，当某国商人的货物被别国船只抢劫，而他又没有办法通过合法或外交的手段获得补偿时，为了让他挽回损失，本国政府就发给他一张可以拥有武装的许可证，通常称为“私掠许可证”，允许他到海上

去掠夺别国商船上的货物。这种私掠许可证上往往写明谁是敌人、谁是盟友、掠夺回来的财物如何分配等内容。

武装商船出现的根本原因是弥补国家海军力量的不足。

早在1243年，英国国王亨利三世就授予3艘私人船只向法国人开战的资格。从1550年开始，法国也组织了大批武装商船从欧洲出发至加勒比海地区洗劫西班牙船舶。所以，在大航海时代的初期，海盗行为是一种国家允许的“合法行为”。这些“合法的”海盗持有官方颁发的特许证书，可以随意攻击和抢劫别国的货船而不受惩罚。只要他们的行为不违背本国的利益，本国政府不仅不会追究他们的责任，反而要给予他们大大的奖励。在相当长时间里，海盗是国家海军力量的一种补充。英国人一直认为，使用这种武装商船去困扰敌人，是最有效、最便宜的办法。英国颁发给德雷克船长的“私掠许可证”实际上就是赋予海盗的合法身份，这位海盗出身的船长不仅仅在公海上掠夺财宝，更重要的是在英西海战中发挥了重要作用。因此，一个在英国被捧为英雄的武装商船船长，往往是被西班牙通缉的头号海盗。

第二章

近代海上交战的法律规范

按照中国学界对历史的断代，近代是指1840年中英鸦片战争到1919年“五四”运动这一段时间。近代国际法16世纪左右在欧洲臻于成熟，17—18世纪形成体系，到19世纪趋于稳定，现在基本上仍然作为一般国际法对各国具有约束力。古代国际法与近代国际法之间，除了有某些抽象的类似外，并不存在历史的连续性。近代国际法是与欧洲国家体系的形成相适应而得以发展和成熟起来的。1648年的威斯特伐利亚会议，就以条约的形式确认了近代国际社会的存在，同时，这次会议还拉开了近代国际法的序幕。

以欧洲公法而著称的近代国际法，到18世纪末、19世纪初，其适用范围扩大到相继获得独立的美洲国家，之后又扩展到亚洲各国。例如，1856年《巴黎海战宣言》（即《巴黎会议关于海上若干原则的宣言》）的缔约国，后来又增加了土耳其。1842年的《南京条约》和1854年的《神奈川条约》的签订，使国际法在中国和日本得以适用。

国际法在内容方面，除双边条约和战争法规及条约外，还签订了邮政、电信、铁路、出版、工业产权等方面的多边条约。1868年《圣彼得堡宣言》（即《关于在战争中放弃使用某些爆炸性弹丸的宣言》）第一次对战争手段的使用作了一般性的限制，它所编入的这些合乎惯例的原则直到今天依然有效。根据这些原则，凡是对人员造成不必要痛苦和伤害的武器是禁止使用的。1874年《布鲁塞尔宣言》（即《关于战争法规和惯例的国际宣言》）第一次提出了详细而全面的有关战争的法规和惯例。1899年和

1840—1842年中英鸦片战争激战场面

1907年连续召开的两次海牙和平会议，分别有26个国家和44个国家参加，通过了世界规模的有关和平解决争端及战争法规等多条条约，从而使近代国际法进入了成熟时期。

海上交战的首次规范

1856年《巴黎海战宣言》

克里米亚战争（1853—1856年）爆发前，仍处于以欧洲为中心的时代，英国、法国、俄国都是当时的海上强国，俄国还充当着“欧洲宪兵”的角色。1853年，英国、法国为与俄国争夺近东霸权，特别是争夺君士坦丁堡和黑海海峡的控制权，纵容土耳其向俄国宣战。由于土耳其作战失利，英、法等国相继参战，形成了以俄国为一方，以英国、法国、土耳其、撒丁为另一方的局面，战争最后以俄国的失败告终。交战双方于1856年在巴黎召开和平会议，3月30日签署《巴黎和约》，剥夺了俄国在黑海的部分权利。4月16日英国、法国、俄国、奥地利、普鲁士、土耳其和撒丁在巴黎签署了《巴黎海战宣言》，全称为《巴黎会议关于海上若干原则的宣言》（简称《宣言》），同日生效。之后没有任何国际文件将它废止，因此，可以认为在今天《宣言》依然有效，并在海上封锁和经济制裁方面有重要意义。

截至1999年底，世界上共有51个国家批准或加入该《宣言》。这些国家中有48个国家是在1856—1857年签署的，其余3个是在之后不久加入的。在当时的国际社会中，除了美国及少数几个国家外，几乎所有的国家均成为《宣言》的缔约国。美国因为会议没有接受它的有关应对海上所有私人货物免予拿捕的提议而拒绝加入《宣言》，但它在1861年美国内战及1898年美西战争期间，却声明遵守并实际执行了《宣言》的规定。

《宣言》是世界上第一个国际海上武装冲突法条约，也是第一个国际武装冲突法公约。它的生效不仅标志着国际海上武装冲突法的诞生，还标志着国际武装冲突法的诞生。它对海上武装冲突法乃至武装冲突法的编纂具有重要的促进作用。在它诞生之后的一个多世纪里，国际社会相继缔结了21个国际海上武装冲突法公约，编纂了两个相关的国际法律文件，与陆战、空战相比，国际海上武装冲突法成为“武装冲突法中最早形成、最为发达、所占条约数量最多、应用较为广泛的法规体系”。同时，它也适应了发展资本主义自由经济的需要，在一定程度上保护了战时海上贸易。

第一次世界大战开始后，许多国家的捕获法院认可《宣言》的效力。第二次世界大战后，许多国家相继独立，《宣言》未增加新的缔约国，非缔约国数量增多，但在实践中这些国家也一直在遵循《宣言》的原则，因此可以认为《宣言》是普遍国际法。然而，由于科学技术的发展和国际格局的变迁，海战状况发生了很大变化。另外，1945年《联合国宪章》生效以后，国家诉诸武力的权力被废弃，中立制度也发生了巨大变化，这均意味着《宣言》已不能普遍适应未来发生的海上武装冲突，本着《宣言》的精神和目的对其修订势在必行。

废除私掠船制度

武装商船是一种私有船只，船主接受国家的委任，来攻击敌国的海上交易行为。为了方便匿名行事，赞助的政府通常会付给船长和船员一些补偿金。有时还会将他们在任务中掠夺来的货物或商品，分出一小部分犒赏船员们。虽然这样的举措使得这份职业颇受船员们的喜爱，但最后却变成这种强制驱离行动中最危险的原因。当国家尝试将一些海军人员配置到船上，以酝酿发动战争时，他们却常常无法确保人员的安全，因为这时所有的船员都在疯狂掠夺中。

1689年英国和西班牙媾和后，英国海军实力大增，因而国家公开支持海盗的情况逐步消失了。克里米亚战争爆发后，1854年3月，法国宣布不再拿捕敌船上的中立国货物。4月，英国又进一步宣布不再拿捕中立国船上的敌货。最后，英、法两国一致同意：敌船上的中立国货物和中立国船上的敌国货物，都不属于被拿捕的对象，除非这些货物属于战时禁运品。各交战国1856年媾和后，各国代表建议将这两项原则写在《宣言》里，于是该内容成为《宣言》的一个组成部分。1856年，许多国家在巴黎签订声明，终止了“私掠许可证”的使用。美国和其他几个国家因为缺少强大的海军，还需要依靠私掠来壮大他们的海上力量，所以后来才签署该《宣言》。

《宣言》确认了克里米亚战争期间各国奉行的海上作战原则，即永远废除私掠船制度、确立海上封锁实效性原则及统一海上捕获规则。《宣言》是一个标准的国际海上武装冲突法条约，它规范的内容是交战国在海战中捕获权的行使及中立国权益的保护。确立废除私掠船制度的原则，解决的是私掠船是否享有海上武装冲突的合法交战者地位的问题。在该原则确立以前，私掠船是合法的交战者，它的存在使海上私产拿捕成为极复杂的问题。《宣言》签署之后，私掠船丧失了合法交战者的身份，不再受国际法保护。在后来的海战中，私掠船均被看作海盗船，船员均被看作海盗，从事海盗行为的人员构成国际法上的海盗罪。《宣言》有关中立国船舶上的敌货和敌船上的中立国货物免予拿捕及封锁必须有实效的原则，实质上是对交战国海军作战手段，如拿捕、封锁的限制。由于交战权和中立权在海战中是一对此消彼长的矛盾，对交战权的限制就意味着中立权的扩大，所以上述原则实质上是通过限制交战国的拿捕权，来保护中立国的海上贸易利益。这体现了在克里米亚战争期间，作为中立国的北欧国家在交战国双方力量制衡中具有举足轻重的地位。

1810—1814年英国舰队对法国土伦港的海上封锁

确立海上封锁原则

1584年，荷兰宣布对西班牙控制下的所有佛兰德斯港口进行封锁。从此，这种海上封锁逐渐成为一种作战样式，西班牙、葡萄牙、英国、荷兰等海上强国为争夺殖民地和划分海上势力范围经常采用这种作战样式。海上列强疯狂掠夺海外殖民地，而海上兵力又不足，因而只得通过发布宣言宣布对敌国港口或海岸实施封锁，但实际上不派或仅派少量兵力去维持封锁，这种封锁被称为“纸上封锁”或“虚拟封锁”。1630年，荷兰首次采用这种封锁方法对西班牙港口进行封锁。一个海上强国通过一纸文告就可以宣布对其他国家的港口进行封锁，然后派几艘军舰在公海游荡，随意拦截或拿捕别国舰船，致使中立国不知道什么时候在什么海域可能会被宣布海上封锁国家的舰艇拦截和拿捕，因而中立国均人心惶惶，对这种疑似海盗的行为表示强烈抗议。

为了打破海上强国肆无忌惮的“纸上封锁”或“虚拟封锁”，俄国先后于1780年和1800年成立了海上武装中立同盟，确立了一种新的海上封锁作战样式——封锁实效性原则。克里米亚战争期间，英国又创造性地采取了“近岸封锁法”。1856年巴黎会议期间，七国代表认真研究了以往的海上封锁实践，最终确立了海上封锁的实效性原则，并将它写入《宣言》。至今为止，《宣言》仍是世界上唯一一个规定了封锁问题的协定法。1909年通过的《海战法规宣言》虽然进一步规定了封锁的相关内容，但这一宣言没有被批准，而且在第一次世界大战中被英、法两国所放弃。

援引法条：《巴黎海战宣言》

1856年4月16日签订于巴黎，全称为《巴黎会议关于海上若干原则的宣言》。

1856年3月30日《巴黎和约》签字各国全权代表在出席会议时考虑：长期以来，战时海上法已成为令人惋惜的充满纠纷的题目；在这个问题上权利和义务的不明确，是中立国和交战国之间足以产生严重困难甚至意见分歧的原因。因此，对如此重要的问题制定一些统一的原则是有益的；出席巴黎会议的各国全权代表认为只有将与此有关的固定的原则贯彻于国际关系之中，才能充分满足他们各自政府的热切愿望。

上述全权代表经正式授权，对达到这一目的的方法达成了协议，并庄严宣布如下的宣言：

（一）从此以后永远取缔私掠船制；

（二）中立国旗帜掩护敌方货物，战时违禁品除外；

（三）在敌国旗帜下的中立国货物不受拿捕，战时违禁品除外；

（四）为了使封锁具有拘束力，必须是有效的封锁，即由一支足以真正阻止他国船只进入敌国海岸的武力所维持的封锁。

以下签名的全权代表的政府保证将本宣言通知未被邀参加巴黎会议的国家并邀请它们加入本宣言。

下列签名的各全权代表，深信以上发表的各项规则必将得到各国衷心的采纳，毫不怀疑他们各自的政府为了普遍采用上述规则而做出的努力将获得圆满成功。

本宣言只在已加入或将加入本宣言的国家间有拘束力。

签署国：奥地利、法国、普鲁士、俄国、撒丁、土耳其、英国。

签署日期：1856年4月16日。

英美战舰轰开中日国门

洋人用坚船利炮告诉大清什么是国际法

16世纪以后，欧洲海军列强在瓜分世界的同时，也开始侵略中国。由于中国海军缺乏海上作战能力，荷兰、西班牙等西方殖民主义者首先抢占了台湾，之后，英国等帝国主义国家又派出强大的海军舰队进攻广州、香港和澳门等地。欧洲列强在经历了海上远洋、海洋掠夺和大量海战之后，于16—17世纪开始研究海上法规和海战法规，为其侵略行为制造法律依据。17世纪以后，西方的国际法概念传入中国，中国与西方国家的交往成为国际法的最早实践。

1840年中英鸦片战争中关天培血战虎门

清中期以后，英国等国向中国大量输出毒品鸦片。1839年（清道光十九年），湖广总督林则徐为钦差大臣，赴广东查禁鸦片。林则徐在广州禁烟时曾将瓦特尔《万国公法》中的某些段落译成中文，取名为《各国律例》。林则徐为维护祖国的独立和尊严，曾运用一些国际法规与外国势力进行合法的斗争，比如先宣布鸦片为违禁品，再要求交出并销毁，然后致书英国女王要求停止鸦片买卖，但英国方面置若罔闻，因此林则徐依照国际法规不得不采取坚决行动，于虎门海口将鸦片全部销毁。林则徐是中国第一个以国际法为武器进行斗争的人物，但是弱国无外交，国际法对于弱国而言并不发挥任何效用。

1839年林则徐禁烟并销毁鸦片之后，英国以此为借口，决定派出远征军侵华。1840年6月，英军舰船47艘、陆军4000人在海军少将懿律、驻华商务监督义律率领下，陆续抵达广东珠江口外，封锁海口。鸦片战争自此开始，并经历三个阶段。

第一个阶段（1840年6—12月），英军首次北犯。根据英国政府训令，远征军封锁广州、厦门等处海口，截断中国海外贸易，并于7月攻占浙江定海作为前进据点。8月，英舰抵达天津大沽口外。

第二个阶段（1840年12月至1841年8月），虎门、广州之战。1841年1月7日，英军出动海陆军攻占虎门沙角、大角炮台，发起虎门之战。2月26日，英军出动海陆军，攻破虎门一线各炮台和大虎山炮台，溯珠江直逼广州。5月24日，英军对广州发起进攻，一路占据城西南的商馆，一路由城西北登陆，包抄城北高地，攻占城东北各炮台，并炮击广州城。

第三个阶段（1841年8月至1842年8月），英军再次北犯。1841年8月21日，英国舰船37艘、陆军2500人离香港北上，攻破福建厦门，占据鼓浪屿。之后北进浙江，10月1日攻陷定海，10日攻陷镇海，13日攻占宁波。1842年5月，英军集中兵力北犯。18日，攻陷浙江平湖乍浦镇。6月16日发起吴淞之战。此后，英援军相继到达长江口外，以舰船73艘、陆军1.2万人，溯长江上犯，准备切断中国内陆交通大动脉运河。7月21日，英陆军6900余人攻陷镇江。英国海军舰队在中国领海和内水横冲直撞，先后攻占厦门、定海、镇海、宁波、乍浦、吴淞、上海等地，并沿长江上驶，攻陷镇江，直逼南京。8月27日，英舰队驶抵南京江面，清军无力再战，接受英国侵略者的全部要求。8月29日，清政府在英军的武力威胁之下签订了丧权辱国的《南京条约》，被迫将香港岛割让给英国，面积达75.6万平方千米，并赔款2100万两银圆，被迫开放广州、福州、上海、宁波、厦门5处为通商口岸。

《南京条约》是近代西方资本主义国家强加在中国人民身上的第一个不平等条约，从此揭开了中国近代屈辱史的序幕，中国开始走向半殖民地半封建社会。《南京条约》签订后，西方列强趁火打劫，相继强迫清政府签订了一系列不平等条约。1844年，海外势力进一步入侵，迫使清政府签订了中美《望厦条约》和中法《黄埔条约》。

1856年，英法联军发动了第二次鸦片战争。1860年，英法联军2万多人北上攻陷大沽、天津、通州等地，一直打到北京，并火烧圆明园，逼迫清政府于1860年10月签订了《中英北京条约》，又割占香港南九龙半岛11.1平方千米。1898年，英国又强迫清政府签订了《展拓香港界址专条》，强行租借北九龙半岛975.1平方千米，租期99年。

1553年，葡萄牙侵占了澳门，开始阶段一直向明朝交纳地租，1840年

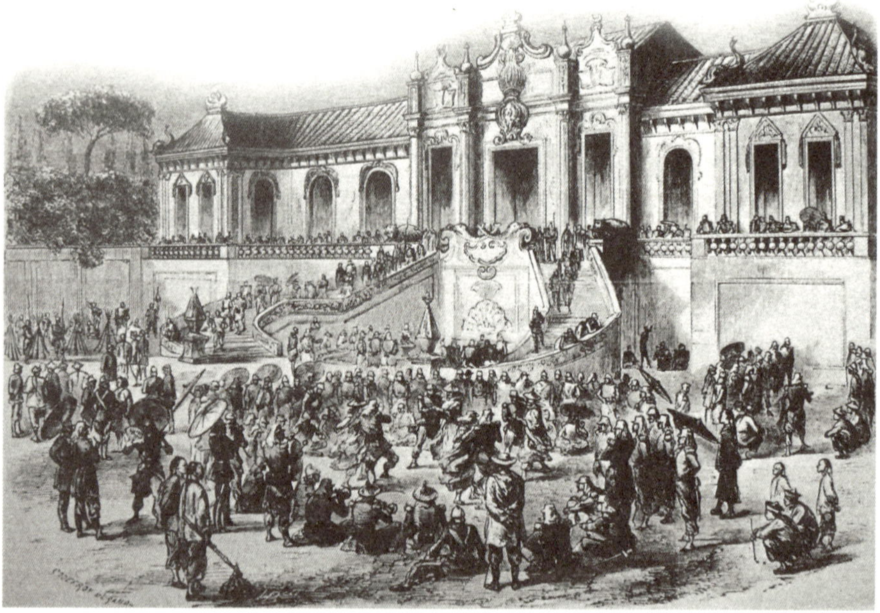

1860年法国军队占领圆明园

鸦片战争后，宣布澳门为自由港。1887年12月1日，葡萄牙与清政府签订了《中葡里斯本草约》，同意葡政府管理澳门。

1850年8月，沙皇俄国侵入中国黑龙江口和库页岛，占领庙街。1853年，沙皇俄国侵占了中国东北部的库页岛（萨哈林岛）、海参崴（符拉迪沃斯托克）和伯力（哈巴罗夫斯克），夺走了数百个岛屿。1858年5月28日，强迫清政府签订《中俄瑷珲条约》，割地60多万平方千米。1860年11月14日，迫使清政府签订《中俄北京条约》，割地45万平方千米。1864年10月7日，强迫清政府签订《中俄勘分西北界约记》，割地44万平方千米。1881年2月24日，强迫清政府签订《中俄伊犁条约》，割地7万多平方千米。这样，仅割让给俄国的土地就达150多万平方千米，相当于英国、法国、西班牙、葡萄牙、荷兰、奥地利、瑞士7个国家国土面积的总和。从此，中国被挤出了日本海，并失去了近1/3的海岸线。

援引法条：中英《南京条约》

道光二十二年（1842年），清朝在与英国的第一次鸦片战争中战败。8月29日，清政府代表在泊于南京下关江面的英军旗舰“康华丽”号上与英国签署《江宁条约》，又称中英《南京条约》。

1. 宣布结束战争。两国关系由战争状态进入和平状态。

2. 清朝政府开放广州、福州、上海、宁波、厦门5处为通商口岸（史称“五口通商”），准许英国派驻领事，准许英商及其家属自由居住。

3. 赔款。清政府向英国赔款2100万银圆，其中600万银圆赔偿被焚鸦片，1200万银圆赔偿英国军费，300万银圆偿还商人债务。其款分4年交纳清楚，倘未能按期交足，则酌定每年百圆应加利息5银圆。

4. 割地。割香港岛给英国，英军撤出南京、定海等处江面和岛屿。

5. 废除清政府原有的公行自主贸易制度，准许英商与华商自由贸易。

6. 英商进出口货物缴纳的税款，中国需与英国商定；中国的关税自主权开始丧失。

7. 以口头协议决定中英民间“诉讼之事”，“英商归英国自理”；中国的司法主权开始受到侵害。

8. 中英两国各自释放对方军民。

在帝国主义屠刀下，中国流血，日本落泪

15世纪地理大发现之后，连接世界各个大陆之间的海洋通道被打通，世界海洋连成一片，从而为欧美列强对外侵略扩张奠定了基础。英国、法国、葡萄牙、荷兰等侵略者在印度、印度尼西亚、马来半岛和中南半岛建立殖民地之后，便开始向东北亚方向扩张，中国、日本、琉球和朝鲜半岛成为其殖民掠夺的重要目标。从1794年到1823年的30年间，欧美列强舰队19次到达日本沿海，其中俄国8次，英国8次，美国3次。从1824年到1854年的31年间，欧美列强舰队到达日本沿海增加到29次之多，其中英国11次，美国10次，俄国6次，法国2次。欧美列强的海军舰队虽然屡次三番抵达日本沿海，用坚船利炮威逼利诱日本开埠，但日本最终的命运却并没有中国那样悲惨。

最早对日本感兴趣的是俄国人，沙皇彼得一世1681年继位后就大力推

行领土扩张和寻求出海口的东进计划，日本自然成为其打开东方门户的第一道关口。1794年，俄国舰队首先占领千岛群岛中部1400平方千米的得抚岛。正当沙皇俄国准备进攻日本的时候，第一次鸦片战争爆发，大清帝国的软弱无能使从万里之遥赶来的英国人赚得盆满钵满，这让近在咫尺的沙俄帝国垂涎三尺。1850年，沙俄开始入侵中国东北，一举占领了黑龙江口。1853年，沙皇俄国又侵占了中国东北部的库页岛（萨哈林岛）、海参崴（符拉迪沃斯托克）和伯力（哈巴罗夫斯克），夺走了数百个岛屿，取得了日本海制海权并控制了出海口。侵华战争胜利之后，沙俄开始把矛头对准日本。1853年7月，沙俄4艘军舰抵达日本长崎，要求日本与之划分国界并开埠通商。后因克里米亚战争爆发，沙俄舰队无暇东顾，此事暂告一段落。

1681年沙皇彼得一世继位

第一次鸦片战争后，英国人在中国沿海站稳脚跟之后决定继续北上，逼迫日本开埠。

1825年，日本曾发布《异国船驱逐令》，要求沿海诸藩将驶近日本海岸的外国舰船赶走。第一次鸦片战争的炮声让日本从200多年闭关锁国的迷梦中醒来，第一次认识到，日本如果再继续闭关锁国，必将成为第二个大清。于是，1842年8月，日本下令撤销《异国船驱逐令》，颁布《薪水给予令》，鼓励沿岸各藩向外国船只提供燃料、饮水、粮食后令其离开，且允许对遇难的外国船只给予救助。此时，正值中英《南京条约》签署。两相对照，凸显日本幕府的狡诈多变和蓄意避战的心态。日本主动向欧美列强示好之后，1845年，英国军舰“萨马兰”号第一次驶抵日本长崎，1849年，英国测量船“海员”号抵达日本浦贺和下田，其主要任务是进行

1853年，美国海军准将佩里率领4艘军舰闯入日本江户湾，叩开日本大门

海道测量，为日后开埠通商做好技术准备。1853—1856年克里米亚战争爆发后，英国舰队前往参战，日本又躲过一劫。

美国舰队兵临城下，日本国门洞开

英国舰队离开了日本沿海，为美国舰队的进入提供了契机。1853年7月8日，美国海军准将佩里率领4艘军舰闯入日本江户湾入口处，并在沿海附近展开测量，以确认大型军舰前往港内停泊的可能性。早在1791年，美国“华盛顿夫人”号和“天恩”号商船就曾抵达日本纪伊国（今和歌山县境内）附近海域。此后，美国“富兰克林”号商船相继抵达。1837年，美国“摩理逊”号商船曾驶抵江户湾。美国商船屡次三番抵达日本沿海的主要目的就是与日本开展海上贸易，希望日本开放口岸进行通商。封建保守的日本政府对于外来势力十分害怕，开始阶段表示抵触，严防死守，坚决不让外国船舶进入其沿海一线。第一次鸦片战争后，日本从中国的惨败中汲取了教训，开始为外国船舶进入日本沿海或口岸提供方便，但这样做也只限于商船。此次美国海军准将佩里居然率领4艘战舰浩浩荡荡地闯入日本沿海，这对日本而言是一个前所未有的挑衅。面对美国战舰的侵入，日本幕府下令沿海一线加紧构筑炮台，严整武备，准备作战。日本警告美国舰队在其沿海附近进行测量是违反日本法律的。佩里以武力相威胁，态度蛮横，最终迫使日本方面接受了他带来的美国总统的国书。在美日第一轮较量中日本表现出了屈从和首鼠两端的特性，这让佩里颇为得意。3天后，他率领舰队驶入江户湾。

1854年2月13日，佩里率领由7艘军舰组成的庞大舰队再次驶入江户湾。2月25日，佩里率领30名美军官兵在军乐队的先导下迈着整齐的步伐登陆，美国军舰上鸣放17响礼炮。在坚船利炮的威逼之下，美日双方在神奈川（今横滨）展开第一轮谈判，佩里企图以不平等的《美中友好通商条约》为蓝本稍加修改之后变为包括25项条款的《美日修好通商条约草案》，对此日本方面表示坚决拒绝，同时提出包括7项条款的《日美修好条约草案》。对此，佩里很不高兴，他威胁日本，必须按照美国的意愿行事，否则很可能导致战争，如果开战，除停泊在近岸的7艘战舰之外，还有50艘战舰在近海待命，在加利福尼亚的50艘军舰也将在20天内到达。要么乖乖地签署条约，要么像大清那样忍受鸦片战争的痛苦。权衡利弊，日本终于在佩里面前妥协。

1854年3月31日，美日缔结了由12项条款构成的《日美和亲条约》，亦称《神奈川条约》，这是日本历史上签署的第一个不平等条约。佩里不战而屈人之兵，他用坚船利炮兵临城下相威胁，最终未开一枪便达成战略目的，打开了闭关锁国数百年的日本国门，使美国舰船能够自由进出日本港内进行通商和物资补给。对于美国而言，日本列岛是通往中国的重要海上门户，打开日本的国门，便可以此为跳板对中国进行侵略扩张。1855年，纽约商人出身的哈里斯受命出任美国首任驻日本总领事，他在佩里缔约的基础上再进一步，于1858年7月29日，在停泊于神奈川的美国军舰“波哈坦”号上签订了《日美友好通商条约》，日本据此开港。该条约由14条组成，是日本历史上第一个承认贸易自由和通商开港的条约，双方决定开放神奈川、长崎、新潟、兵库、箱馆等5个港口，江户和大阪开市。允许外国人居住在开港地，并设立外国人居留地。条约生效的第二年，即1859年7月1日，日本近代最早的“开港场”——横滨、长崎、箱馆三港正式开埠。随后，英国、法国、俄国、荷兰诸国接踵而至，纷纷签订类似商约，近代日本由此走向开放，逐渐融入国际大家庭，为1868年的明治维新和日后的脱亚入欧提供了先决条件。

崛起后的日本危害四邻

“学生”战胜“先生”，日本棋高一着

1868年，日本明治维新，脱亚入欧，开始走上资本主义道路。当时正值第一次工业革命方兴未艾，第二次工业革命萌芽之时，欧美列强希望日本开放门户与之进行贸易，日本被迫打开国门，在与美欧进行贸易的同时也学到了很多西方的文化，因此兼收并蓄，国力日渐强盛。1870年第二次工业革命之后，美国、日本、德国崛起，它们用更加先进的武器装备和科学技术，四处侵略扩张。

沧海桑田，在巨大的历史变迁过程中，日本与中国、印度、马来半岛、印度尼西亚、中南半岛、朝鲜半岛一样，同样时时刻刻处在帝国主义和殖民主义者坚船利炮的威胁利诱之下，但奇怪的是，每一次它都能逃脱，都能避战避险而求和求全，从而成为亚洲唯一一个没有受到外国侵略和奴役的国家。当外敌入侵的时候，日本曾经想过要抵抗和锁国，但权衡利弊之后，总是能够妥协和忍让，最终达成自保的目的。美国准将佩里的“黑船”舰队逼近江户湾海面，用炮口指着日本人的鼻子要求其对外开放，这个时候的日本居然放弃抵抗，与之周旋。当了解到美国人的目的是为了逼迫其开埠通商之后，态度迅速变化，一反常态，与之签署友好通商条约。

日本人摸清了美国人的着数，一手拿枪，一手点钱，正所谓持剑经商。军舰负责敲开日本的国门，商船队随后前来进行贸易，对于日本来说，这没有什么丢人现眼的，所以日本就开始逢迎、投其所好，最终居然上了贼船，全盘西化，脱亚入欧，模仿美国、英国、法国的路数，大肆对

外扩张和侵略。日本人并没有把佩里“黑船”舰队逼近日本海面并在神奈川登陆视作耻辱，相反，却在当地为佩里修建了登陆纪念的雕塑，昭示后人面对强权首先要忍辱负重，然后想办法“整死”他。果然，日本人最初把佩里当作“先生”，1941年12月7日，用其人之道还治其人之身，偷袭了美国太平洋舰队基地珍珠港。其实，与中国同文同种的日本，最早的“先生”是中国，鉴真东渡给日本带去了中国的灿烂文化，但后来，日本同样战胜了自己的先生，1874年侵占中国台湾，1895年全歼中国北洋水师，1904年开始与俄国在中国领土上打了一年半的仗，1931年侵略中国东北三省，1937年后全面侵华，直到1945年无条件投降。

日本不仅占领中国全境和朝鲜半岛，更是一度占领中南半岛、东南亚和太平洋大部。日本总是把危机当机遇，知耻而后勇，不仅向自己的朋友学习，而且向自己的敌人学习，修身养性，像变色龙那样让自己适应纷乱变幻的世界，进而征服世界。中国作为日本的邻居，在相当长的历史时期内与日本面临着同样的战略环境，但中国却走向了另外一个极端。上下五千年的文明古国，倡导和而不同和仁义礼智信的谦谦君子，堂堂数百年的世界第一强国，在两次鸦片战争之后很快沦落为半殖民地半封建国家，长期积弱积贫，百年耻辱，不堪回首。

初学炮舰外交，首攻中国台湾，再取朝鲜

1871年12月，60多名琉球人乘船遭遇台风，漂流到台湾南部登陆，其中54人被台湾土著居民杀害，其他人被清政府送回国。日本以琉球漂流民在台湾被杀为借口，向清政府发难，乘机侵略台湾。1874年4月，日本陆军中将西乡从道率舰队侵略台湾，3000多人在琅峤登陆。5月18日，日军开始与台湾当地居民交战。7月，日军以龟山为中心建立都督府。清政府得知日军侵犯台湾的消息后，一面与日军交涉，一面积极备战，10月31日与日本政府签订《中日北京专条》，付给“日本国从前被害难民之家”抚恤银10万两和日军在台“修道建房等”40万两。12月20日，日军从台湾全部撤走。从对外扩张中初次尝到甜头的日本接下来开始把侵略矛头对准朝鲜。

1875年5月，日本明治政府派出“云扬”号等3艘军舰到朝鲜釜山海域示威，制造事端。9月20日，“云扬”号军舰驶入朝鲜首都汉城（今韩

国首尔）附近的江华湾，借口测量水深并寻找水源，向朝鲜草芝镇发起挑衅。朝鲜草芝镇炮台立刻自卫反击，先行对“云扬”号军舰开炮，“云扬”号军舰随机还击，摧毁了草芝镇炮台军事设施，并在永宗镇登陆。日军以2人受伤的代价，击毙了朝鲜士兵35人，俘虏16人，掳获大炮38门，对当地居民大肆烧杀抢掠后撤离。10月、11月，日军又连续对釜山进行袭击。“‘云扬’号事件”是日本明治政府为了以武力打开朝鲜国门而精心策划的事件，它成为朝日《江华条约》（《日朝修好条规》，又称《丙子修好条约》）签订的导火线。

1876年1月8日，日本明治政府任命黑田清隆为全权办理大臣，率领8艘军舰前往朝鲜江华岛就“‘云扬’号事件”与朝鲜交涉，企图利用这次

1875年，日本“云扬”号军舰进攻朝鲜首都汉城

事件打开朝鲜国门。与此同时，日本另派特使前往中国北京，试探朝鲜宗主国清朝的态度。清朝总理衙门表示：朝鲜虽隶属中国，一切政教禁令，完全自主，中国从不与闻。日本政府借此认为“所谓宗属国，仅有其名而无其实……今后日本国政府在此问题上已无再同清国政府进行交涉之必要”。事实上，清政府一向劝告朝鲜与欧美修好，希望朝鲜息事宁人，不

要与日本发生战争。

清朝对朝鲜的漠视和听之任之的不负责任的态度，使得日本在谈判桌上更加肆无忌惮。从2月11日起，朝日双方进行了4次谈判。日本代表一再提出无理苛刻的要求，声称朝鲜要么赔偿日本在“‘云扬’号事件”中的损失，要么与日本缔结通商条约，否则日本军舰将进攻朝鲜首都汉城。为了配合外交谈判，日本军队还肆意鸣放枪炮，耀武扬威，对朝鲜方面起了相当大的震慑作用。1876年2月26日，朝鲜与日本在朝鲜西海岸的江华岛签订了《江华条约》，这是日本与朝鲜签订的第一个不平等条约。该条约的签订标志着朝鲜打开了国门，严重破坏了朝鲜的主权，外国侵略势力开始侵入朝鲜，从此朝鲜进入半殖民地半封建社会，为34年后彻底沦为日本的殖民地作了前期铺垫，也为后来日本大规模入侵中国提供了前提条件。《江华条约》签订之后，美国、英国、德国、法国、俄国、奥匈帝国、意大利、丹麦、比利时等国纷至沓来，要求与朝鲜签订类似条约，严重破坏了朝鲜的主权。1882年《朝美修好通商条约》的签订标志着朝鲜最终全面开放门户，从此成为资本主义列强角逐的场所。

1854年佩里的“黑船”舰队用坚船利炮敲开日本国门的时候，日本还处于闭关锁国的封建状态，不知道何为对外侵略扩张，更不知道这种侵略扩张能够得到多少好处。不到20年，日本就从美国“先生”那里学会了使用武力对外侵略，其出手的第一个目标就是中国台湾。日本侵略台湾是日本历史上第一次对外侵略扩张，首战便挑战世界大国大清王朝，与之交手之后居然首战得胜并获丰厚赔偿，这对日本而言毫无疑问是一次褒奖。其后，日本对邻国朝鲜如法炮制，武力威胁配合外交谈判，迫使朝鲜与其签订了第一个不平等条约。日本几乎复原了20年前美国强加于日本头上的《神奈川条约》。己所不欲勿施于人，而日本把自己的悲痛凌驾于别国之上，这是善于学习的日本创造出的第一个“杰作”。

隔海相望的朝鲜半岛虽是清朝的藩属国，但当朝鲜面临国难和战争威胁时，大清政府却以朝鲜自主及希望和平解决为由搪塞了事，这让日本感到清朝对藩属国并无保护之意。因此，日本决定侵占近在咫尺的琉球王国。历史上琉球群岛建立有山南、中山、山北三个国家，1429—1879年统一为琉球国。琉球国的地理位置在中国和日本之间，曾经向中国的明、清两代和日本的萨摩藩、江户幕府朝贡。1879年3月25日日本入侵琉球国，

3月30日琉球国被日本入侵后灭亡且被并入日本，大部分国土被置为冲绳县，北部诸岛被并入鹿儿岛县。

军国主义至上，先灭北洋，再胜俄国

日本脱亚入欧之后从英美两次工业革命中汲取了丰富的营养，用西方文明替代了传统的中华文明，把对外侵略扩张作为立国之本，通过侵占台湾、琉球和朝鲜半岛，逐渐积累了丰富的战争经验，成为东亚国家中唯一一个具有军国主义色彩、对外侵略扩张成性的帝国主义国家。1887年，日本产业革命达到高潮，但日本资源匮乏、市场狭小，因此急需对外的商品输出和资本输出。为此，日本政府制定了“清国征讨策略”，该策略后来逐渐演化为以侵略中国为中心的“大陆政策”。其第一步是攻占台湾，第二步是吞并朝鲜，第三步是进军满蒙，第四步是灭亡中国，第五步是征服亚洲，称霸世界，而中日甲午战争就是日本实现“大陆政策”前两个步骤的重要环节。

1894年中日甲午战争是中国晚清年间发生在中国和日本之间的、为争夺朝鲜半岛控制权而爆发的一场战争。中日甲午战争历时9个月，分为陆战和海战两个战场，日军攻下朝鲜的平壤，在黄海海战中大败北洋水师，之后又攻下中国的旅顺、威海，并于1894年11月22日在旅顺进行大规模屠

日本人绘制的中日甲午战争海上交战图

杀，血洗全城。1895年3月19日，李鸿章等100多人，以“头等全权大臣”的名义抵达日本马关，与日本首相伊藤博文商订和约。在谈判桌上，日本对李鸿章进行讹诈、恐吓，威逼李鸿章在一份早已拟好的条约即《马关条约》上签字。1895年4月17日，李鸿章在条约上画了押。《马关条约》是清朝政府迫于日本军国主义的军事压力签订的丧权辱国的不平等条约，条约主要内容是：朝鲜完全“自主”，实际上承认日本对朝鲜的控制；割让我国辽东半岛、台湾省、澎湖列岛等地；赔款2亿两白银；允许日本资本家在中国通商口岸设立各种工厂；开放沙市、重庆、苏州、杭州为通商口岸。清政府因此背负沉重外债，国力日趋衰退，中国沦为半殖民地半封建国家。日本因获得巨额战争赔款和从北洋水师俘获的军舰，国力、军力迅速强盛，加上获得中国台湾这一块通往西太平洋的战略跳板，使其逐渐走上军国主义对外扩张之路。

中日《马关条约》签订6天后，俄国因日本占领辽东半岛，为阻碍它向中国东北伸张势力，便联合法、德两国进行干涉，史称“三国干涉还辽”。当时日本经过中日甲午战争的消耗，一时无力进行新的战争，在三国武力胁迫下，日本于1895年5月4日宣布“抛弃辽东半岛之永久领有”，但要中国以白银3000万两将其“赎回”。由此，日本在中日甲午战争后一共勒索了中国2.3亿两白银。从此，俄国就成了战胜国的战胜国，自认为高出日本一头。对中国，俄国以“还辽有功”为借口，对清政府进行敲诈勒索。1896

日本人绘制的中日甲午战争中国北洋水师向日本投降图

年，诱逼清政府接受《中俄密约》，随即索取了修筑中东铁路及其支线等特权。1897年底，俄国舰队擅自闯进中国旅顺口；翌年3月，沙皇政府以军事压力为后盾，强行向中国政府“租借”旅顺、大连及其附近海域，霸占整个辽东半岛，从而在远东取得了梦寐以求的不冻港。1900年8月，俄、德、英、美、法、意、奥、日8个帝国主义国家组成八国联军共1.8万余人进犯北京。俄国大举入侵我国东北地区，企图独吞我国东北三省。

1887年日本政府制定了“清国征讨策略”，在攻占台湾之后，第二步吞并朝鲜，第三步进军满蒙，第四步灭亡中国。1895年俄国牵头“三国干涉还辽”之后，彻底打乱了日本的战略企图，日本对于俄国独吞中国东北，租借旅顺、大连海港并修建中东铁路的行为极为不满，决定与俄国决一死战，打破俄国对中国东北的垄断。于是，日本与沙皇俄国于1904年2月8日至1905年9月5日在中国东北进行了一场帝国主义战争，以沙皇俄国的失败而告终。日俄战争促成日本在东北亚取得军事优势，并取得在朝鲜、中国东北驻军的权利，令俄国在东北亚的扩张受到阻挠。日俄战争的陆上战场是清朝本土的满洲地区，而清朝政府却被逼迫宣布中立，甚至为这场战争专门划出了一块交战区。

1905年9月5日，俄国与日本在美国朴茨茅斯签订和约。日俄订约后，日本又强迫清政府承认《朴茨茅斯和约》中有关中国的各项规定，并取得经营安（东）奉（天）路、修筑长春到吉林的铁路以及在鸭绿江右岸伐木等权利，又开放东三省十六处为商埠。自此，中国东北成为日俄两国的势力范围，出现从一国独占变为两国分据南北的局面。日本又加紧了对朝鲜的控制，至1910年完全兼并了朝鲜。

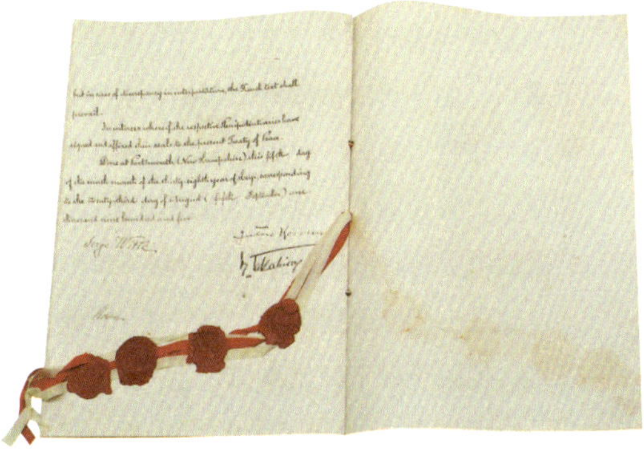
1905年9月5日日俄签署和平协议结束日俄战争

延伸阅读：日本军舰击沉大清“高升”号商船

中日甲午战争之前，发生了一件涉及国际法和海战惯例的重大事件，即日本海军军舰击沉大清“高升”号商船事件。1894年7月21日至23日，清政府为增援驻朝鲜牙山的军队，雇用英国怡和轮船公司的“高升”号等3艘商船，搭载清军2500人，由大沽口出发经海路赴朝，并派北洋舰队“济远”和“广乙”等军舰护航。

1894年7月25日晨7时许，日本海军“吉野”“浪速”等3艘巡洋舰在牙山湾丰岛附近海面与大清北洋舰队“济远”等军舰相遇，遂在相距3000米时首先向中国军舰开炮进行突然袭击。“高升”号发现中日双方发生武装冲突后立即升起英国国旗以免遭攻击。日“浪速”号巡洋舰驶向“高升”号并开炮示警，命令其停船受检。“高升”号服从命令并停船后，“浪速”号派小艇载数名官兵持武器登船临检，“高升”号上的英国籍船长接受检查，同时提请日军注意，这是一艘英国商船，无法与之进行军事对抗。临检人员离船后向舰长东乡平八郎报告，东乡企图扣押和没收该船，遭到“高升”号的严词拒绝，并提出进行谈判。“浪速”号再次派人登船，船上一名德国大尉担任翻译，提出：虽中日之间已发生战事，但“高升”号是在和平时期离开港口的，应允许其返回出发港。日舰代表返回“浪速”号向东乡汇报后，东乡认为这是有意与其为敌，故下令炮击“高升”号。于是，“浪速”号右舷6门舰炮齐射，向“高升”号发起猛烈轰击，随即驶近“高升”号，在距其150米处发射鱼雷，半小时后该船于25日13时30分沉没，船上700余名清军官兵及大部分船员全部遇难。

事件发生后，世界舆论哗然，纷纷谴责日本公然违背国际法和海战惯例的罪行，日本政府也害怕英国采取武力干涉，遂进行多方接触，并赔礼道歉和赔偿全部损失。但最后，由于当时的国际军事形势处于非常微妙的时刻，英国从亚太战略角度考虑，采取了牺牲“高升”号来保全其东亚利益的做法，不再追究此事，也不要求日本道歉和赔款，并授意几名国际法学者撰文论述日本击沉“高升”号是符合国际法规则的，结果由中国轮船招商局向英国怡和公司赔偿了全部损失。

这是一起涉及国际法和海战惯例的典型事件，当时，虽然没有形成成文的海战法条约，但关于战争开始必须宣战、禁止攻击非军事目标和人道主义原则，的确已经形成了国际公认的惯例。

首先，关于宣战问题的国际惯例。按照当时国际惯例，除非有预先和明确无误的警告，否则不能开始敌对行动。警告的形式应是说明理由的宣战声明，或是有条件宣战的最后通牒。国际法承认的中日两国间正式宣战日期是1894年8月1日，正式停战日期是1895年5月8日，即《马关条约》的生效之日。1894年7月25日，丰岛海战中中日双方军舰所发生的炮战，属于海上武装冲突，不能被认为是战争状态或是一种宣战形式。日本军舰采用不宣而战的方式，首先开炮攻击中国军舰违反了海战惯例。

其次，关于攻击商船问题的国际惯例。按照当时国际惯例，在敌对行动开始时，停泊于敌国港口的交战国商船，或在战争开始以前已经离开最后出发港，并在不知道战争已经开始的情况下，进入敌国港口的商船，应准其立即或在合理的宽容期内自由离去。“高升”号是在和平时期离开大沽口，并在和平状态下在公海海域进行自由航行的商船，日本军舰没有任何理由阻止其正常航行，更不能违反国际法在未经宣战的和平时期擅自扣押、没收或命令其停船受检，更不能派遣人员武装登船临检，这一切都严重违反了海战惯例。

日本击沉大清“高升”号商船

最后，关于人道主义原则的国际惯例。按照当时的国际惯例，商船不属于军事目标，一般情况下在战争中不允许攻击商船。如果特殊情况下进行此类攻击，军舰在攻击商船之前，必须发出警告，并将船上人员转移到军舰、陆地或其他安全处所后方可对商船进行攻击。对于失去战斗能力的战斗员、伤者、病者、遇船难者应给予人道主义救助，禁止在此种情况下继续对其进行攻击。日本“浪速”号巡洋舰在未进行任何警告，或转移船上人员的情况下就将该船击沉，这已经违反了国际惯例。在“高升”号沉没，700多人落水且生命处于危难之时，“浪速”号放下救生艇但仅救助英国人和德国人，不仅拒绝救助中国人，反而对已经落水、奄奄一息的中国人进行野蛮的屠杀，犯下了严重的反人道罪。

国际法是强者的利剑，弱者的砒霜

中国是世界上最早拥有海上力量的国家之一。在明朝以前，曾称雄于世，无论是航海技术水平还是海上兵力在当时都居世界首位。后来，由于闭关锁国，中国主动放弃了海洋，致使中国海军的发展迅速落伍。清朝末期，中国海军实行开放政策，引进西方先进技术和舰船装备，使海军兵力一跃而居亚洲首位，在世界位居第九。但由于政治腐败，这支军队没有发挥应有的作用，因而在中日甲午海战中全军覆没。19世纪以后，中国对国际法、战争法和海战法的发展，以及维持世界和地区和平做出了自己的贡献，多次参加国际和平会议和有关国际法研讨会议，承认和加入了数十项战争法和海战法条约，并严格履行了缔约国的义务。

国际法著作第一次传入中国还是1864年的事情，当时清政府同文馆总教习丁韪良首次把1836年出版的美国国际法学家惠顿的《国际法原理》一书译成中文，取名为《万国公法》。在此之后，清政府运用国际法解决国际问题的事例开始增多。例如，1864年在普丹战争中，普鲁士军舰在渤海湾拿捕了丹麦船，清政府用《万国公法》中提到的领海规则向普鲁士提出抗议，结果该船被释放。这次事件后，清政府开始重视国际法，并翻译了更多的国际法著作，以供处理洋务所用。

鸦片战争以后，林则徐和魏源等有识之士，主张引进西方先进的军事技术和武器装备来加速海军的发展，以捍卫国家的海洋权益，免遭西方国家的海上侵略。这些思想对之后的洋务运动产生了重大影响。清政府在鸦片战争后也认识到发展海军的重要性，所以成立了福州船政局，聘请外国技师帮助建造军舰，创办水师学堂，选派人员出国考察和留学，并开始向外国购买军火和舰船。1885年，设立海军衙门，组建了北洋、南洋、

1888年成军后的北洋水师“镇远”号铁甲舰

福建和广东四支水师部队。1888年，在北洋水师的基础上建立了北洋海军，并开始从英国、德国购买“定远”“镇远”级铁甲舰，“经远”“来远”“济远”等巡洋舰、炮舰及鱼雷艇。至1894年甲午中日战争爆发前，北洋海军建制有铁甲舰2艘、巡洋舰8艘、练习舰3艘、炮舰7艘、鱼雷艇11艘、布雷船1艘，共计32艘，总吨位3.8万吨。当时海军指挥官大都受过西方海军的培训，海上作战指挥基本都用英语。所以，这个时期在国际法和海战法方面受西方国家海军影响较大。由于具有一定的海军实力，国际性战争法会议一般都有中国人参加。1899年和1907年，中国两次派代表参加了海牙和平会议，几乎加入了所有通过的约20个条约，之后又加入了一些国际战争法条约。

弱国无外交。应该看到，在17—19世纪西方国家海战法研究和制定处于最高潮的时候，中国正处于殖民地和半殖民地状态，虽然签订了大量条约，但基本都是不平等条约，是在武力威胁下被迫签订的。外国并没有把中国作为一个独立的主权国家和国际法主体来谈判和签订条约，中国当时被排斥在“文明”国家之外，不能享受国际法的权利，不受国际法的保护，帝国主义列强只是按照强权政治的原则迫使中国政府接受一系列不平等条约。有关海战法的多边条约虽然许多是公平的、合法的，但清政府腐败无能、丧权辱国，这些条约基本没有发挥过太大的作用。

1889年，美国海军部长本杰明·富兰克林在一份年度报告中称，大清海军实力在世界上排在英国、法国、俄国、德国、荷兰、西班牙、意大利、土耳其之后，但排在美国和日本之前，居世界第九位。从舰艇数量和总吨位来看，在远东地区超过日本、俄国和美国而居第一位。尽管如此，由于大清政治腐败，用来造舰的军费多次被挪用，仅用来修筑颐和园就挪用了340万两纹银，再加上舰艇大量失修，海上指挥不当，终于使这支强大的海军舰队在中日甲午战争中全军覆没。

1895年4月，日本迫使清政府签订了《马关条约》，同时侵占了中国的台湾岛、澎湖列岛和钓鱼岛。1897年11—12月，德国出兵侵占胶州湾，沙俄舰队侵占旅顺口、大连湾，帝国主义列强在中国开始划分势力范围。1898年，德国强租胶州湾，沙俄强租旅顺、大连，法国强租广州湾，英国强租九龙半岛和威海卫。

1900年，日本、英国、美国、法国、俄国、德国、意大利和奥匈帝国等八国联军蜂拥而至，开始瓜分中国本土、沿海岛屿和港湾。不到两年时间，中国沿岸主要城市、港湾及岛屿几乎被瓜分完毕，中国从此丧失了沿海制海权、制空权、贸易权，甚至内河航行权。1901年，八国联军强迫中国订立《辛丑条约》。1911年，清政府被推翻，中华民国建立。从1840年至1949年100多年间，帝国主义列强从海上入侵中国多达470余次。

海上交战的国际规则

海战法是英、美等西方海军强国在17世纪以后，根据当时国际法的发展逐渐形成的一些成文法规和国际惯例。这些海军强国在几百年的殖民统治和世界霸权中已经基本形成了相对完整、系统的海战法体系，在中世纪时就已经制定了第一部关于海战的规则，其中包括对舰船及其物资进行搜查和拿捕的权利，这些规则后来几经修改。而在关于如何对待中立国船只的问题上存在着很多争论，始终没能形成统一的规则。在北欧，1591年的《汉萨海上规则》以它毫无限制的绝对权威在战时实行海上禁运，这不仅对敌对国极为不利，而且使得中立国无法与其进行货物贸易。在战时，考虑与中立国继续进行海上贸易，交战方必须集中优势兵力切断对方由舰到岸的后勤补给线，以军事实力确保中立国的安全。有鉴于此，在18世纪，中立国联合起来并使用它们的海军兵力来保护海上自由贸易的权利。把战争法规从历来的习惯法编纂为条约，开始于19世纪后半叶。最早的一项条约是1856年的《巴黎海战宣言》。与陆战法规及空战法规相比，应该说，海战法是战争法中最早形成、最为发达、所占条约数量最多、应用较为广泛的一类法规。海战法主要集中在两大法规系列，一是海牙法规系列，二是日内瓦法规系列。

海战法规的形成和发展大致分三个阶段：第一阶段是1856—1914年，当时主要有日内瓦法规和海牙法规两大系列，日内瓦法规侧重于保护战争受难者和平民，海牙法规侧重于海战规则、武器装备的使用、战时的中立及军舰的法律地位等。此外，当时的美、俄、法、英、德、日等国还签订了多国海军条约。这个时期的海战法统称为传统海战法，传统海战法虽然对以后制定新的海战法规发挥了重要作用，但绝大多数法规现已失去效力。

第二阶段是两次世界大战期间（1914—1945年），由于战争需求、战后裁军、军备控制、新武器使用等一系列问题的出现，这一阶段海战法的制定工作非常活跃，除对传统海战法进行补充、修改之外，还制定了海军作战条约，以及针对潜艇、飞机、水面舰艇、鱼雷、水雷、毒气等作战使用的专门公约。这些公约有不少仍具有法律效力，是研究和制定新法规的重要依据。在第一次世界大战中，由于新式武器的使用和作战范围的空前扩大，现存法律的局限性便暴露出来。第一次世界大战后制定的《海牙空战规则（草案）》包括了有关战时控制无线电通信的规则。尽管该规则因最终没有生效而不具备法律效力，但是它对法律观念的发展产生了影响。1929年《关于改善战地武装部队伤者病者境遇的日内瓦公约》和《关于战俘待遇的日内瓦公约》在日内瓦签署，它们以1906年《关于改善战地武装部队伤者病者境遇的公约》和1907年海牙公约的部分规则为基础并对其有所完善和发展。

第三阶段是1945年第二次世界大战结束至今。这个阶段所制定的海战法称为现代海战法，它是海战法规的主体，是目前最有法律效力的国际法规。国际法学界普遍认为，1949年日内瓦第四公约、1977年关于日内瓦四公约的两项附加议定书和1982年的《联合国海洋法公约》是现代海战和海洋法规的主体，是现代战争条件下海上作战和活动的主要国际法律依据。其中，《联合国海洋法公约》属于平时海上国际法，其他属于战时海上国际法。

现代战时海上国际法规，都是日内瓦法规体系，是1949—1977年制定的，它主要侧重于保护战争受难者和实行国际人道主义原则，虽然涉及了一些海上作战规则、武器装备的使用限制等问题，但毕竟不是海战专门法规，所以远不如1907年的海牙公约详细。

日内瓦法规体系

早在古罗马时代，就有人研究和讨论有关战争和条约问题，不过，当时人们并没有严格的国际法概念。中世纪时期，从奥古斯丁、阿奎那到布丹，也都讨论过有关宣战、休战及对敌人维持信义、实行人道主义等问题。但是，真正将国际法作为一门独立学科进行完整系统的理论论述，则是从荷兰法学家胡果·格劳秀斯（1583—1645）开始的。他汲取了古希腊和古罗马思想家自然主义自然法理论的精华，扬弃和摆脱了中世纪神学主义自然法的桎梏，开创了近代理性自然法（古典自然法）的先河。格劳秀斯是近代国际法学创始人，在国际法领域提出了一系列较为完整的原则，这些原则对国家关系的调整起到了积极的作用，尤其是对后来国际法理论的发展产生了深刻影响，因此，他被称为“国际法之父”。格劳秀斯认为，国际法是“支配国与国相互交际的法律”，是维护各个国家的共同利益的法律，它的目的在于保障国际社会的集体安全。格劳秀斯在他1625年出版的著作《战争与和平的权利》中，就强调了对战争行为的限制规则，提出了一系列必须遵循的国际法原则：坚持宣战的原则，反对不宣而战的狡猾行为；坚持战争中的人道主义原则，反对杀害妇女、儿童等非参战人员，反对杀害放下武器的战斗人员；坚持公海自由航行的原则，任何国家和个人阻止非武装船只在公海上自由通过都是国际法准则所不允许的。此外，还要坚持遵循保护交战双方外交代表安全的原则。

直到18世纪启蒙运动开始的时候，国家对战争行为的态度才发生了根本性的观念转变。1762年，法国思想家让·雅克·卢梭（1712—1778）在他的著作《社会契约论》中作了如下阐述：战争不是人与人的一种关系，而是国与国的一种关系；战争的目的既然是摧毁敌国，人们就有权杀死对方的保卫者，只要他们手里有武器；可是一旦他们放下武器投降，不再是敌人或者敌人的工具时，他们就又成为单纯的个人，而别人对他们也

近代国际法学创始人胡果·格劳秀斯

就不再有生杀之权。卢梭的这个理论很快就被广为接受，他揭示了这样一个道理：敌对行为只能针对敌方的武装力量，而不能针对那些没有参与敌对行为的平民。卢梭的思想很快被当时签订的一些国际条约采纳，用来对战争行为进行规范。例如：1785年，国王菲德烈大帝统治下的普鲁士与由本杰明·富兰克林所领导的美国签订了友好与贸易条约，在这个条约中就包括了堪称典范的有关如何对待战俘的条款。到了19世纪，在经历了一些暂时的挫折之后，人道主义观点得到进一步广泛传播。这些观点极大地激发了个人的开创精神，并促成了许多国际条约的签订。这些条约对战争方式和所使用的手段都作出了限制。

1853—1856年，英国、法国、土耳其和俄国进行了克里米亚战争，英国的战地士兵死亡率高达42%。弗洛伦斯·南丁格尔（1820—1910）是一位英国妇女，她主动申请前往战场担任战地护士。她率领38名护士抵达前线，在战地医院服务伤病员，仅仅半年左右伤病员的死亡率就下降到2%。战争结束后，南丁格尔回到英国，被人们推崇为民族英雄。1907年，南丁格尔获得英王授予的功绩勋章，成为英国历史上第一个接受这一最高荣誉的妇女，其后她还发起组织国际红十字会的活动。为了纪念她的成就，1912年，国际护士会倡议各国医院和护士学校在每年5月12日南丁格尔诞辰举行纪念活动，并将5月12日定为国际护士节，以缅怀和纪念这位伟大的女性。

1859年6月，法国与奥地利在意大利北部进行索费林诺战役，死伤人数超过4万人，成为19世纪最血腥的一次战争。瑞士银行家让·亨利·杜南特（1828年5月8日至1910年），目睹了伤兵无人照顾，辗转致死的惨状，感到震撼。他立即动员和组织当地居民，在近4万具尸体中寻找并抢救伤患，并收容了4000多名伤员，进行力所能及的救护。1862年，他出版了《回忆索费林诺战场》一书，书中列举了他在战场上亲眼看到的惨状，并提出一个计划：伤病员中立化，以人道主义对待战俘，成立志愿救护者协会，救助伤病员。1863年2月9日，在他的倡议下，国际红十字会在瑞士日内瓦成立。1864年8月22日，瑞士、法国、比利时、荷兰、葡萄牙等12国在日内瓦签订《改善战地武装部队伤者病者境遇的公约》。公约规定了军队医院和医务人员的中立地位和伤病军人不论国籍应受到接待和照顾等。之后，国际红十字会又组织制定了一系列国际法规。1901年，杜南特

1864年签署日内瓦公约

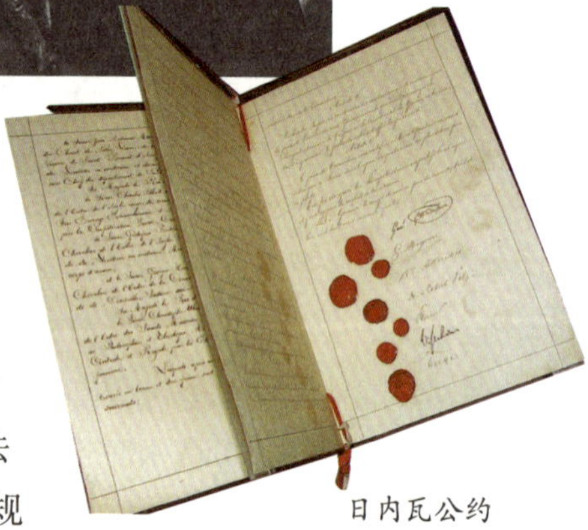

日内瓦公约

第一个获得诺贝尔和平奖。

日内瓦公约是1864—1949年在瑞士日内瓦缔结的关于保护平民和战争受难者的一系列国际公约的总称。日内瓦国际法规体系主要是从国际人道主义角度出发，规定对脱离战斗的伤病员、遇船难者、战俘及平民居民等施以人道待遇的法律。两次世界大战期间及战后，由于海牙法规体系没有继续根据新的变化了的国际形势和武器装备及作战样式，对原有法规进行必要的修改，因此现代条件下的日内瓦法规已不再是局限于人道方面的法律，而是大量涉及了原来海牙公约中所包含的内容，已在武装冲突法方面做了大量工作，取得了很大的进展。

1949年是红十字运动历史上具有重大意义的一年，国际人道法的发展取得了决定性突破。第二次世界大战的经验和教训使修订国际人道法成为1945年之后的首要工作。日内瓦第一公约旨在保护战地武装部队的伤者病者，是对1929年日内瓦公约的修订和发展。日内瓦第二公约旨在保护海上武装部队伤者病者及遇船难者，是对1907年海牙公约的修订和发展。1977年通过的关于日内瓦四公约的两项附加议定书是国际人道法发展史上的另一个重要里程碑。第一附加议定书保护国际性武装冲突的所有受难者，第二附加议定书保护非国际性武装冲突的所有受难者。2005年12月8日，日内瓦公约关于采纳一个新增特殊标志的附加议定书，即第三附加议定书获得通过。

截至2007年，共有194个国家和地区以不同方式成为日内瓦公约的缔约方。该公约被认为是国际人道主义法的重要组成部分，是约束战争和冲突状态下敌对双方行为规则的权威法律文件。中国于1956年加入此公约，同时对公约提出四项保留：保护国的代替必须经被保护者本国的同意；战俘或平民被移交他国后，原拘留国仍不应解除责任；占领区以外的平民也应适用公约的保护；战争罪犯不得享有战俘地位。

延伸阅读：日内瓦法规体系的构成

战地公约：

1864年8月22日，日内瓦公约《改善战地武装部队伤者病者境遇的公约》；

1906年7月6日，日内瓦公约《关于改善战地武装部队伤者病者境遇的公约》；

1929年7月27日，日内瓦公约《关于改善战地武装部队伤者病者境遇的日内瓦公约》；

1949年8月12日，日内瓦第一公约《改善战地武装部队伤者病者境遇之日内瓦公约》。

海上保护：

1899年7月29日，海牙第三公约《关于1864年8月22日日内瓦公约的原则适用于海战的公约》；

1907年10月18日，海牙第十公约《关于1906年7月6日日内瓦公约的原则适用于海战之日内瓦公约》；

1949年8月12日，日内瓦第二公约《改善海上武装部队伤者病者及遇船难者境遇之日内瓦公约》。

战俘待遇：

1899年7月29日，海牙第二公约《陆战法规和惯例公约》；

1907年10月18日，海牙第四公约《陆战法规和惯例公约》；

1929年7月27日，日内瓦第二公约《关于战俘待遇的日内瓦公约》；

1949年8月12日，日内瓦第三公约《关于战俘待遇之日内瓦公约》。

保护平民：

1899年7月29日，海牙第二公约《陆战法规和惯例公约》；

1907年10月18日，海牙第四公约《陆战法规和惯例公约》；

1949年8月12日，日内瓦第四公约《关于战时保护平民之日内瓦公约》；

1977年 6月8日，日内瓦四公约附加议定书《1949年8月12日日内瓦四公约关于保护国际性武装冲突受难者的附加议定书》（第一议定书）；

1977年 6月8日，日内瓦四公约附加议定书《1949年8月12日日内瓦四公约关于保护非国际性武装冲突受难者的附加议定书》（第二议定书）。

海牙法规体系

19世纪末，帝国主义国家为重新瓜分殖民地、争夺世界霸权，大规模扩军备战并加紧纠集军事同盟。俄国因国内经济困难等，在大国争霸中力不从心。俄国沙皇尼古拉二世为赢得时间和限制对手，于1898年8月倡议在荷兰海牙召开和平会议，并邀请欧洲、亚洲及北美洲各独立国家参加。第一次海牙和平会议于1899年5月18日至7月29日在海牙举行，参加会议的有中国、俄国、英国、法国、德国、日本、意大利、美国、奥匈帝国等26个国家。会议主要研究限制军备和通过和平解决争端，建立持久和平等问题。经过大会、3个委员会和小组委员会讨论研究后，会议通过了3项公约和3项宣言，但没有就限制军备问题达成任何协议。第一次海牙和平会议后，帝国主义国家军备竞赛愈演愈烈。在同盟国和协约国两大军事集团斗争日益加剧的情况下，第二次海牙和平会议于1907年6月15日至10月18日在海牙召开，包括第一次海牙和平会议全体参加国在内的44个国家的代表参加了会议。这次会议是第一次海牙和平会议的延继，由于第一次会议遗留的许多问题需要解决，有关限制军备问题许多国家也认为应该讨论，加上1904—1905年爆发了日俄战争，所以各国迫切希望制定海战法规，同时对陆战法规进行必要的修改。因此，美国总统罗斯福于1904年开始动议，后来仍委托俄国沙皇召集会议。会议除大会外，设立了6个委员会和小组委员会，经过讨论、研究之后，会议对1899年的3项公约和1项宣言（第一宣言）进行了修订，并新订了10项公约，总计13项公约和1项宣言。

1899年和1907年两次海牙和平会议的主要议题是讨论通过和平解决争端、限制军备以及战时国际法等各项问题，主要目的是编纂国际法，特别是编纂战时国际法。海牙法规中的许多内容至今仍然有效，为之后战争法的编纂和发展奠定了基础，并对在战争中实行人道主义原则起了促进作

海牙和平宫，早期的国际仲裁法庭，现为联合国国际审判法院

用。海牙法规具有普遍效力，尽管每一公约都包括“只有在所有交战国都是缔约国时方能适用”的条款，但由于这些公约所包括的许多原则和规则是公认的国际惯例，因而用于一切国家。纽伦堡国际军事法庭和东京国际军事法庭不仅将海牙公约用于缔约国（如德国），而且用于非缔约国（如捷克斯洛伐克），并依据公约的原则对违反战争法规的战犯予以定罪和惩处。但是，随着国际形势的发展变化、科学技术的进步及其在军事上的应用，海牙诸公约的许多内容已经过时。为适应现代战争需要，1949年日内瓦四公约及1977年关于日内瓦四公约的两项附加议定书对海牙公约所包括的许多战争法规作了确认、修改和发展。

海牙公约，又称海牙法规，是1899年和1907年两次海牙和平会议通过的一系列公约、宣言等文件的总称。海牙公约重视交战国在战争上的需要，侧重于规定战斗行为所许可的场所和范围、所允许进行战斗的人员的范围，以及作为战斗手段所许可的武器种类和战斗方法。海牙公约主要包括1899年和1907年两次海牙和平会议期间所制定的约20项有关陆战和海战的法规，在两次世界大战期间及战后，由于国际形势、科学技术和武器装备的发展及作战样式的改进，海牙公约难以适应现代条件下的战争实际，特别是难以适应武装冲突和小规模战争等新作战样式的需求。

海牙法规体系依其内容大致可分为三类：

第一类是和平解决国际争端类，包括1899年海牙第一公约、1907年海牙第一公约和海牙第二公约。根据这几项公约，各缔约国承担了“和平解决国际争端”和“尽量避免诉诸武力”的一般性义务，并确定以斡旋、调停、国际调查委员会和国际仲裁等方式达到这一目标，这对限制传统国际法上的“诉诸战争权”做出了重要贡献。

第二类是战争开始和中立国权利与义务类，包括1907年海牙第三公约、第五公约、第六公约和第十三公约。海牙第三公约在历史上第一次正式确立了宣战制度，规定不宣而战是非法的；海牙第六公约规定了战争开始时对敌国商船的保护制度；海牙第五公约和第十三公约详细、具体地编纂了中立国及其人民在陆战和海战中的权利与义务的法规和惯例。

第三类是战争法规类，上述两类以外的条约都属于此类。这类条约是海牙公约的主体部分，从陆战、海战、空战等不同方面限制了作战手段和作战方法，并进一步明确和完善了战斗员、战俘和伤病员的待遇。其中最重要的是1907年海牙第四公约及其附件。该公约包含了战争法规的基本原则和具体规范，其内容乃至措辞与1899年海牙第二公约及其附件几乎完全相同，本拟以前者取代后者，但由于1899年海牙公约的一些缔约国未签署和批准1907年海牙公约，因此两者并存。

伦敦法规体系

1908年12月4日，英国政府召集美国、英国、法国、俄国、德国、日本、荷兰、意大利、西班牙和奥匈帝国10国在英国伦敦外交部召开国际海军会议。会议的目的在于根据1907年10月18日在海牙签订的公约第七条，制定普遍公认的关于建立国际捕获法庭的国际法原则。国际海军会议从1908年12月4日至1909年2月26日举行了一系列会议，通过了《最后议定书》，并将制定的《海战法规宣言》（又称《伦敦宣言》）作为议定书的附件。这是首次系统阐明海战法规则的国际公约，遗憾的是1909年2月26日在伦敦签署后并未正式生效。

《伦敦宣言》虽未生效，但对过去以惯例形式存在的海上中立法，特别是海上捕获法用条约形式作出了详细表述，确定了一系列公认的国际法准则，在国际法发展史上具有重要意义。第一次世界大战爆发后，美国总统威尔逊于1914年8月19日宣布中立。由于国际法允许中立国有同交战各方进行贸易的权利，鉴于战时贸易的丰厚利润，美国政府希望同战时所有交战国进行贸易。第一次世界大战期间中立国贸易的主要问题是英国控制着海洋，英国对德国实行不公开宣布的海上封锁，力图阻止德国获得物资供应。而美国为了捞取战时贸易的实惠，坚持要同两个交战集团进行“中立国”战时贸易。这样，在战争初期，美国的中立政策首先受到了来自英国的挑战。1914年10月底，英国在对《伦敦宣言》作了本质上的修改和补充后依然宣布接受该宣言。直到1916年7月7日，英国才宣布放弃《伦敦宣言》。

此外，在英国伦敦还签署了其他一些海战法规，包括1913年《牛津海战法手册》（未正式生效）、1930年《限制和裁减海军军备条约》、1936年《潜艇作战规则议定书》。

援引法条：《海战法规宣言》

《海战法规宣言》，于1909年2月26日在伦敦签署，签署国包括奥匈帝国、法国、德国、英国、意大利、日本、荷兰、俄国、西班牙、美国。未正式生效。宣言包括序言、9章正文及最后条款，共71条。主要内容有：

第一章　战时封锁。确认1856年《巴黎海战宣言》的原则，即必须使战时对敌方海岸的封锁具有实效；实施封锁应由封锁国或以封锁国名义的海军当局发表公告，并通知各中立国和被封锁的地方当局；只能封锁属于敌方或敌方所占领的港口和海岸，不得封锁中立国港口和海岸；对中立船只，除在保持有效封锁的军舰行动区域范围，不得以违犯封锁加以捕获；凡被断定为违犯封锁的船只，可将船只和所载货物没收，但如证明发货人在装运货物时不知或无意违犯封锁者，不在此列。

第二章　战时禁运品。各种武器、弹药、军用货车、军舰等具有明显军事性质的物品为绝对禁运品；粮食、饲料、钱币、油料等战时或平时均可使用的物品为有条件禁运品。上述两类物品均列入战时禁运品而无须另行通知，不论采用何种方式将其运往敌方所有或所占领土或敌方军队，均可拿捕，概予没收。

第三章　违反中立的业务。凡违反中立原则，专门运送编入敌方军队的人员或专为敌方传递情报之船只，以及船主已知开战之事实而运送敌方军队或在航行途中有一人或数人直接帮助敌方船只，均可没收；凡直接参加军事行动、受敌方派至船上的代理人指挥或控制、全部为敌方政府使用及专门运送敌方军队的船只，应予没收，并同对待敌方商船一样处置。

第四章　中立捕获船的毁坏。捕获者不得任意将被捕获的中立船只毁坏，而应将其拘留至一适当港口，以确定捕获是否有效；对危及交战者军舰安全或妨碍其战斗成功者，该军舰可将其毁坏，但在毁坏之前应把船上人员安置到安全地带，文件移置于军舰上；对不能证明有正当理由毁坏者，捕获者应负赔偿之责。

第五章　改悬中立旗。凡敌船改悬中立旗，以在战争爆发前进行者有效，在战争爆发后改悬者无效。

第六章　敌性。判定敌船内之货物属敌性或中立性，应视其船主为敌性或中立性而定。

第七章　护航。凡中立船受本国护航队护送者，应免受搜查。

第八章　搜查之抵抗。凡对合法行使停泊权、搜查权和捕获权以强力抗拒者，均可将其船只没收，对其货物可同对敌货一样处置。

第九章　赔偿。凡对船只或货物捕获后，经捕获法庭判为无效者，或未经审判予以释放者，有关各方有权取得赔偿。

第三章

现代海上交战的法律规范

按照中国学界对历史的断代，从1919年五四运动至1949年中华人民共和国成立称为现代，1949年以后称作当代。本书按照国际惯例和相关规则，将1919年以后一律称作现代。

战争从来都不是无法无天的

战争法规具有悠久的历史，它继承了中世纪时曾在骑士阶级之间流行的武士法的传统。到近代初期，通过各国的实践和格劳秀斯等著名学者的理论研究，已逐渐发展成为习惯法。18世纪末至19世纪初，这种习惯法才被确定为战争法规，特别是在1899年和1907年两次海牙和平会议上通过的约20项战争法规和条约，把在此之前几乎所有的海战和陆战习惯法编纂成文，并使之法典化。

以习惯法和条约组成的战争法规，包含人道上的要求和对作战方法及作战手段进行限制这两个方面的重要因素。交战国应避免用残酷的方法进行不必要的杀伤和无益的破坏，这种感情是由人的本性决定的。人道的要求虽然自古以来就是人们的一贯主张，但在实际战斗中往往被忽视，因此用法律的形式来强调是有必要的。另外，交战国为了达到战争的目的而使用武装力量等暴力手段的方式并不是没有限制的，采取对实现其军事目的不起作用的敌对行动，只会无益地消耗本国的力量。因此，对战争的宗旨来说，应避免不必要的杀伤和对财产的破坏。

传统国际法认为战争是国家解决国际争端的强制手段之一，认为战争权是从国家主权引申出来的一种固有权利，战争权被称为“诉诸战争权”。《联合国宪章》规定，“各会员国应以和平方法解决其国际争端”“在其国际关系上不得使用威胁或武力”。这表明从现代国际法的观点看来，使用武力是受到禁止的，国家不能以战争手段解决其国际争端，只有在为了自卫或为了制止侵略行为时，使用武力才是许可的。从这个意义上来说，战争是国家之间的武装冲突所造成的法律状态。这个定义包含三个重要内容：战争是国家之间的行为；战争是武装冲突的结果；战争是一种法律状态。武装冲突和战争的主要区别在于：战争的主体主要是国家，而武装冲突则不限于国家，还包括民族、宗教团体和叛乱团体。战争是由武装冲突造成的法律状态，武装冲突只是由于使用武力而产生的事实状态。战争中交战双方与第三国存在明显的中立关系的，适用中立法。但武装冲突双方与第三国的关系是不明确的，中立法不一定能够适用。

现代战争法的主要目的是制止战争、制止残暴，弘扬人道精神，维护世界和平。现代战争法的基本原则是交战国可以根据传统战争中的军事必要原则使用武力征服对方，但必须尊重和承担国际法义务；要遵守国际人道主义原则，尽量降低战争的残酷性，降低伤害效果，禁止不必要的伤害，禁止使用大规模毁灭性武器，禁止使用滥杀、滥伤武器，禁止背信弃义行为；在战争中要区分战斗员和非战斗员，不能滥杀无辜，不得以平民和平民物体作为攻击的对象，同时，对战争受难者要予以保护；在条约没有具体规定的情况下，交战国应根据既定惯例、人道原则和公众良心等国际法原则行事，并遵守战争法义务。

战争法（也称武装冲突法）是关于战争中可接受行为的法律。在除内战以外的情况下，战争法也被视为国际公法（万国公法）的一部分。现代战争法属于战时国际法，主要是调整战争时期国家之间的关系，规范和限制某些战争行为的有关原则、规则和制度的总称。其主要内容是规定交战国之间的战斗行为、战争受难者的待遇和财产的处理等法律规范。战争法实际上是国际法对战争进行的某些调整。从国际法角度定义，战争是与平时不同的特殊法律规范所要妥善处理的一种状态或时期。战时国际法由调整交战国相互关系的交战法规和交战国与中立国关系的中立法规组成。其中，交战法规一方面原则上承认交战国对敌国行使害敌手段和进行战争的行为，另一方面又对害敌手段在时间（从战争开始到结束）、空间（交战区域）、行使的主体（交战资格）、行使的手段（武器装备）、行使的形式（作战方法）等许多方面进行了限制。中立法规一方面承认交战国与中立国的关系是和平关系，原则上应由平时国际法来调整；另一方面又承认交战国为了进行战争，在同中立国关系上具有特殊的权利，中立国对交战国负有在平时所没有的特殊义务。

战争法本来只适用于战争，用以限制作战手段和调整战争时期交战国之间和交战国与中立国或非交战国之间的关系。但是，随着战争法的发展，战争法中的重要原则和规则也扩大适用于国际性和非国际性的武装冲突。现代战争法的主要内容包括两大部分：一部分是关于战争或武装冲突的开始和结束以及在此期间交战国之间、交战国与中立国或非交战国之间法律关系的原则、规则和规章制度。具有法律上战争状态与不具有法律上战争状态的武装冲突是有区别的。第一次世界大战，特别是第二次世界大战以来，许多重大国际武装冲突除两伊战争和海湾战争经过宣战外，都是不宣而战，没有存在法律上的战争状态，因而也不适用传统意义上的缔结和约和中立等制度。另一部分是关于作战规则，即关于武器、作战手段和作战方法以及保护平民、交战人员和战争受难者的原则、规则和规章制度。作战规则不但在经过宣战、存在法律上战争状态的战争中适用，而且在一切国际性，甚至非国际性武装冲突中适用。作战规则在国际实践和西方国际法著作中常被称为“国际人道法”。它也包括两部分内容：一部分是关于作战手段和作战方法的条约和惯例；另一部分是关于保护平民和战争受难者的条约和惯例。这两部分内容既有差别又有联系，有的条约也把这两部分内容规定在一个条约中，例如1977年关于1949年日内瓦四公约的两项附加议定书就包括了这两部分的内容。

战争法规如果按照战斗的场所划分，可分为陆战法规、海战法规和空战法规；如果按照战斗的性质划分，可分为直接规定战斗行为的法规和保护战争受难者的法规。战争法主要有三个类别：一是维护和平，禁止侵略和侵略战争，禁止非法使用武力，制裁和惩办战争罪犯，如《非战公约》、审判和惩罚主要战犯的《伦敦协定》（《关于控诉和惩处欧洲轴心国主要战况的协定》）和《欧洲国际军事法庭宪章》等；二是调整战争和武装冲突中交战国之间、交战国与中立国或非交战国之间的法律关系，如《关于战争开始的公约》《陆战法规和惯例公约》及《海上中立公约》等；三是对交战国及其武装部队交战行为的限制，主要是武器装备的使用、作战方法及作战手段的限制、保护平民和战争受难者等。这方面条约最为详细，主要分为海牙公约和日内瓦公约两大法律体系，如1907年海牙公约、1949年日内瓦四公约及1977年关于日内瓦四公约的两项附加议定书等。

战争从来都不是无法无天的，特别是1949年日内瓦四公约签订后更是如此，不论是国际性武装冲突还是非国际性武装冲突，都应遵守战争法相关规定，特别是有关作战手段和作战方法的禁止性或限制性规定，以及武装冲突中人道主义保护规定。这些规定包括：禁止不分青红皂白的攻击和背信弃义的作战行为；禁止使用生物、化学武器和改变环境的技术；禁止或限制使用某些特定的常规武器（如对地雷、燃烧性武器的限制）；禁止以平民、居民为攻击对象；禁止对民用饮水设施和含有危险力量的工程与设施进行攻击；禁止将医疗队和医院作为攻击的对象；战俘应受到人道主义待遇，不得对他们施加暴力、恫吓、侮辱或将其示众等。

战争法与国际法其他法规相比，具有三个特点：战争法规大部分是传统的习惯国际法规则，这些规则虽然已基本上编纂在国际条约之中，但由于它们大部分是古老的习惯规则，故经常是以公认习惯法规则来适用。战争法条约中有些本来应被新约所代替，但由于旧约和新约的批准国不尽相同，存在旧约和新约并存的局面，出现特别复杂的条约体系，适用时比较麻烦，新约的规定常以反映习惯法的方式约束尚未批准的国家。战争法条约的内容虽然十分详尽，但由于科学技术的发展，战争手段日新月异，任何条约都不可能把一切新的战争手段规定得详尽无遗。因此，“马顿斯条款”具有特别重大的意义。马顿斯是俄国出席第一次海牙和平会议的代表，他在会上发表了一项声明：“凡遇有本条文中未规定之事项，则有种种国际法之原则，从文明人民之惯例上，从人道之原则上，自良心之要求上，发生事变之两交战国与其人民之间，应在此原则之保护与支配下。”这项声明载入海牙第四公约的序言中和1977年日内瓦四公约第一附加议定书中，故称为“马顿斯条款”。

从大量的战争法条约中可以看到，现代战争法存在下列几个普遍接受的重要原则：①遵守国际法义务原则。任何交战国都必须遵守战争法条约上规定的国际法义务。作战行为必须恪守战争法规，“军事必要”和“条约无规定”均不能作为免除其义务之理由。②区别待遇原则。在战争中，对平民与武装部队、战斗员与非战斗员、战斗员与战争受难者应加以区别对待。③人道主义原则。战争中不仅应保护非战斗员、战争受难者和平民，对战斗员也应给予人道主义待遇。④遵守中立义务原则。交战国应保护中立国的利益，中立国应保持不偏不倚的中立立场。任何违反行为都构成违反中立义务的行为，行为者应对此承担国际责任。

国际法不断对战争进行限制

中世纪以来，有关战争的理论主要是正义战争论，即按照战争的原因把战争分为正义战争和非正义战争，并主张只能允许正义战争。

从18世纪起，正义战争论逐渐失去了现实基础，在国际法中战争被无差别地得到允许，以产生同样法律效果为根据的无差别战争论占了上风。到19世纪，这种战争论处于统治地位，到第一次世界大战后逐步被否定。无差别战争论是指从法律角度评价战争时，不以战争的正义性和合法性为标准，而完全从程序上确定其合法与否。按照这种战争论，战争当事国处于相互平等、无差别的地位，这就要求第三国对于任何战争当事国都要无差别地、同等地对待。因此，战争在法律上就可随意进行，只有出于政治上的考虑才可制止各国作出的进行战争的决定。小国只能靠结成同盟或保持中立来防止大国的入侵。和平不是靠法律而是靠势力均衡来维持。

1907年第二次海牙和平会议，第一次通过了作为多边条约限制战争的《限制用兵力索债公约》和《关于战争开始的公约》。公约虽然企图对战争进行某些限制，但范围极为有限，还不是通常所说的禁止战争公约。公约虽然对战争的开始规定了必须发布附有理由的宣战书，但并没有就发动战争的所谓理由进行界定，因而具有很大的局限性。根据该公约规定，宣战书必须在开战之前宣布。宣战的主要意义就在于向战争的对方国家表明进入战争状态，同时表述进行战争的理由。

禁止一般范围战争的概念，首次出现在第一次世界大战后的《凡尔赛条约》（《协约国及参战各国对德和约》）中。为了第一次世界大战的媾和，英国、法国、美国、意大利和日本等盟国，从1919年1月到6月在巴黎召开会议，并分别缔结了于同年6月28日签署的对德和约，即《凡尔赛条约》，同时，还签署了对奥地利、保加利亚、匈牙利以及土耳其的一系列和约。之后，人们称这种以对德《凡尔赛条约》为代表，以其他各项条约为支柱而建立起来的第一次世界大战后的欧洲国际秩序为凡尔赛体系。该和约第227条规定，应对德国前皇帝威廉二世违反国际道德、玷污公约神圣义务的严重罪行提起诉讼并交由特别法庭惩罚。从该公约作出对战争责任者个人进行起诉的决定来看，它标志着人类已经从战争无区别论中摆脱出来。

禁止一般性战争的观点还反映在《国际联盟盟约》中。《国际联盟盟约》是第一次世界大战后以《凡尔赛条约》为代表的各和约中的第一部分内容，它作为普遍性公约首次提出一般性禁止战争的理论。盟约规定，应该把可能导致决裂的争端提交常设国际法院或国际联盟行政院，在法院作出判决或行政院提出报告后的3个月内，无论如何不得发动战争。即使超过3个月，也禁止对接受判决、行政院报告书建议或大会报告书建议的任何一方发动战争。但是，盟约还规定，如果在行政院内，除争端当事国以外的全体成员未能一致通过建议时，承认国际联盟的成员国保留实行它所“认为维持正义或公道所必需的行动”的权利，这实际上又为发动战争留下了一个大漏洞。

由于《国际联盟盟约》不仅没有全面禁止战争，还认为在一定场合下可以使用武力，因此为弥补这些不足之处，以制定一个能够对一切争端都有约束力的条约，1924年9月在日内瓦召开了第五次国际联盟大会，并提交了《和平解决国际争端议定书》，即所谓的《日内瓦议定书》。该议定书由前言和21条正文组成，虽有19个国家签署，但未获得必需的批准，结果未能生效。但是，该议定书已成为研究国际法中关于和平解决国际争端和禁止战争问题的重要国际文书之一。

延伸阅读：国际联盟

国际联盟是第一次世界大战后最早成立的世界和平机构，于1920年1月10日成立，1946年4月18日解散，其资产转交给联合国，结束了26年的历史。创始会员国是在第一次世界大战中获胜，并在《凡尔赛条约》上签字的32个国家和13个中立国，1934年会员最多时达59个国家。会员国多为欧美国家，没有大国参加，美国拒绝加入，曾是常任理事国的日本、德国、意大利在20世纪30年代退出，苏联1934年加入但5年后又被除名。

国际联盟以维护国际和平为主要宗旨，同时还致力于促进国际合作，并特别重视和平解决国际争端、保障安全和裁军。在最初的10年中，成功地处理了许多争端，缔结了1924年《日内瓦议定书》和1928年《非战公约》。《日内瓦议定书》包括禁止战争、和平解决国际争端的程序和裁军三项内容。在禁止战争方面，规定：缔约国认

为侵略战争是国际罪行，除了抵抗侵略的行动以及国际联盟行政院或大会同意的行动外，对于遵守议定书所规定义务的国家，在任何情况下都不得进行战争。在和平解决国际争端的程序方面，规定：由常设国际法院对争端进行强制性管辖，同时规定了一切争端完全依靠国际联盟行政院或仲裁委员会的具有法律约束力的解决体制和详细规则。在裁军方面，规定：各国的军备有必要裁减到真正为国防和国际共同行动所需要的限度，并规定为此目的而召开会议和决定参加会议的缔约国。

现代国际法禁止侵略战争

禁止侵略战争的国际公约主要是《非战公约》和《联合国宪章》。1928年《非战公约》提出，缔约各方约定放弃战争，并且同意和平解决争端。缔约国之间事先就两点取得谅解：“作为国际联盟的制裁而进行的战争”和“自卫战争”不在此限。《非战公约》是人类历史上第一次以普遍性国际公约的形式，正式宣布废弃以战争作为推行国家政策的工具。在此以前，西方传统国际法理论和实践一向主张以战争作为解决国际争端、推行国家政策的手段是合法的，主权国家有诉诸战争的绝对权利。《非战公约》是第二次世界大战后审判德国、日本主要战犯（危害和平罪）的重要法律依据。公约是宣示性的国际文件，无有效期限的规定，已成为一项国际惯例。总的来看，该公约具有极为重要的意义，其中关于限制战争的基本原则为后来的《联合国宪章》所继承，存在的不足之处也在《联合国宪章》中得以克服，从而推进了关于宣布战争违法的历史进程。

第二次世界大战后成立的联合国组织是世界上最大的国际性组织，在其著名的《联合国宪章》中也明确规定禁止侵略战争：“各会员国在国际关系上不得使用威胁和武力，或以与联合国宗旨不符的任何其他方法，侵害任何会员国或国家的领土完整或政治独立。”禁止战争、禁止使用武力和以武力相威胁已成为联合国组织及其会员国的行动原则之一，根据这一原则，可以允许的情况只有一个，即联合国本身采取的集体措施，或者是个别或集体地行使自卫权。在禁止战争的基础上，国际秩序主要靠集体安全保障来维护，而不是靠同盟和取得势力均衡来维持。战争实际上是由侵略者、制裁者和集体自卫者来进行和维持的，战争当事国不再拥有诉诸战争权，战争已不再是无差别的，侵略者将遭到世界各国的谴责和制裁，交战双方不大可能公平地得到第三国的支持，因此战时保持中立已非常困难。

根据《非战公约》和《联合国宪章》等国际公约，禁止进攻性的侵略战争目前已经在国际法中得到确认。战争不再以其原因的正义或非正义，而是以其属于进攻性还是防御性为标准来确定其是否受到禁止。因此，发动进攻性侵略战争被认为是严重违法行为和破坏国际法准则的犯罪行为。当代国际法对战争概念的调整，是专门针对构成战争的具体行为而提出的战争法，并不涉及诉诸战争的权利。

延伸阅读：《非战公约》

《非战公约》是1928年8月27日由15个国家在巴黎签署的《关于废弃战争作为国家政策工具的普遍公约》。

该公约是1927年4月由法国和美国首先发出呼吁，请求英国、德国、日本和意大利四大国予以合作，并在1928年8月27日共同提案由15个国家在巴黎签署的，所以也称为《巴黎非战公约》。到1933年，公约的参加国达到63个国家，远远超过国际联盟会员国总数，因此很有代表性和权威性。

公约包括序言和三条正文，主要内容是缔约各国谴责用战争解决国际争端，并废弃以战争作为在其相互关系中实施国家政策的工具；缔约国之间的一切争端或冲突，不论性质和起因如何，只能用和平方法加以解决；任何签字国如用战争手段谋求利益，即不得享受公约给予的益处。

国际人道法禁止滥杀无辜

在各个历史时期，国际人道法的发展深受宗教观念和哲学思想的影响。总的来说，有关战争惯例的规则就是国际法最初条文的一个组成部分。而这个从最初的惯例法规发展到第一个用文字表述的规范战争行为的人道主义准则的过程，也是曲折而艰难的。对于限制和约束战争行为、战争手段及作战方法运用的一些法规可以追溯到古代。自古以来，战争就是受一定法律所约束的行为，它以宣战而告开始，以和平条约的签订而告结束。除此之外，战争还有一条明确的规定：不杀敌方使者。

《联合国宪章》规定：禁止使用武力，任何国家只有在行使它们固有的个体或集体自卫权利，或者作为安全理事会授权的军事制裁的组成部分时，才能诉诸武力。任何武装冲突，不管是哪方导致了这场武装冲突，国际人道法都赋予冲突各方以同样的约束力，它包括已建立的旨在保护武装冲突中人员的所有法律。国际人道法继承并发展了传统的国际战争法，其中大部分条款现在已被延伸和扩展，以适用于那些冲突方自己并不认为是战争的国际武装冲突。正是考虑这一点，才采用了“国际人道法”这个术语。国际人道法对于在敌对行动中使用武力作了一定的限制，它规定了冲突双方之间及冲突双方与中立国之间的关系。国际人

国际红十字会战场救护宣传画

道法的一些条款还适用于国家与其公民之间的关系。除了适用于各种类型战争的一般条款外，国际人道法还有关于陆战法、空战法、海战法和中立法的特殊条款。

国际人道法是一个比较新的法律术语，在1971年国际红十字会召开的“重申和发展适用于武装冲突的国际人道法政府专家会议”上第一次正式使用了这个术语。关于国际人道法的定义，目前还没有统一，主要的意见和看法有以下几种：从广义的方面理解，应包括所有确保尊重个人的国际法规范。因此，平时旨在保证个人人权和基本自由的人权法及战时限制交战国行动自由的交战法规，都在其范围之内。从狭义的方面理解，国际人道法只限于交战法规中那些以保护战争受难者为目的的特别法规，即日内瓦公约。国际红十字会认为：在性质上，显然是指武装冲突法的人道法规，就是保护人们及其不可缺少的财产的规则。因而，它不仅包括日内瓦公约，而且出于人道目的还包括决定战斗行动、武器使用、战斗员的行为及报复所应遵守界限的条约、习惯法规则和确保正确使用这些法规的各种规定。

普遍认为，国际人道法是国际法的一部分，适用于战争法或武装冲突法，是指出于人道原因，设法将武装冲突所带来的影响限制在一定范围内的一系列规则的总称。它保护没有参与或不再参与敌对行动的人，并对作战的手段和方法加以限制。目前，国际人道法的许多条款被接受为习惯法，即对所有国家都有约束力。国际人道法只适用于国际性武装冲突，不适用于发生在一国之内的非国际性武装冲突。人权法适用于和平时期，国际人道法只有在武装冲突爆发后才适用，且平等适用于冲突各方，而不论是哪一方发动的战争。

由此可见，共同的看法是，国际人道法是出于人道目的，确保尊重和保护个人的法规。因此，它应该包括人权法的内容，但人权法和交战法规的确还有很大的区别，而且两者的性质也不相同。在交战法规中不能排除军事上的必要性，因此把国际人道法的范围，限定为武装冲突时应用的交战法规是适当的。这样一来，国际人道法和武装冲突法及战争法的概念就比较接近，不仅包括日内瓦公约，也包括海牙公约，因为这些法规或多或少都是基于人道的考虑而制定的。

国际人道法虽不同于人权法，但其影响却越来越大。在国际人道法方面，出于人道的考虑越来越多，从这个角度来看，它正在改变传统的交战法规和惯例。另一个值得注意的动向是，国际人道法的内容将扩大应用于内战，当一国发生内战和武装冲突时，也要确保国际人道法得到遵守。传统战争法规一般仅适用于国际武装冲突和战争，国内战争是在同一政府管辖之下的冲突，应该属于一国内政，所以国际法不宜干涉。但国际人道法是应用于武装冲突这一异常紧急情况的法规，为了确保冲突中对个人的尊重和保护，将其扩大应用于内战是情理之中的事情。但是，一国国内的叛乱团体并非缔约当事者，如何使之遵守其并没有签字的这种国际法规还是一个问题。1974年至1977年召开的国际人道法外交会议，制定了1977年关于1949年日内瓦四公约的两项附加议定书，后来正式生效的1977年日内瓦四公约第一附加议定书扩大了对平民和民用物品的保护，1977年日内瓦四公约第二附加议定书把保护范围扩大到非国际性武装冲突（国内战争）中的平民。这是国际人道法的主体内容。此外，还包括2005年日内瓦四公约第三附加议定书。

国际人道法还有一些关于限制作战方法与作战手段并保护人员与财产的协议，包括：1954年《关于发生武装冲突情况下保护文化财产的公约》及其2项附加议定书；1972年《禁止生物武器公约》；1981年《特定常规武器公约》及其5项议定书；1993年《化学武器公约》；1997年关于禁止杀伤人员地雷的《渥太华禁雷公约》；2000年《〈儿童权利公约〉关于儿童卷入武装冲突问题的任择议定书》。

传统海战法遇到新挑战

第二次世界大战以后，世界上制定的与海战法有关的唯一文件是1949年日内瓦第二公约，它主要涉及海战法中所谓的人道主义方面的问题，并没有对有关的海上作战问题制定相应的新法规。海战法是一个被现代学术界忽视的问题，1982年福克兰群岛（马尔维纳斯群岛）冲突以后，海战又开始吸引学者们的注意力。随着1977年日内瓦四公约第一附加议定书的实施，事实上陆战法已经有了一个新的法规。尽管海战法的确非常急需，然而至今并没有制定出一个新的法规。

近期以来，有四个主要因素一直影响着海战法的制定：一是《联合国宪章》的生效和开战权的废弃，《联合国宪章》不仅对使用武力的权利施加了影响，而且对武装冲突中交战双方必须遵守的作战方式进行了限制；二是在旧的海战法已经大部分过时的情况下，又产生了一些新的海洋法规，如1958年《日内瓦公海公约》和1982年《联合国海洋法公约》，这些法规对海战惯例法而言应该算是一种“新法”；三是呼吁修改1977年日内瓦四公约第一附加议定书，该议定书不仅包括作战规则，还有国际人道法的规定，但主要是陆战规则，对海战法不能施加影响，因此，应认真考虑是否着手进行修订工作；四是法学家们不容忽视的一个问题，即海战武器装备在技术上的先进性，传统原则不能简单地应用于新的现实，例如海军导弹的超视距发射或装备精良武器的核潜艇在水下连续航行就是一个典型的例证。海战法的危机在于供交战双方遵守的规则内容不够确切，这是一个十分关键的问题，它对于发展一种用于制裁违反海战法行为的现代原则来说是很困难的。

从上述四个因素来看，《联合国宪章》对修订海战法规的影响最大。在着手研究当前制约海上敌对行动的有关法规之前，学者们必须解决的第一个问题就是《联合国宪章》规定的兵力使用限制，这与修订海战法规可能有些冲突。由于近代以来形成的海战法已十分落后，其中大部分是建立在这样一个时期，即在国际关系中兵力的使用是被公开允许的。实际上也就是，各国在开战权上是不受限制的，大部分海战规则也是基于这样一个基础起草的。一旦战争爆发，这些法规体系即可生效，各国主动执行法规中所确定的惯例，甚至第三国的权利也包括在内。例如，交战国可以封锁敌国海岸，从而导致海军往来的中断，或者根据其他传统经济战措施对第三国实行战时禁运法和设立捕获法院。对敌对双方的交战区域没有任何限制，因为除中立国内水或领海外，可以在任何区域开战。交战国不仅拥有开战权，而且可以根据其意愿把战争扩大到任意规模。

经《国际联盟盟约》和《非战公约》部分修改后的诉诸战争权法律规则，随着《联合国宪章》的生效已被完全改变。目前，各国不再享有不受限制的自由交战权，武装部队的使用仅允许进行自身防御，而且必须满足必要和相称的原则。任何国家，甚至是侵略者，当诉诸武力的时候，仍声称它的行为没有违反《联合国宪章》第51条的限制，因此可以看出，自卫理论是否影响海战法已经成为现代条件下海战法研究的一个集中问题。换一种说法，问题的焦点是，一旦爆发武装冲突，调整交战国之间关系的法律条文将全部付诸实施，或者说这种法规必须与《联合国宪章》中所述的自卫观念相一致，仅需要有选择地付诸实施。由于法律上可以接受的原因，《联合国宪章》中关于使用武力的限制对海牙法规体系的海战法规中允许交战国行使的权利是有影响的。正在考虑的问题对海战法规来说并不是很重要，因为它仅属于国际人道法范畴。事实上，在武装冲突中，不管战争规模多大，1949年日内瓦第二公约和1977年日内瓦四公约第一附加议定书必须付诸实施。当前所讨论的问题对海战法中与作战方法及手段紧密相关的以及包括第三国权利在内的文件是特别敏感的。例如，战争爆发后，假设交战国被迫执行战争法规定或遵守某些限制的话，它们可以完全自由地按照自己的好恶去行使作战方法和手段。为清楚起见，人们不得不把交战国之间的关系与交战国和第三国之间的关系加以区分。

战后以来，军事技术发展迅速，大量新型武器装备特别是核生化武器等大规模杀伤性武器装备部队，有些已经广泛应用于局部战争和海上武装冲突，严重危害了国际和平与安全，造成许多非战斗人员和平民百姓的无辜伤亡。在马岛海战、海湾战争、两伊油轮战、两伊战争、印巴战争、美军入侵格林纳达、美利冲突、科索沃战争、阿富汗战争、伊拉克战争、利比亚战争等一系列现代海上战争和海上武装冲突中，涉及许多海战法的问题，如何进行海上封锁作战、如何限制某些武器的使用、如何限制某些海上作战方式、如何进行海上目标的识别、如何对海战受难者进行保护和救援，以及如何惩治违反国际法的行为等，成为国际军法学界密切关注的一些大问题。另外，随着殖民统治的瓦解，世界民族解放运动蓬勃发展，各海洋国家争取和保卫海洋权益、保护海洋资源的观念大大增强，传统海战法中所规定的公海自由原则，以及公海的定义产生了重大变化，出现了大陆架、国际海底、200海里专属经济区、毗连区、群岛水域、国际海峡等一些新的法律概念，这就给海战中海战场的确定与划分，海上封锁作战，军舰、飞机通过上述区域，以及在上述区域中进行武器试验、部署、演习和作战等带来了新的问题。

近代制定的海战法经过两次世界大战的实践积累了丰富的经验和教训，本来应该在第二次世界大战结束之后进行全面修订。由于1945年《联合国宪章》的颁布，以及1970年《国际法原则宣言》的通过，现代国际法准则与以前相比产生了重大变化，侵略战争被宣布为非法，所以国际法对战争法的约束和限制更加具体和苛刻。在这种情况下，要想修订一部权威的为世界各国所认可的国际海战法规十分困难。尽管如此，世界各国始终在进行积极探索，这些探索主要集中在这样几个方面：

有关海上敌对行动的条约性法规不仅分散零乱，而且绝大多数都是1907年左右制定的，因此，需要根据后来习惯法的发展来评价和验证这些法规是否继续有效。相关的重要参考文献许多未获批准或未能生效，比如1909年《海战法规宣言》和1913年《牛津海战法手册》，这些文件虽然很全面，充分反映了那个时代的习惯法，但不能完全依赖它，更不能将其作为现代海战法的指南。

高新技术和武器装备的出现对海上作战方法和作战手段产生了重要影响，在传统海战法制定的过程中，世界海战还局限在单一海平面，而现代海战已经拓展到海空、海底、外空和电磁等多维空间。传统海战法针对的作战方法和作战手段还主要是鱼雷、水雷和舰炮，而现代海战则拓展到精确制导武器、电子战和网络战武器、外层空间作战装备、海空一体战等联合作战方式。在现代海战条件下，20世纪所制定的传统法规体系是否仍旧有效？有关海上敌对行动的传统海战法虽然也考虑了人道需求和中立国的利益，并规定了对商船进行临检、搜查和拿捕，以及保护船员和乘客的规则，但那是适用于一个世纪以前的帆船时代和当时的作战方法的。现代海战法的制定，需要把国际人道法的基本原则和规定应用于现代海战，在考虑海战中的各种因素时，应该特别注意经济战措施，如捕获及交战国海上作战行为对中立国的影响等。

适用于陆上武装冲突的法规已经在1977年日内瓦四公约第一附加议定书和第二附加议定书中进行了修订。尽管在1977年日内瓦四公约第一附加议定书中的某些规定已涉及海上作战，特别是1949年日内瓦第二公约中所确定的关于保护医院船和医务飞机的条款，1977年日内瓦四公约第一附加议定书的第四部分还涉及了在敌对行动中保护平民、居民的内容，但那些规定仅限于对陆上平民和民用目标有影响的海上作战行动。当然，陆战法规的修改必然影响国家的实践，从而导致适用于海上武装冲突的原则和规则产生必要的改变。

现代海上冲突的法律规范

海战法现称为海上武装冲突法，属于海上战时法规，是规范和限制各国在海战中交战行为的原则、规则、制度及习惯的总称。海战法是战争法的一个子法，战争法的基本原则在海战法中也必须遵守。与海上交战行为关系较密切的国际法规主要有三个方面：一是平时国际法，如1994年11月16日生效的《联合国海洋法公约》；二是战时国际法，如战争法、海战法和空战法；三是限制海军兵力和装备的国际法，如国际军控、裁军、军备透明等。关于《联合国海洋法公约》，近年来研究较多，也有不少著述。但是，这个法规属于平时国际法，没有考虑战时的问题和处置措施，所以不适用于海上武装冲突和海上局部战争。特别值得一提的是，这个法规中有些涉及海上军事活动的规定是不尽合理的。例如，禁止在公海海域作战等类似的规定，就与其他海战法规有明显的冲突，公海海域如果不允许进行海战，海军就很难进行海上机动作战。关于裁军和军控问题，历史上都是海军走在前面，两次世界大战后的国际性裁军基本都是这种趋势，但是40年冷战结束之后,目前正在进行的国际裁军和军控的核心主要是核生化武器等大规模杀伤性武器和陆军常规武器，海空军装备裁减较少。目前对海空军装备的主要要求是军备透明、防止导弹扩散等。

1913年国际法学会曾编纂了一部用于控制交战国之间关系的《牛津海战法手册》，在此之后再编纂一个继承性的手册是必要的，因为自从1913年以来国际法有了很大的发展，而《牛津海战法手册》没有生效，所以许多内容并没有被吸收到现在的海战法条约中。战后唯一的一个海战法条约是1949年日内瓦第二公约，但它基本上仅限于保护伤者、病者、遇船难者，内容并不全面，更为重要的关于海上武装冲突方面的法规战后一直没有研究。相反，关于陆上武装冲突的法规却基本全面、系统地概括在1977年日内瓦四公约第一附加议定书中。尽管1977年日内瓦四公约第一附加议定书中的部分内容也涉及海战，但基本是关于保护医院船和医务飞机，以及在敌对行动中保护平民的，且仅适用于对陆上平民和民用目标有影响的海战。

在国际人道法学会的提议下，于1987年在意大利西北部城市圣雷莫召开第一次“适用于海上武装冲突的国际人道法”圆桌会议，与会者对该法规如何适用于海上武装冲突进行了讨论。1989年，在西班牙红十字会的支持下，国际人道法学会在马德里召开了会议，与会者认为有必要系统地研究一下这个问题，并起草了《适用于海上武装冲突的国际法》（《圣雷莫海战法手册》）且提出了实施方案和建议。来自不同国家的国际法专家和海军专家组成的一个班子，经过近7年的共同努力，编纂了这个手册，其目的是传播和理解现代国际法，并促使各国按一定形式起草各自国内的海军国际法手册。

在编纂《适用于海上武装冲突的国际法》（《圣雷莫海战法手册》）的过程中，除现有条约之外，大量的工作是搜集各国20世纪以来，特别是第二次世界大战以来的国际海战实践，以建立一个现代的国际习惯法。这些实践是交战国和中立国在海上武装冲突中的实际行为和反应。同样还参考了各国最近编纂的海军国际法手册。有些参考资料属于公开出版物（这些资料作为辅助性参考），同时还采用了一些司法判例。会议特别有价值的部分是参加圆桌会议的海军专家们所提出的一些建议和实践方面的经验与信息。

1994年《圣雷莫海战法手册》在许多方面都与1913年《牛津海战法手册》不同，其中有许多内容都是第一次出现。这方面最明显的就是在第一部分包括了两节，它们都与战争法有关系。其中，第二节是关于自卫法的问题，第三节是关于联合国安理会采取措施之后的适用环境。在对这些问题进行广泛的辩论之后，大多数代表认为，对《联合国宪章》所产生的某些影响有必要指出来。这样做的主要原因是承认了传统战争法，它给予交战国广泛的权利来控制中立国的航行，折中权利可以一直持续到签署和平条约。

和传统海战法相比，该手册一个很重要的方面就是引入了“军事目标”的概念。在传统法中，允许在视距内攻击的舰船，仅限于交战国军舰和辅助舰船。采取的大量措施是针对支持敌方作战的交战国和中立国商船，只有在特定的情况下才允许摧毁这类船只。20世纪以来所采用的新的作战方法，特别是潜艇和飞机的使用，使传统海战法中所规定的作战方法对商船进行攻击遇到了困难。基于近年来的各国实践，按照1977年日内瓦四公约第一附加议定书中“军事目标”的概念，圆桌会议决定将这一概念引入海战之中，以限制对直接帮助敌方军事行动的商船进行攻击的合法性，同时保留了传统法中对其他有关舰船攻击的可能性。采取这种措施的目的，是考虑现代作战方法和真正的军事需求，同时对第二次世界大战以来，适用于陆战的国际人道法对平民和民用目标所提供的保护等方面的经验也予以尊重。

在这些规则中，另外一个贡献就是交战国建立的作战区域，即“军事禁区”。对于适用于这些区域的规则是否有必要包括在该手册中，与会者提出了许多相反的意见，因为担心如果写入规则之中，将可能使人相信它是一种合法的行为。大多数与会者认为，军事禁区的建立实际上是很有利的，它可能将继续被使用。因此，与会者认为应该确定一些规则和限制，以防滥用“军事禁区”概念，或在军事禁区内进行违反国际人道法的行动。

一项重要的改进就是澄清了有关在某些海域进行军事作战的问题，考虑了过去几十年建立的、适用于某些海域的新的平时的法律制度。同样，圆桌会议也试图考虑修订环境法，尽管在发生冲突时有许多法规可以适用，但需要对环境问题予以关注。

最后，可以注意到，手册中有许多关于飞机的规定，可以包括在海军作战中，或者是受海军作战的影响。还有一些不确定性的问题，即平时的民用航空法是否可以正式适用于武装冲突，所以，应尽量地作一些军事上的考虑，包括国际人道法的需求和国际民航的规则。尽管这个手册中所涉及的国际法适用于海上武装冲突，飞机也被包括进去并且其相关内容占了很大篇幅，但手册中有关飞机的内容并不包括陆地上的空战。

延伸阅读：编纂《适用于海上武装冲突的国际法》

《适用于海上武装冲突的国际法》也称《圣雷莫海战法手册》，是第二次世界大战结束后国际上研究制定的第一部海战法规草案，为此召开了多次研讨会，至今尚未开放签署。

第一次圆桌会议是1989年在德国召开的，会议得到维持和平法和人道主义法学会以及德国红十字会的支持，会议主题是“海战法中的军事目标和识别原则”。

第二次圆桌会议是1990年10月在法国的土伦召开的，会议得到地中海战略研究所、土伦大学和法国红十字会的支持，会议主题是“海战中的作战方法和手段”。

第三次圆桌会议是1991年9月在挪威的卑尔根召开的，会议得到挪威海军战术学院和挪威红十字会的支持，会议主题有两个：“临检、搜查、改变航向和拿捕”以及“《联合国宪章》对海战法的影响”。

第四次圆桌会议是1992年9月在加拿大的渥太华召开的，会议得到加拿大国防部和加拿大红十字会的支持，会议主题是“海军作战区域”。

第五次圆桌会议是1993年9月在瑞士的日内瓦召开的，会议得到了国际红十字会的支持，会议主题是“保护海上武装冲突中的受难者”。

第六次圆桌会议是1994年6月在意大利的里窝那召开的，会议得到了意大利海军学院的支持。这次会议的任务是确定手册中要收录的内容，确定有争议的段落，并对以前会议所遗留的一些没有定义的用语进行统一。此外，还对是否批准飞机方面的条款进行了表决，并对全文进行了审核，以确定是否还有需要改动之处。在批准全部文本之后，与会者也批准了协调小组撰写的解释性和评论性文本，但是没有正式批准后续的文本，因此关于那些解释中的内容由作者负责审核。

国际法对战争开始的规范

战争是一种法律状态，战争开始就是交战国之间的关系从和平状态向战争状态的转变。传统国际法认为战争应以宣战的形式开始。宣战作为一项法律程序，它宣告了交战国之间的关系进入了战争状态，并可使中立国获悉交战双方战争状态的存在。

按照传统的国际法规，战争当事国有诉诸战争的权力，所以宣战和进行战争被认为是一国的主权。敌对行动如果不经国家政府正式宣战不能算作是战争，在国际上也不被承认是战争行为，因此战时国际法就不适用，所以宣战实际上是确认战争状态成立的有力依据。根据现代国际法规定，战争是非法行为，《联合国宪章》等国际法禁止进行战争，如果战争当事国主动进行宣战，就等于自动承认违反国际法。在现代战争中，主要是根据《联合国宪章》规定的集体自卫权或联合国安理会确定谁是侵略者之后，再行决定采取何种强制和制裁措施，并通知对方及有关国家。这种做法已经在许多国际冲突和海战中被采用，从根本上来看是符合海牙公约规则的，因此这种通知可以被认为是某种意义上的宣战行为，即确认战争状态的行为，在通知发表之后，战时国际法便可适用。

国际法分为平时国际法和战时国际法，按照公约规定，平时国际法向战时国际法的过渡和转变，应通过正式宣战或最后通牒等形式表示。但是，发动战争的国家在进行侵略战争的攻击之前，为了逃避违反国际法的罪责和达成突然性、快速性的目的，往往采取不宣而战的方式。例如，1937年日本侵略中国的“七七事变”，在开战形式上就不符合海牙公约规定的程序，因为日本没有事先宣战就对中国本土进行了攻击和侵略，所以在开始阶段还没有确定为战争，而称之为事变。但是，由于日本的侵华行为属于对华交战行为，是一种明确的武力行为和敌对行动，从而使和平时期两国所保持的友好关系完全终结，进而转入战争状态，战时国际法开始适用。这种被认为是处于战争关系的实质性意向而又未经正式宣战的行为通常被称为交战意向。交战意向常常通过实际的交战行动来判定，在此基础上再确定适用哪些战时国际法规。

宣战通常是用宣战书或最后通牒表示的。最后通牒是指国家间在存有悬而未决的争端时，当事一方向对方提出限定其在一定期限内作出让步的最后要求，除表示对该问题将停止交涉的意思外，还警告对方如拒绝接受，将采取强制手段。1907年《关于战争开始的公约》规定，作为开战的程序和条件，需要在开战前发出说明开战理由的宣战书或以宣战为条件的最后通牒，以防止进行突然袭击。如果接受了最后通牒，悬而未决的争端即基本解决，即使超过了通牒规定的期限也不会发生使用武力的情况，因此，最后通牒和宣战书的概念是不同的。未发出最后通牒而进行的战争被认为是违反该公约的，但按照一般国际法的理解，使用武力本身即被认为已经发生了战争。

按照1907年《关于战争开始的公约》规定，宣战要以宣战书的形式在战争之前发表，但实际上，有的国家把国内宣布进入战争状态的公告和给中立国的通知也称为宣战，真正的战前宣战很少，绝大多数都是在战争开始后宣战或将已经和正在进行的敌对行动确认为战争行为。1941年12月的日美开战就不符合海牙公约规定的必要条件，因为在12月8日正式宣战之前日本就偷袭了珍珠港。在中日甲午战争和日俄战争中，日本也是在宣战

1941年12月7日，日本偷袭美国珍珠港

之前就袭击或拿捕了对方国家的船只。而在1928年玻利维亚和巴拉圭之间发生的查科战争中，敌对行动一直持续了5年之后巴拉圭才宣告这是战争行为。

《联合国宪章》禁止战争。禁止使用武力和以武力相威胁，因此预先发布以强行使用武力为内容的最后通牒是不合法的。根据《联合国宪章》的原则，在对方进行武力攻击和侵略的情况下，进行单独或集体自卫是合法的，但进行自卫行动的一方往往处于被动的被侵略地位，所以不能要求自卫方在行使自卫权之前发布最后通牒。但是，联合国安理会在通过决议并决定对侵略者采取强制措施时，必将按照海牙公约的规定提前发布警告或决议，其内容也相当于最后通牒，但这种性质的文书并不是由争端当事国发出的。

宣战是一个国家正式通知另一个国家它们之间的和平关系终止，进入战争状态。通常当交战一方或双方宣战（或宣布战争状态），或一方使用武力而他方确认为战争行为时，战争状态即开始存在。战争开始的法律后果：一是外交与领事关系的断绝。二是交战国间的条约关系因战争而发生重要变化，两国间的双边政治性条约立即废除，经济贸易条约失效或停止施行。但关于领土和边界的条约不能因战争而失效（除非该条约是导致战争的主要原因）。双方共同参加的多边条约在交战双方之间停止施行，但它们参加的有关战争和中立的条约却因战争的开始而自动发生作用了。三是经济贸易关系的中断。交战国之间不论是政府间还是民间的经济贸易行为都因战争而中断。四是交战双方认为对方的国民及财产均带有敌性，私人间的商业关系被严令禁止。战争发生后，交战国认定对方的财产和人民带有敌性。在交战国境内的敌国财产，如果是公产、不动产（除使领馆外），可以没收和使用，但不能加以变卖。动产可加以没收，军事性质的敌产可加以破坏。至于敌国人民的财产，原则上不加侵犯，但可以加以限制（如禁止转移、冻结或征用）。敌国人民（包括自然人和法人）带有敌性，但一般允许他们在一般适当时期内离境。敌国之公司法人，如果是国家公司，则视同敌国财产；如果是私人公司，则视作敌国人民的私人财产。

国际法对战争结束的规范

停战也称为休战，是指战时交战当事国双方达成协议，停止敌对行动，这种协议采用停战条约或停战协定的形式。有关停战规则的多边条约主要是1907年海牙第四公约《陆战法规和惯例公约》（简称《海牙陆战条约》），该条约把停战分为局部停战和全面停战两种类型。局部停战是适用于特定的作战区域或一部分敌对兵力的协议，担任停战谈判的军队指挥官无须政府授权。全面停战适用于所有作战区域和一切敌对兵力，通常是以谈判和平条约和进行媾和为目的，担任此种谈判的军队指挥官需要政府特别授权。通常，在正式缔结和平条约之前，在战场上还需要缔结一系列停战协定以确认战争的结束，这些协定包括战地协定、投降协定、停战协定、交换战俘协定等。其中，战地协定是指在战争进行中由战地指挥官在其权限范围内，同交战对方达成的协议。在战争进行中，由直接从事战斗的军队指挥官缔结与交战有关的协定，从迅速性和实效性来说都被认为是有效的，因为它可使某些局部战争尽快结束。战地协定的内容：第一，以单纯的军事事项为对象，如战斗的临时停止、停战、投降、交换战俘等，诸如国家组织的更迭和领土的割让等军事以外的事项不包括在内；第二，只限于在战争进行过程中缔结，不包括战后缔结的和平条约；第三，军队指挥官可就其管辖范围内的事项缔结战地协定，因此不必持有通常缔结条约时所必需的全权证书。战地协定一般不需要批准，军队指挥官签名即有效。

战争和武装冲突中的敌对行动的停止通常有三种情况：停火、停战和投降。停火只是交战过程中的一种暂时性或局部性的行动。停战是双方通过协议实行的。停战可能像停火那样短暂，也可能时间比较长，可能约定期限，期限一满，军事行动就恢复；也可能没有期限，军事行动随时可能恢复。停战可能是全面的，也可能是局部的，全面的停战也可能导致军事行动的长期结束。停战条约如果没有规定必要的停战期限，经预先警告后随时可恢复敌对行动；即使规定了停战期限，如果当事者一方严重违约，另一方有权废弃条约。投降是交战一方承认战败而要求停止战斗的行为。投降可能是局部的，也可能是全面的。局部投降协定是指规定一部分部队或舰队把自己置于敌人权力之下的协定，它只限于战斗或战役级。全面投降协定是指国家在战败情况下所缔结的法律文件，如日本投降书。1945年9月2日，日本外务大臣重光葵代表日本天皇和日本政府、参谋总长梅津美治郎代表日本大本营签字，同盟国最高司令官麦克阿瑟代表美国、英国、苏联、中国四个同盟国受降，并代表其他对日作战的同盟国签字。美国、英国、苏联、中国、澳大利亚、新西兰、加拿大、法国、荷兰9个同盟国代表也签了字。投降书的核心内容为日本必须接受《波茨坦宣言》并履行该宣言的条款，保存日本政府但实行对日占领和管理，同盟国最高司令官保留不通过日本政府直接命令日本国民的权力，日本一切军队必须无条件投降，军队及臣民停止敌对行动和破坏行为，官厅职员和陆海军官员均应遵守命令，切勿擅离职守，解放、保护、运送被日本俘虏的同盟国战俘和被拘留的平民。

1945年9月2日，日本代表在投降书上签字

1951年美日《旧金山和约》签约仪式

战争状态的结束通常是通过缔结和约或战胜国单方面或同战败国联合发表声明宣布战争状态结束而实现的，因此，单纯的敌对行动的终止并不等于法律意义上的战争状态的结束。有些武装冲突或战斗状态与法律上界定的战争状态不同，没有正式的开始方式，没有宣战或通知，只有实际的战斗行动，且随着敌对行动的结束而结束。以媾和为前提的全面停战，从停战到媾和期间，战斗行为虽然停止，但战争状态依然在交战国和中立国之间持续着，战争状态只有到缔结和平条约才能结束。战争状态的结束是交战国间一切战争行动的终止和与战争有关的一切政治、经济、领土及其他问题的全面的和最终的解决。结束战争状态的方式通常有三种：单方面宣布战争结束，一般是由战胜国单方面宣布；发表联合声明，由交战双方发表声明，宣布结束战争状态；缔结和约，即结束战争的和平条约，这是结束战争状态最正式的一种形式。和约一般由交战各国（含战胜国和战败国）在和平会议或外交会议上签订，是结束战争的重要国际文件。

缔结和约属于国家行为，其程序和方式与缔结其他条约类似，各国要任命全权代表，相互出示全权证书以供查阅。和约中有正式文本和关于生效的规定，双边条约从交换批准书之日起生效，多边条约则从交存批准书之日起生效。例如，美国违反第二次世界大战期间同盟国商定的程序，把中国、苏联等国排斥在和约的准备工作之外，于1951年9月8日拉拢55个同盟国中的48个同盟国，同日本在旧金山片面和非法签署对日和约。中国没有参加会议，也不承认对日和约，所以直到1972年9月29日中日才签署了《中日联合声明》，正式相互承认、实现邦交正常化和结束战争状态。

战后以来，以色列和阿拉伯国家于1949年签订4个停战协定，联合国军队和朝鲜军队及中国人民志愿军于1953年签订停战协定，印度支那三国和法国于1954年在日内瓦签订停战协定，1973年签订《关于在越南结束战争、恢复和平的协定》。这些停战协定和1907年《海牙陆战条约》所规定的停战规则有所不同。例如，传统的停战只是交战当事国所关心的事情，而这些停战协定却反映了国际社会对制止国家间使用武力的普遍关心。从停战协定的目的来看，海牙公约所规定的停战只是战争的中断，因此留有重新恢复战争的余地，而这些停战协定的目的不仅要结束战争，而且不准备再恢复敌对行动。为了防止重新开始敌对行动，在监督机构中特别邀请了联合国或中立国等第三方代表参加。另外，因为现代国际性武装冲突并不都采取国际法一般意义上的严格的战争形式，所以这类冲突的结束也并不一定要采用以媾和为目的的缔结和约的传统方式，故传统的、不缔结和约就认为仍维持战争状态的观点已有所不适。

战争结束的法律后果：一是外交关系恢复。两国派遣外交代表，恢复正常的外交关系。二是条约关系恢复。战争发生后，两国的政治条约已失效，经济条约已停止生效。战争结束后，政治条约可能经重订而恢复效力，经济条约也可能恢复效力。原交战双方所参加的多边条约又重新对它们发生效力。同时，双方还可能在正常的外交关系上签订新的条约。三是国际交往全面恢复。战争时期，交战国间的政治、经济、文化、军事等联系已中断，随着战争状态结束，这些关系又重新恢复。

战争结束之后，一般会对战争罪犯的战争罪行进行清算。根据《纽伦堡国际军事法庭宪章》的规定，战争犯罪包括三种罪行：一是破坏和平罪。就是计划、准备、发动侵略战争或从事违反条约的战争，或参与这些罪行的共同计划或阴谋。二是战争罪。就是违反战

1945年成立的纽伦堡国际军事法庭

争法规和惯例的罪行，包括虐待或放逐占领地的平民、杀害或虐待战俘、杀害人质、掠夺公私财产以及毁灭城镇或乡村的罪行。三是反人道罪。就是在战争发生前或在战争进行中，对平民进行谋杀、灭绝、奴化、放逐及其他非人道行为。在现代战争法中，战争犯罪是指违反国际法基本原则，策划、发动侵略战争，破坏和平，违反战争法规和惯例，违反人道主义准则的各种犯罪行为。 现代国际法惩办战争罪犯适用九项国际法原则：从事构成违反国际法的犯罪行为的人承担个人责任，并因而受惩罚；不违反所在国的国内法不能作为免除国际法律责任的理由；被告的地位不能作为免除国际法责任的理由；政府或上级命令不能作为免除国际法责任的理由；被控有违反国际法罪行的人有权得到公平审判；违反国际法的罪行是破坏和平罪、战争罪和反人道罪；共谋上述罪行是违反国际法的罪行；战争罪犯无权要求庇护；战争罪犯不适用法庭时效原则。

延伸阅读：日本向同盟国家投降的降书

1945年7月26日，中、美、英三国发布《菠茨坦宣言》。1945年8月15日，日本天皇发表了停战投降诏书。1945年8月15日，日本政府致中、美、英、苏政府电，确认关于日本接受《波茨坦宣言》之各项规定事，天皇陛下业已颁布敕令。天皇陛下准备授权，并保证日本政府及日本大本营，签订实行《波茨坦宣言》各项规定之必需条件。天皇陛下并准备对日本所有海陆空军当局及在各地受其管辖之所有部队，停止积极行动，交出军械，并颁发盟军统帅部所需执行上述条件之各项命令。1945年9月2日上午9时04分，在日本东京湾停泊的美国“密苏里”号战列舰甲板上，日本外务大臣重光葵和参谋总长梅津美治郎在经杜鲁门总统批准的正式投降文件上签字。接着，西南太平洋战区总司令道格拉斯·麦克阿瑟签字。他代表美国、中国、英国和苏联及与日本作战的其他国家接受了日本的投降。

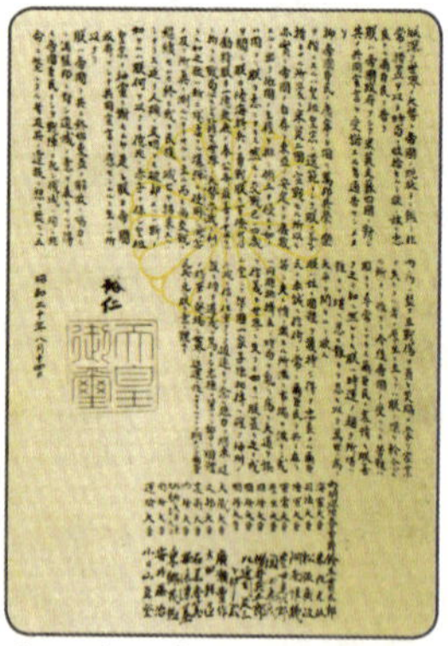

日本天皇发表的停战投降诏书

日本投降书全文：

余等兹对合众国、中华民国及大不列颠帝国，各国政府首脑，于一千九百四十五年七月二十六日于波茨坦宣布尔后由苏维埃社会主义共和国联邦之参加宣言条款，并根据日本政府、天皇及日本帝国大本营之命令代表受诺之。右述四国以后称之为联合国。

余等兹布告，无论日本帝国大本营及任何地方所有之日本国军队，与夫日本国所支配下一切军队，悉对联合国无条件投降。

余等兹命令任何地方之一切日本国军队及日本国臣民，即刻停止敌对行动，保存所有船舶及军用财产，且防止损毁，并服从联合国最高司令官及其指示，对日本国政府之各机关所课之一切要求，应于以应诺。

余等兹命令日本帝国大本营，对于任何地方之一切日本国军队及由日本国支配下一切军队指挥官，速即发布其本身或其支配下之一切军队无条件投降之命令。

余等兹命令所有官厅、陆军及海军之职员，命令其遵守其施行联合国最高司令官为实施此投降文件，认为适当而其自己发出，或根据其委任发出之一切布告其指示，且命令右开职员，除由联合国最高司令官，或根据其事务委任，与解除具任务以外，均须留于各自原有地位，且仍继续行使各个之非战斗任务。

余等兹为天皇、日本国政府及其继续者，承约切实履行《波茨坦宣言》之条款，发布为实施宣言之联合国最高司令官，以及其他特派联合国代表要求之一切命令，且实施一切措置。

余等兹对日本国政府及日本帝国大本营命令，即速解放现由日本国支配下所有联合国俘虏及被拘留者，且执行对彼等之保护、津贴、给养，以及对指定地点之迅速运输等措置。

天皇及日本国政府统治国家之权限，置于为实施投降条款采用认为适当措置之联合国最高司令官之限制下。

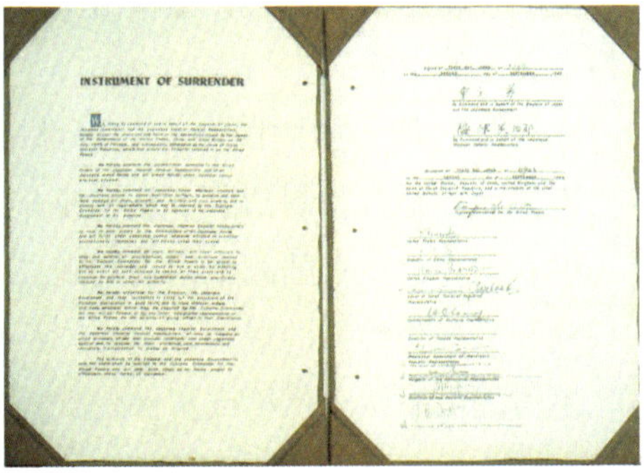

1945年9月2日，日本签署投降书

国际法对战争中立的规范

战争时期，非交战国不参加战争的任何一方，保持不偏不倚的立场，其地位即为战时中立。中立是指任何非交战国都有权在交战各国之间宣布中立，不卷入战争的任何一方，这是它的自主权利，除非受条约义务约束。任何非交战国都没有义务保持中立，除非受条约义务约束。中立地位可以明示（如发表声明），也可以默示（如事实上遵守中立），一经表示中立，在交战国和中立国之间就开始适用中立法。战时中立与永久中立是两个不同的概念。战时中立是非交战国在战争时期选择的态度和立场，非交战国随时可以宣布中立，也随时可以宣布取消中立；但永久中立则不同，永久中立国是根据条约而承担永久中立义务，永久中立地位经他国保障，不能单方面废除。战时中立又与和平时期的中立政策不同，前者是一种法律地位，后者只是和平时期某些国家所奉行的政策，这种中立政策没有产生法律权利和义务。随着战争作为推行国家政策的工具的废弃，传统的中立制度发生了根本的变化。《联合国宪章》第二条规定，会员国对于联合国依本宪章规定而采取之行动，应尽力予以协助，联合国对于任何国家正在采取防止或执行行动时，各会员国对该国不得给予协助。在未构成法律上战争状态的武装冲突中，由于不存在法律上的战争状态，因而也无严格意义上的中立。

在战争时期，中立国和交战国都承担着不作为、防止和容忍三种义务。不作为就是自我制约，不从事或介入交战任何一方的行为。根据1907年《中立国和人民在陆战中的权利和义务公约》和《关于中立国在海战中的权利和义务公约》的规定，中立国不得直接或间接帮助交战国的任何一方，不得提供军队、供给或担保贷款，或向交战国提供避难场所。交战国不得在中立国领土从事战争行为，不得在中立国领水或领空进行敌对行为，也不得将中立国领水或领空作为作战基地或军队远征的出发点。防止就是防止违反中立义务的行为发生。中立国有义务防止在其领土或管辖范围内为交战国准备作战行动，如招募兵员、备战，或在其领土或领水内设置军事设施。防止任一交战国在其领土、领水或领空内或利用其资源以从事敌对行动，防止交战国在其领域内武装或改装船舶。交战国有义务采取措施，防止虐待留在交战国境内的或在其所占领的敌国领土内的中立国外交代表和人民，防止其军队及人民侵犯中立国及其人民的财产与权利。容忍就是容忍对方加于自己造成一定损害的行为。中立国容忍交战国对其船舶临检和搜索，对其船上载运的战时禁制品加以拿捕、审判和处罚。交战国容忍中立国与他方交战国保持外交和商务关系，容忍中立国将其港口提供给他方交战国为临时庇护或维修船舶之用。

内战是指以推翻中央政府和建立新政府，或以从本国分离和独立为目的的反政府武装对抗。内战属于国内问题，因而从尊重别国领土主权完整和独立为基础的国际法基本原则出发，在内战的全部过程中外国都应采取不干涉的态度。但是，当内战采取广泛的对抗形式而反政府组织实际上已具有政府的性质时，中央政府或外国可以承认对方为交战团体。一旦承认，反政府组织便被认为具有统治占领地区和承担国际责任的国际法主体资格，而且被允许具有与政府相同的、作为战争法规当事者的能力，这种情况下的内战将被认为是准国际战争的形态，此时外国处于中立地位。

不干涉原则是外国对待一国内战所持有的最基本的原则。干涉不限于武装介入，还包括武器和军需品的援助，以及把本国领土用作敌对行动的基地等。一般来说，凡是援助反政府组织并助长内战的干涉都是违法行为，但允许对中央政府提供援助。第二次世界大战以后，由于民族解放运动风起云涌，殖民地的解放战争被认为是有争议的战争，因此，根据联合国第20次大会2105号决议精神，对中央政府进行的援助和支持将被认为是违法行为。从各国实践来看，某些大国经常为推翻一国政府而组织颠覆破坏和间接侵略的活动，甚至利用集体自卫权打着联合国安理会的旗号实行武装干涉，从而导致内战国际化、复杂化和扩大化。从国际法角度分析，内战属于一国内部事务，应通过国内法进行必要的制裁和约束，不适用任何国际性法规。但根据现代武装冲突的实践，任何国内战争或武装冲突都应适用有关人道主义的国际战争法规，对于其他有关国际法原则也应予以尊重。

第四章

现代国际法对战争的限制

现代国际法的转变

20世纪以来，国际法以更快的速度发展并产生了巨大的飞跃和转变，因此，人们将其视为现代国际法。和近代国际法相比，对现代国际法产生巨大推动力和影响力的因素主要有三个：第一，现代国际法调整的对象发生了变化。科学技术的迅猛发展，使国际法的范围不断扩展。例如，航空器的出现，提出了空气空间是国家领空的问题；人造卫星和宇宙火箭的研制成功，提出了国际法对宇宙空间的调整问题；南极大陆由探险发展到大规模科学考察，进而出现军事利用和提出领土要求等问题，致使国际法不得不确立南极的地位并调整其关系；捕鱼业的发展、大陆架资源的开发和深海海底资源的勘探，引起了人们对海洋的重视和争夺，国际社会不得不召开一系列会议来研究和制定有关海洋的国际法规。科学技术的发展使地球“变成了一个小村庄”，独立国家与其他国家及国际社会之间的往来日益增多，在当今社会中，国家再小，也不可能闭门锁国，与外界断绝一切往来，所以国际法就显得更为重要。

第二，近代国际法向现代国际法转变的一个重要因素，是战争的地位发生了巨大变化，即国际法宣布战争为非法，也就是说禁止战争。近代国际法并没有明确禁止战争，现代国际法宣布战争为非法后即转变了国际法的逻辑推理，从而出现了以和平手段解决国际争端、建立集体安全制度、成立普遍的国际和平组织等现象。

第三，民族解放运动和发展中国家的独立，使国际法产生了根本性变革。近代国际法长期以来是作为欧洲的公法而产生于平等的主权国家之间的，这些国际法的主体仅局限于欧洲，其覆盖的面积很小，适用的人口也很少，而亚洲、非洲等其他广大地区，当时都没有被看作是国际法的主体，被置于客体的地位。20世纪以来，全世界民族解放运动风起云涌，曾经是殖民地的国家几乎全部宣布独立，其数量在世界主权国家中占一半以上，这意味着国际法的职能必须发生变化。这些新兴独立国家的出现，使传统的近代国际法在内容方面受到冲击，现代国际法就是顺应这一潮流不断补充新的内容，建立了诸如民族自决权、对自然财富及资源拥有永久性

国际救援队到达灾难现场实施救援

主权等新的观念。

1970年10月24日，联合国第25届大会全体一致通过《关于各国依联合国宪章建立友好关系及合作之国际法原则之宣言》，简称《国际法原则宣言》。依据国际法基本原则的定义，国际法基本原则具有下列特征：首先必须被国际社会普遍接受并且为各国所公认，这种公认主要表现在各国缔结的条约中，或者作为国际习惯被各国接受。国际法是国家之间的法律，一个国家或少数国家提出的某一原则，虽然具有重大的政治、法律意义，但是在得到各国公认之前尚不能成为国际法基本原则。其次是具有普遍意义。国际法基本原则不是个别领域中的具体原则或局部性原则，而是具有普遍意义的原则，适用于国际法一切效力范围，关系国际关系全局性，贯穿于国际法的各个方面并具有指导作用。再次是构成国际法的基础。国际法基本原则对其他一般性法律具有指导作用，可以在此基础上派生或引申出一般性法规，这些法规必须符合国际法基本原则的精神，不得与之相抵触。最后是具有强行法的性质。它在国际社会中属于公认的必须绝对执行和严格遵守且不得任意抛弃、违反或更改的国际法规范。

战争法在海湾战争中的适用

海湾战争后，美国国防部在向国会提交的最终报告中，就海湾战争中的战争法问题做了总结，美国参谋长联席会议主席鲍威尔上将认为：“法律方面的考虑对各级的决策都有影响，事实证明，在决策过程中，战争法的作用是不可低估的。”从海湾战争来看，除《联合国宪章》关于禁止使用武力和以武力相威胁来破坏任何国家的政治独立和领土完整的规则适用之外，适用的战争法规主要有8个：

1. 《陆战法规和惯例公约》（海牙第四公约）；

2. 《中立国和人民在陆战中的权利和义务公约》（海牙第五公约）；

3. 《关于敷设自动触发水雷公约》（海牙第八公约）；

4. 《关于战时海军轰击公约》（海牙第九公约）；

5. 《禁止在战争中使用窒息性、毒性或其他气体和细菌作战方法的议定书》；

中国海军舰艇在亚丁湾护航

6．《防止及惩治灭绝种族罪行公约》；

7．1949年关于保护战争受害者的日内瓦四公约，即：

——《改善战地武装部队伤者病者境遇的公约》（日内瓦第一公约）；

——《改善海上武装部队伤者病者及遇船难者境遇的公约》（日内瓦第二公约）；

——《关于战俘待遇的公约》（日内瓦第三公约）；

——《关于战时保护平民的公约》（日内瓦第四公约）；

8．《关于发生武装冲突时保护文化财产的公约》。

上述战争法规适用的主要原则：第一，除1954年《关于发生武装冲突时保护文化财产的公约》之外，美国是所有条约的缔约国，因此，在战争中美国坚持的原则是对军队军事行动的指导要与美国的战争法义务保持一致。第二，对于1954年《关于发生武装冲突时保护文化财产的公约》，根据“条约对第三国无效”的原则，美国、英国和加拿大都不是该条约的缔约国，本来没有任何约束力，但三国的参战部队都接受了有关该条约内容条款的训练，并在实际作战行动中予以遵守。第三，根据1945年和1946年《国际军事法庭宪章》的规定，违反战争法和战争惯例同样也是一种战争罪行。对于一般国际法而言，所有国家都有遵守的义务。虽然伊拉克不是海牙第四公约、海牙第五公约、海牙第八公约和海牙第九公约的缔约国，但这些公约中的条款已经成为国际惯例，因而对所有国家都有约束力，伊拉克也必须遵守。第四，对于1925年《日内瓦议定书》，美国、多国部队和伊拉克都是缔约国，都应该遵守条约规定，但是，伊拉克有保留地接受了该条约中关于禁止首先使用化学或生物武器的规定。1969年美国曾单方面声明放弃使用生物武器，后来又无保留地接受禁止使用细菌（生物）武器和首先使用化学武器的规定，同时还是1972年《禁止发展、生产、存储细菌（生物）及毒素武器以及销毁此类武器的条约》缔约国。第五，所有参加海湾战争的国家都是1949年日内瓦四公约的缔约国。

有4个战争法规不适用于海湾战争中的交战各方：1977年《禁止为军事或任何其他敌对目的使用改变环境的技术的公约》（简称《禁止改变环境技术公约》）、《日内瓦四公约关于保护国际性武装冲突受难者的附加议定书》和《日内瓦四公约关于保护非国际性武装冲突受难者的附加议定书》、1980年《禁止或限制使用某些可被认为具有过分伤害力或滥杀滥伤作用的常规武器公约》（简称《禁止常规武器公约》）。这些法规不适用的主要原因：第一，1977年《禁止改变环境技术公约》，虽然美国及大多数多国部队都是缔约国，但伊拉克只签署此公约并未批准加入，所以不能用其约束伊拉克的行动；第二，1977年日内瓦四公约的两项附加议定书中只有第一附加议定书适用于国际性战争，但美国和法国分别于1987年和1984年拒绝加入此议定书，英国、海湾委员会各国及伊拉克都不是缔约国，所以不适用；第三，1980年《禁止常规武器公约》，美国、多国部队中多数国家及伊拉克都不是缔约国，所以不适用。

海湾战争中的国家中立行为

中立是指一个国家对某一特定的冲突所采取的中立态度，或宣布保持中立的地位。海湾战争中，伊朗和约旦在海湾危机期间就宣布保持中立，绝不积极参加战争。其他国家，例如奥地利和瑞士根据国际条约规定属于永久中立国。海湾战争中的中立受1907年《中立国和人民在陆战中的权利和义务公约》的约束。但是，由于联合国安理会通过了12项决议，并决定采取集体自卫权，呼吁所有国家集体制裁和用一切手段迫使伊拉克服从联合国的决议，即把它赶出科威特，所以又和传统的中立原则不一致。这是现代战争中所面临的一个新问题，即在现代战争条件下，中立实际上已经过时，战争中没有中立可言，对于侵略者，185个联合国会员国必须根据联合国决议采取共同制裁和武装反击与自卫措施。瑞士属于永久中立国，且不是联合国成员国，所以可作为例外。

《联合国宪章》第2条规定：所有成员国都应对联合国根据宪章采取的行动提供全面支持，而且不得对联合国正在实行预防性或强制性行动的任何国家提供援助。联合国要确保非联合国成员国按照这些为维护国际和平与安全所必需的原则行事。第25条规定：联合国所有成员国愿意接受和执行安全理事会根据现行宪章所作出的决定。第49条规定：联合国所有成员国，应共同为实施安全理事会决定采取的措施而互相支援。

联合国安理会根据《联合国宪章》第41条规定，于1980年8月6日通过的第661号决议，要求所有成员国对伊拉克实行经济制裁，并禁止向伊拉克提供战争物资。根据这一决议，所有成员国都应停止向伊拉克提供任何援助。联合国安理会第678号决议，要求所有成员国支持那些谋求坚持实施有关决议的国家。所以，美国的立场是不管是否宣布中立，所有国家都有义务避免妨碍多国部队采取的以联合国决议为依据或与执行联合国安理会决议有关的行动，并向多国部队提供任何可能的援助。

根据上述原则，约旦和伊朗在海湾危机期间所宣布的中立，不应违背联合国成员国必须遵守和服从联合国安理会决议的义务，也就是说，这两个国家作为联合国成员国应该服从安理会决议，对伊拉克实施制裁，如果为了保持所谓的中立不愿对其进行制裁，也不得支持伊拉克或为其提供任何援助。但是，根据美国提交的报告，实际上约旦向伊拉克提供了包括弹药在内的多种物资，按照惯例，这种行为严重违背了中立国的义务，也违反了联合国关于制裁的决议。约旦解释，这种行为不是政府行为，是某些私人行为，即使为其提供某些后勤支援也不能保证其具有持续战斗能力。战争期间，由于沙特切断了对约旦的石油供应，约旦只好用汽车从伊拉克进口石油，这又违背了联合国安理会第661号决议和第678号决议。在石油运输中，军用车辆和约旦的运油车辆混杂在一起，日夜不停地穿梭于西部公路干线，从而对多国部队寻歼飞毛腿导弹和打击合法的军事目标造成困难。

伊朗宣布中立后，按照传统的国际法准则和海牙第五公约衡量，基本保持了中立国的地位。存在的问题主要有两个：一是在沙漠风暴行动开始后，大批伊拉克民用和军用飞机为躲避多国部队的轰炸，纷纷逃往伊朗。根据海牙第五公约和传统战争法中关于中立国权利与义务的规定，当交战国军用飞机降落在非交战国领土上时，中立国必须扣留飞机、飞行员和机上军事人员及设备，直到战争结束。第二次世界大战期间的中立国瑞士和瑞典，都扣留过盟军和德军的飞机和飞行员。但是，伊朗在海湾战争中则允许部分运输机返回伊拉克，对于作战飞机则基本履行了中立国的传统义务。但当时美国非常担心，害怕这些飞机从伊朗起飞在多国部队的翼侧发动攻击。二是根据联合国安理会第678号决议，伊朗应该归还在战争中被击落的多国部队飞机和飞行员，而不应将其扣留。美国甚至认为，按照联合国安理会第678号决议，作为交战中的一方，美军进入伊朗或约旦领空救援被击落的飞行员并不违背国际义务。但伊朗则按照传统的中立规则行事，既不偏袒战争中的任何一方，又扣留多国部队被击落的飞机和飞行员，并多次抗议多国部队飞机和导弹侵入伊朗领空。

瑞士和奥地利是永久中立国，海湾危机期间，美国要求两国允许其向海湾地区运送武器装备和人员的飞机飞越两国领空，两国不情愿地表示同意。战争爆发后，由于联合国安理会决议要求所有国家支持那些为坚持和落实联合国安理会决议而努力的国家，两国作出决定，美国军用运输机的越境飞行并不违背其中立国义务，因此允许其飞越。但是，当美国要求印度允许其军用飞机飞越印度领空时，却遭到了拒绝。

传统中立法允许中立国与交战国在战争期间进行任何形式的与战争无关的商业活动，但不允许运输战时禁运品。海湾危机和战争中，根据联合国安理会第661号决议，联合国成员国不得进口或转运来自伊拉克和科威特的任何物资，即禁止与其进行任何进出口贸易往来，联合国安理会制裁委员会批准的特许出口伊拉克的医疗用品和人道主义食品除外。为此，美国于1990年8月16日、联合国安理会于1990年8月25日开始实行海上拦截，和以往不同的是，不管是中立国船只还是非中立国船只，一概拦截，只要没有联合国安理会制裁委员会的特许证明，一律禁止驶往或载货离开伊拉克和科威特。

美军出兵索马里引发战乱

地处非洲之角的索马里自1991年1月以来，三大部族纷争不断，全国陷入战乱之中，加上连续3年大旱不雨，已有30万人死于战乱和饥饿，另有450万人在死亡线上挣扎。1992年7月，联合国安理会通过一项在索马里采取大规模人道主义行动的决议，紧急空运粮食等救灾物资，并派遣500名军事人员进入摩加迪沙，保障救援行动的实施。然而，联合国救援行动屡屡受阻，并遭到武装袭扰，救援物资被哄抢，救援人员的生命受到威胁，救援工作被迫停止。

1992年11月25日，美国总统克林顿宣布：美国愿意派遣28000人的兵力，参加由联合国组成的多国部队，前往索马里保护救灾物资的安全分发。12月3日，联合国安理会通过一项决议，决定派遣一支多国部队前往索马里，以确保人道主义援助物资的运送和分发。12月9日凌晨，美国三艘舰艇运载1800名海军陆战队员乘坐橡皮艇、直升机和气垫登陆艇，在索马里首都摩加迪沙附近的海滩登陆，开始了代号为“恢复希望行动”的救援行动。之后，美国第10山地师等特种部队约26000人开往索马里。法国、英国、日本、加拿大等10多个国家相继宣布派遣部队或提供物资援助。克林顿预计在1993年1月20日前结束救援行动，撤出索马里。到1月中旬，已有25000名美军和20多个国家的12000名军人前往索马里执行救援和武装保护任务。多国部队以美军为主进行指挥，主要任务是为索马里灾民运送救济物品和提供安全保护，但不能使用武力干涉其内政，所以很难从根本上改善社会治安、结束武装冲突和无政府状态。

1993年3月26日，联合国安理会通过第814号决议，决定派遣一支大规模维和部队前往索马里，于5月1日前接替以美国为首的多国部队。《联合国宪章》第7章规定，联合国安理会授权这支维和部队可以采取任何必要的行动维持和平，解除交战各派的武装并保护救援工作人员。此外，还要把几十万难民送回家，清除地雷、建立警察部队、帮助重建经济和举行有关建立新政府的谈判等。维和部队包括20000名军事人员、8000名后勤人员和3000名文职人员，整个维和行动一年花费15亿美元，相当于联合国每年28亿美元维持和平行动经费的一半。这是联合国有史以来规模最大、耗资最多的一次维和行动。1995年2月28日，由1800名美国海军陆战队和500名意大利士兵组成的主力部队开始了代号为“联合盾牌行动”的救援行动，即在摩加迪沙登陆，掩护联合国维和部队正式撤离索马里。

这次索马里救援行动，主要分为两个阶段，即前期的以美国为首的多国部队行动和后期的联合国维和部队行动。美国和近20个国家组成的多国部队开进索马里，是海湾战争之后第一次大规模的国际性军事行动，证明美国及国际社会对海湾战争中打着联合国旗号、自己挂帅、盟国出钱出物、扩大本国势力范围、乘机摧毁敌对势力的行动是认可的，也表明联合国安理会的态度基本上是支持的。因此，这就为冷战结束后的国际武装干预行动开了一个危险的先例。在联合国安理会作出决议或正式授权之前，

中国维和部队驻地升旗

美国及多国部队擅自使用武装力量对一个主权国家进行干预，尽管这种干预是出于人道主义目的的，也不应该被认为是符合《联合国宪章》原则的行动。至于之后联合国安理会派遣更大规模的维和部队，并第一次授权进行武力干涉和武力威胁的做法，也与《联合国宪章》不相符，这只能使索马里内部矛盾更加激化，所以很难达到预想的目的。实践证明，原计划1993年1月20日前完成的任务，虽然出动了如此众多的武装力量，耗费了大量钱财，但是却在推迟了两年多后于1995年2月28日才正式撤军。维和活动虽然取得了一些效果，但在维和部队撤军之时，形势却更加危急，索马里交战各派的武装冲突日趋激烈，联合国维和部队守卫的机场被炸，维和部队人员生命安全没有保障，这时不得不另外派兵进行营救性撤离。所以，从实际意义上看，这次多国部队的行动和维和行动很难被认为是成功的。

援引法条：《联合国宪章》

1941年6月，英、美、法等国的代表在伦敦发表《同盟国宣言》，提出了维护和平、制止侵略和促成国际合作的原则。1941年8月，美英发表《大西洋宪章》，促进了国际反法西斯统一战线的形成。1942年1月1日，中国、美国、英国、苏联等26国代表在华盛顿签订了《联合国家共同宣言》，表示支持《大西洋宪章》，并第一次使用“联合国”一词。1943年10月30日，中、美、英、苏4国在莫斯科发表《普遍安全宣言》，声明有必要建立一个普遍性的国际组织，以维护国际和平与安全。1944年8月至10月，苏、英、美3国和中、英、美3国代表先后在华盛顿的敦巴顿橡树园举行会议，提出了组织联合国的方案，并拟定了《联合国宪章》的基本轮廓。1945年4月25日，50国代表开始在旧金山举行“联合国国际组织会议”，6月25日一致通过了《联合国宪章》，并于26日举行签字仪式，同年10月24日起生效，联合国正式成立。《联合国宪章》被认为是联合国的基本大法，作为联合国组织的总章程，除序言和结语外，共分19章111条。

一、联合国宗旨及原则

1. 维持国际和平及安全，并为此目的：采取有效集体办法，以防止且消除对于和平之威胁，制止侵略行为或其他和平之破坏；并以和平方法且依正义及国际法之原则，调整或解决足以破坏和平之国际争端或情势。

2. 发展国际间以尊重人民平等权利及自决原则为根据之友好关系，并采取其他适当办法，以增强普遍和平。

3. 促成国际合作，以解决国际间属于经济、社会、文化及人类福利性质之国际问题，且不分种族、性别、语言或宗教，增进并激励对于全体人类之人权及基本自由之尊重。

4. 构成一协调各国之中心，以达成上述共同目的。

二、联合国及其会员国应遵行的原则

1. 本组织系基于各会员国主权平等之原则。

2. 各会员国应一秉善意，履行其依本宪章所担负之义务，以保证全体会员国由加入本组织而发生之权益。

3. 各会员国应以和平方法解决其国际争端，避免危及国际和平、安全及正义。

4. 各会员国在其国际关系上不得使用威胁或武力，或以与联合国宗旨不符之任何其他方法，侵害任何会员国或国家之领土完整或政治独立。

5. 各会员国对于联合国依本宪章规定而采取之行动，应尽力予以协助，联合国对于任何国家正在采取防止或执行行动时，各会员国对该国不得给予协助。

6. 本组织在维持国际和平及安全之必要范围内，应保证非联合国会员国遵行上述原则。

7. 本宪章不得认为授权联合国干涉在本质上属于任何国家国内管辖之事件，并且不要求会员国将该项事件依本宪章提请解决；但此原则不妨碍第七章内执行办法之适用。

三、和平解决的原则

第33条　任何争端之当事国，于争端之继续存在足以危及国际和平与安全之维持时，应尽先以谈判、调查、调停、和解、公断、司法解决、区域机关或区域办法之利用，或各该国自行选择之其他和平方法，求得解决。安全理事会认为必要时，应促请各当事国以此项方法，解决其争端。

第34条　安全理事会得调查任何争端或可能引起国际摩擦或惹起争端之任何情势，以断定该项争端或情势之继续存在是否足以危及国际和平与安全之维持。

四、授权动用武力的原则

第39条　安全理事会应断定任何和平之威胁、和平之破坏或侵略行为之是否存在，以维持或恢复国际和平及安全。

第41条　安全理事会得决定所应采武力以外之办法，以实施其决议，并得促请联合国会员国执行此项办法。此项办法得包括经济关系、铁路、海运、航空、邮、电、无线电及其他交通工具之局部或全部停止，以及外交关系之断绝。

第42条　安全理事会如认第41条所规定之办法为不足或已经证明为不足时，得采取必要之空海陆军行动，以维持或恢复国际和平及安全。此项行动得包括联合国会员国之空海陆军示威、封锁及其他军事举动。

援引法条：《关于各国依联合国宪章建立友好关系和合作的国际法原则宣言》（简称《国际法原则宣言》）

1970年10月24日，联合国第25届大会全体一致通过《国际法原则宣言》。

一、国际法基本原则

1. 各国在其国际关系上应避免为侵害任何国家领土完整或政治独立之目的或以与联合国宗旨不符之任何其他方式使用威胁或武力之原则。

2. 各国应以和平方法解决其国际争端避免危及国际和平、安全及正义之原则。

3. 依照宪章不干涉任何国家国内管辖事件之义务。

4. 各国依照宪章彼此合作之义务。

5. 各民族享有平等权利与自决权之原则。

6. 各国主权平等之原则。

7. 各国应一秉诚意履行其依宪章所负义务之原则，以确保其在国际社会上更有效之实施，将促进联合国宗旨之实现。

二、互相尊重主权、领土完整原则

1. 各国法律地位平等。

2. 每一国均享有充分主权之固有权利。

3. 每一国均有义务尊重其他国家之人格。

4. 国家之领土完整及政治独立不得侵犯。

5. 每一国均有权利自由选择并发展其政治、社会、经济及文化制度。

6. 每一国均有责任充分并一秉诚意履行其国际义务，并与其他国家和平相处。

各国在其国际关系上应避免为侵害任何国家领土完整或政治独立之目的或以与联合国宗旨不符之任何其他方式使用威胁或武力之原则。每一国皆有义务在其国际关系上避免为侵害任何国家领土完整或政治独立之目的，或以与联合国宗旨不符之任何其他方式使用威胁或武力。此种使用威胁或武力构成违反国际法及联合国宪章之行为，永远不应用为解决国际争端之方法。侵略战争构成危害和平之罪行，在国际法上须负责任。

依联合国宗旨与原则，各国皆有义务避免从事侵略战争之宣传。

每一国皆有义务避免使用威胁或武力以侵犯他国现有之国际疆界，或以此作为方法，解决国际争端，包括领土争端及国际疆界问题在内。每一国亦有义务避免使用威胁或武力以侵犯国际界线，诸如经由该国为当事一方或虽非当事一方亦必须尊重之国际协定所确立或依此种协定确立之停火线。以上所述不得解释为妨碍有关各方对此等界线在其特殊制度下之地位及影响所持之立场，或解释为影响此等界线之暂时性质。各国皆有义务避免涉及使用武力之报复行为。

每一国皆有义务避免对阐释各民族享有平等权利与自决权原则时所指之民族采取剥夺其自决、自由及独立权利之任何强制行动。

每一国皆有义务避免组织或鼓励组织非正规军或武装团队，包括佣兵在内，侵入他国领土。每一国皆有义务避免在他国发动、煽动、协助或参加内争或恐怖活动，或默许在其本国境内从事以犯此等行为为目的之有组织活动，但本项所称之行为以涉及使用威胁或武力者为限。

国家领土不得作为违背宪章规定使用武力所造成之军事占领之对象。国家领土不得成为他国以使用威胁或武力而取得之对象。使用威胁或武力取得之领土不得承认为合法。

三、互不干涉内政原则

1. 任何国家或国家集团均无权以任何理由直接或间接干涉任何其他国家之内政或外交事务。因此，武装干涉及对国家人格或其政治、经济及文化要素之一切其他形式之干预或试图威胁，均系违反国际法。

2. 任何国家均不得使用或鼓励使用经济、政治或任何他种措施强迫另一国家，以取得该国主权权利行使上之屈从，并自该国获取任何种类之利益。又，任何国家均不得组织、协助、煽动、资助、鼓动或容许目的在于以暴力推翻另一国政权之颠覆、恐怖或武装活动，或干预另一国之内争。

3. 使用武力剥夺各民族之民族特性构成侵犯其不可移让之权利及不干涉原则之行为。

4. 每一国均有选择其政治、经济、社会及文化制度之不可移让之权利，不受他国任何形式之干涉。

四、和平解决国际争端原则

1. 每一国应以和平方法解决其与其他国家之国际争端，避免危及国际和平、安全及正义。

2. 各国因此应以谈判、调查、调停、和解、公断、司法解决、区域机关或办法之利用或其所选择之他种和平方法寻求国际争端之早日及公平之解决。于寻求此项解决时，各当事方应商定与争端情况及性质适合之和平方法。

3. 争端各当事方遇未能以上述任一和平方法达成解决之情形时，有义务继续以其所商定之他种和平方法寻求争端之解决。

4. 国际争端各当事国及其他国家应避免从事促使情势恶化致危及国际和平与安全之维持之任何行动，并应依照联合国之宗旨与原则而行动。

5. 国际争端应根据国家主权平等之基础并依照自由选择方法之原则解决之。各国对其本国为当事一方之现有或未来争端所自由议定之解决程序，其采用或接受不得视为与主权平等不合。

五、忠诚履行国际义务原则

1. 每一国均有责任一秉诚意履行其依联合国宪章所负之义务。

2. 每一国均有责任一秉诚意履行其依公认之国际法原则与规则所负之义务。

3. 每一国均有责任一秉诚意履行其在依公认国际法原则与规则系属有效之国际协定下所负之义务。遇依国际协定产生之义务与联合国宪章所规定联合国会员国义务发生抵触时，宪章规定之义务应居优先。

援引法条：《关于侵略定义的决议》

联合国大会于1974年12月14日通过《关于侵略定义的决议》。

第 1 条　侵略是指一个国家使用武力侵犯另一个国家的主权、领土完整或政治独立，或以本决议所宣示的与《联合国宪章》不符的任何其他方式使用武力。

第 2 条　一个国家违反宪章的规定而首先使用武力，就构成侵略行为的显见证据，但安全理事会得按照宪章的规定下论断：根据其他有关情况，包括有关行为或其后果不甚严重的事实在内，没有理由可以确定已经发生了侵略行为。

第 3 条　在遵守并按照第 2 条规定的情况下，任何下列行为，不论是否经过宣战，都构成侵略行为：

（a）一个国家的武装部队侵入或攻击另一国家的领土，或因此种侵入或攻击而造成的任何军事占领，不论时间如何短暂，或使用武力吞并另一国家的领土或其一部分；

（b）一个国家的武装部队轰炸另一国家的领土，或一个国家对另一国家的领土使用任何武器；

（c）一个国家的武装部队封锁另一国家的港口或海岸；

（d）一个国家的武装部队攻击另一国家的陆、海、空军或商船和民航机；

（e）一个国家违反其与另一国家订立的协定所规定的条件使用其根据协定在接

受国领土内驻扎的武装部队，或在协定终止后，延长该项武装部队在该国领土内的驻扎时期；

（f）一个国家以其领土供另一国家使用让该国用来对第三国进行侵略行为；

（g）一个国家或以其名义派遣武装小队、武装团体非正规军或雇用兵，对另一国家进行武力行为，其严重性相当于上述所列各项行为，或该国实际卷入了这些行为。

……

第5条　不得以任何性质的理由，不论是政治性、经济性、军事性或其他性质理由，为侵略行为作辩护。侵略战争是破坏国际和平的罪行。侵略行为引起国际责任。因侵略行为而取得的任何领土或特殊利益，均不得亦不应承认为合法。

……

第7条　本定义，特别是第3条，绝不妨碍《关于各国依联合国宪章建立友好关系和合作的国际法原则宣言》（简称《国际法原则宣言》）里所述被强力剥夺了渊源于宪章的自决、自由和独立权利的人民，特别是在殖民和种族主义政权或其他形态的外国统治下的人民取得这些权利，亦不得妨碍这些人民按照宪章的各项原则和上述《国际法原则宣言》的规定，为此目的而进行斗争并寻求和接受支援的权利。

周恩来总理在万隆会议上发表演讲

第五章

现代战争中强权对法律的挑战

海湾战争后美国挑战国际法权威

1990年8月2日凌晨1时（科威特时间），伊拉克出兵10万余人、350多辆坦克和数十架直升机对邻国科威特发动了闪电式进攻，5天内增兵20万人、坦克2000多辆，致使科威特全境沦陷，从而诱发了震惊世界的海湾危机。科威特流亡政府向联合国安理会提出控诉，安理会相继通过了第660号、第661号、第662号、第664号、第665号、第666号、第667号、第669号、第670号、第674号、第677号、第678号决议。由于伊拉克拒绝执行安理会一系列决议，拒绝撤出已经非法占领的科威特领土，因此世界上106个国家联合对其实施经济制裁和武器禁运，最后在第678号决议所规定的限期到了之后，由44个国家组成的反伊军事联盟于1991年1月17日发动了对伊拉克的战争。

在战争规模方面，海湾战争的规模无论是从动用的武器装备数量、参与的国家数量还是从战争的范围来看，都是继越南战争之后最大的。从战争样式上来看，海湾战争最初还仅限于空袭作战，而随着战争的推进，空袭作战、海上封锁作战、两栖登陆作战、地面作战和特种作战等作战样式不断出现。从战争持续时间与造成的经济损失来看，海湾战争持续了42天，伊拉克政治、经济和军事目标遭受了毁灭性打击，直接经济损失2000多亿美元，大、中城市自来水、电力、电话、排水系统被严重破坏，9000处房屋被毁，7万多人无家可归，国民生产总值下降50%以上。从人员伤亡与装备损失来看，战前伊拉克54.5万人的军队中有近5万人死亡、10万人受伤、近6万人被俘；4280辆坦克中有近90%被摧毁；2800辆装甲车中有近65%被摧毁；3100门火炮中有84%被摧毁；750架作战飞机中有37%被摧毁；170多艘舰艇中有90%被摧毁。多国部队损失飞机47架、坦克20辆，人员死亡478人、伤3754人。

海湾战争的直接诱因是伊拉克侵略邻国科威特引发的海湾危机。联合国安理会根据事态发展，在以美国为首的西方国家的怂恿下，决定由美国为首组成多国部队对伊拉克发动战争，以迫使伊拉克从科威特被占领土上完全地无条件地撤出其一切军事力量。海湾战争中，虽然美国在伊拉克撤出科威特之后，擅自将打击范围扩大到伊拉克境内，但总的来看基本上算是一次合法的军事行动。

针对伊拉克的“沙漠盾牌”（1990年）和“沙漠风暴”（1991年）军事行动都与联合国有关，开始是联合国安理会授权对伊拉克进行制裁，后来发展到授权对其动用武力。由于伊拉克侵略邻国在先，因此联合国安理会作出这些决定多多少少算是有点“理”。海湾战争后，联合国安理会授权对伊拉克进行大规模杀伤性武器核查，最终什么也没有查到，这本来应该算是一种失误，但2003年却被美国作为对伊拉克开战的借口，这无疑是对现代国际法权威的一种挑战。2003年的伊拉克战争，以英美军队为主的联合部队公然蔑视联合国权威和现代国际法原则，在未经联合国安理会授权的情况下，悍然动用武力发动战争，造成伊拉克国家政权解体、军队解散、数百万难民流离失所，造成极大的人道危机，因而属于非法的战争。

从1991年海湾战争到2010年利比亚战争，综合分析美国前后20年在国际危机上的处理模式不难看出，美国的霸权主义行径越来越明显，越来越肆无忌惮。1975年越南战争结束之后，美国没有发动过大规模战争（直到1991年海湾战争），主要原因是美国心里没底，害怕再打成越南战争。在海湾战争前后，美国小心谨慎，每走一步都要对标一下国际法，看看是否有违国际法基本原则，给人的感觉是老实听话、遵法守纪、按章办事。但

1999年，以美国为首的北约悍然发动科索沃战争

海湾战争之后，美国就开始骄傲自满，目中无人，对于联合国更是不加尊重，也不再把国际法放在眼里。

1998年美、英两国空袭伊拉克的“沙漠之狐”行动是对国际法和国际社会的一次试探，此次空袭，国际社会集体沉默，这让美国受到了鼓舞，也为三个月之后的科索沃战争奠定了重要的法理基础。1999年的科索沃战争，是美国为首的北约以人权高于主权为借口，用武力方式干涉别国内政的一场战争。战争取得了重大进展，没有进行地面作战，没有一个北约官兵死亡，以美国为首的北约为所欲为，最终用军事手段解决了科索沃危机，肢解了主权国家南斯拉夫联盟共和国，并扶持科索沃实现独立建国，从而开创了外来势力成功干涉他国主权并扶持反政府武装独立建国的先例。有了这个先例，美国等西方国家不断进行新的尝试，2010年在利比亚成功复制，通过支持反政府武装推翻了卡扎菲政权，成为武力干涉别国内政的第二个成功案例。美国等西方国家因此再次受到鼓舞，把科索沃和利比亚的成功经验推向整个阿拉伯世界，于是在也门、埃及、叙利亚等地出现动乱、暴乱、内战时，美国和西方势力就打着民主、自由、人权的旗号支持这些国家内部的反政府武装，以反独裁为由，推翻其合法的政权。在中东发酵的这股恶流正在向世界各地泛滥，有可能蔓延到中国周边甚至中国境内，对此，我们必须保持高度警惕。

武力解决争端，美英探测国际法底线

1997年10月，由于伊拉克阻止联合国维持和平行动特别委员会（简称联合国特委会）对境内若干处敏感地点进行武器核查而引发了1998年1月的核查危机。危机发生后，国际社会为遏制冲突、化解危机作出了巨大努力，进行了多方面的斡旋和调解，希望通过和平和外交方式来解决危机。但美国、英国等十几个国家坚持强硬立场，迅速向海湾地区集结兵力，部署各类战机470余架、舰艇25艘、海军和海军陆战队2万多人，形成对伊拉克的包围、遏制和军事威胁态势。1月24日，美军制定了代号为“沙漠惊雷”的作战计划。2月20日，克林顿批准了这个持续四昼夜的大规模空袭的作战计划，并任命了两名战区指挥官。同时，在距伊拉克南部边境50千米处，夜以继日地进行大规模军事演习，战争大有一触即发之势。2月20—21日，联合国秘书长安南临危受命，火速飞往巴格达，在与伊拉克副总理阿齐兹连续进行了三轮会谈后，最终于2月23日与伊拉克签署了《联和国与伊拉克谅解备忘录》，成功地化解了这场20世纪末的最大危机，使喧嚣于世的“沙漠惊雷”顿时变成了一声“闷雷”。

2月核查危机结束之后，联合国特委会人员很快恢复了对包括总统府在内的伊拉克若干敏感地点的核查工作。但由于联合国特委会与伊拉克在核查与反核查方面的矛盾日渐加深，双方多次发生不同程度的摩擦。10月31日，伊拉克政府突然发表四点声明，决定停止与联合国特委会的合作。针对伊拉克的声明，联合国安理会与伊拉克又展开了多次交锋，双方讨价还价，互不让步。于是，美、英两国再次携手，重返海湾，而且喊杀叫打的调门越来越高，声称如果伊拉克无条件地执行联合国第687号决议，美、英两国将坚决动用武力实施打击，迫使其回到这一原则立场上来。很快，美国就向海湾地区调集了370多架飞机、2个航母战斗群和近2万人的部队，后续航母战斗群等增援部队也按计划向战区紧急调集。由于美国声称在军事打击之前不再给萨达姆规定最后期限，致使这次危机的发展前景更加神秘莫测。11月14日凌晨4时30分，6架B-52战略轰炸机果然从美国本土的巴克斯代尔空军基地奉命起飞，前往海湾执行对伊空袭任务。上午8时整，克林顿突然接到国家安全顾问伯杰的报告，说是巴格达方面已经向安南秘书长递交了一封“态度积

美国海军舰载战斧巡航导弹发射

极”的信函，经反复确认之后，克林顿终于下达了“暂停对伊空袭行动”的命令。这时，6架B-52战略轰炸机已经飞过了从美国本土到巴格达的1/3航程。由于伊拉克已经同意全面无条件恢复联合国特委会的核查工作，因此这次危机很快以和平方式结束。在这两次重大危机中，时任联合国秘书长安南做了大量耐心细致的工作，化解了危机，恢复了和平，避免了战争。在整个过程中，中国和俄罗斯两个联合国安理会常任理事国也发挥了重要作用。

1998年12月15日，联合国特委会在结束对伊拉克为期一个月的核查后，主席巴特勒向安理会成员国散发了关于核查问题的报告。16日，安理会成员国还没有来得及磋商，巴特勒就以伊拉克不配合核查为由从伊拉克紧急撤回全部联合国特委会成员。当地时间17日凌晨0时49分，沉睡中的巴格达被轰隆隆的爆炸声惊醒，刺耳的空袭警报声回荡在沉闷的夜幕之中，救护车拖着声声尖叫驶过大街小巷，地面防空导弹和炮火漫无目的地朝天鸣放，各种光、火、声交相辉映，整个伊拉克首都巴格达陷入硝烟弥漫的战火之中。这是继1991年1月17日“沙漠风暴”行动以及1991年、1993年和1994年先后3次共108枚战斧巡航导弹的袭击之后，美、英两国对伊拉克进行的又一次较大规模的空袭。美、英两国发动的这次代号为“沙漠之狐”的对伊空袭行动共持续了4天70个小时，美国海军和海军陆战队在波斯湾内共投入了41艘舰艇、171架飞机、20288人。参战飞机411架（作战飞机330架，作战支援飞机81架），主要是海军舰载机、空军远征部队飞机以及部署在沙特、科威特、阿联酋等海湾国家的飞机。根据美国国防部提供的一份详细评估报告显示，空袭中被摧毁的目标10个；被重创的目标18个；中度毁损的目标28个；轻度毁损的目标17个；尚未评估的目标22个。

这次对伊空袭之前，伊拉克并没有明确违反联合国决议，也没有从根本上违反国际法准则，所以世界各国没有理由再次联合起来对伊动武。即便是巴特勒的报告完全属实，也必须经联合国安理会集体讨论后才能作出最终评估和制裁决定。如果联合国安理会最终决定动用武力，则必须通过相应决议，明确授权并发布最后通牒。美国和英国绕过联合国安理会和正常法律程序，仅仅以此报告为借口对一个主权国家发动空袭，这是对联合国安理会权威的挑战和蔑视，是一种显见的侵略行为和违法行动。这种以强凌弱、国际警察式的军事冒险行动非常令人担心，如果得不到相应的国际制裁和谴责，可能会成为一个危险的先例。美、英两国对伊拉克发动的“沙漠之狐”空袭行动，是美国挑战现代国际法原则的一次重大尝试。当时的情况没有任何必要非得发动一场战争，就因为在2月的“沙漠惊雷”行动中美国优柔寡断，在兵临城下、箭在弦上、一触即发的形势下，居然让联合国秘书长安南给斡旋成功，用和平方式解决了争端，而美国不得不悻悻而归，在世界人民面前出尽了洋相。美国人心想，就是要用“沙漠之狐”出出这口恶气，让世界人民看看美国有多厉害，有多霸道！想怎么干就怎么干，想收拾谁就收拾谁，什么联合国，什么安理会，统统都是多余的！未经联合国授权，抢在联合国表态之前，悍然出兵对一个主权国家动武，显然违反了国际法准则，毫无疑问属于侵略行为。对于这种霸权、霸道和野蛮的行径，理当得到联合国的严厉谴责和声讨。可惜，联合国没有做出这样的表示，没几天人们就把这件事给扔到脑后去了。忘性太大！倒霉的萨达姆又能够做什么呢？谁又能够向他提供支援呢？事情就这样不声不响地过去了。

“沙漠之狐”空袭行动的成功，给美国新安全战略提供了新的论据，注入了新的活力，它有力地证明：只要美国在战略上稳住俄罗斯和中国这样的大国，别让它们太出格；只要控制住北约和亚洲盟国，让它们与自己一个鼻孔出气；只要通过威胁利诱对第三世界国家晓以利害，让它们在联合国里说话时注意点分寸，投票时注意点脸色，美国就能够对任何不听话的中小国家进行武力干涉，因为它知道，谁也不会并且也没有能力去阻止它。在“沙漠之狐”空袭行动中，美、英两国利用时间差，绕过了联合国，在没有得到任何授权的情况下就贸然对伊动武，显然是对联合国权威

“沙漠之狐”行动中B-1B战略轰炸机装弹准备发起攻击

的直接挑战，也是对国际法准则的公然蔑视。这些恃强凌弱、蛮横无理的做法开创了一个危险的先例，向人们展示了一种新理论：武力是解决国家之间矛盾的最有效手段，谁要是不俯首称臣，谁要是敢不听招呼，谁就可能遭到战斧巡航导弹和B-52战略轰炸机的袭击。这种霸道行径与新安全观的形成，与共同开创和平与安宁的21世纪的呼声形成鲜明对照。

谁是人权的判官？

1999年3月24日深夜，北约秘书长索拉纳在下达对南斯拉夫联盟共和国（简称南联盟）进行空中打击的行动命令时发表声明说，“北约不是发动一场反对南斯拉夫的战争”，北约军事行动的目的是“防止新的人道主义灾难，反对继续对科索沃平民的镇压和暴力”。3月25日，美国总统克林顿也发表电视讲话，强调北约之所以出兵干预科索沃内战，主要是出于人道主义立场，是为了避免造成大的浩劫。

科索沃问题是南联盟一国内部管辖的问题，阿尔巴尼亚族游击队与政府军之间的冲突完全是一个国家的内部问题，属于一国内政，既不是国际问题，也不是什么人道主义灾难。北约硬说科索沃冲突是一场人道主义灾难，南联盟犯下了反人道的罪行，要求南联盟军队从科索沃撤出，派北约部队到科索沃维持和平，否则将

1999年5月，美国总统克林顿访问欧洲美军基地

进行空中打击。为了发动这场战争，北约制造了一些所谓的理论依据：南联盟总统米洛舍维奇被描绘成像希特勒那样一个大搞种族灭绝、杀人不眨眼的刽子手，西方媒体大肆渲染南联盟军警部队在科索沃制造了一系列流血事件，为了平息科索沃民族争端和武装暴乱，恢复和维持该地区和平与安宁的新秩序，以美国为首的北约侠肝义胆，出兵干预，这种“路见不平，拔刀相助”的绿林好汉精神真是可敬可佩！令人遗憾的是，本来是去灭火的北约军队，却起到了煽风点火的作用，原来的星星之火不仅没有扑灭，反而越烧越旺，形成熊熊烈火。北约声称南联盟军警部队的种族灭绝暴行曾经造成数十名阿尔巴尼亚族人死亡，结果北约军队这支“灭火队”赶赴现场后，却使120多万人流离失所而沦为难民，2000多人丧生。即便北约的初衷可能有防止人道主义灾难的意思，但事实上，北约对南联盟的狂轰滥炸，使这个主权国家生灵涂炭、满目疮痍，遭受了自“二战”以来最惨重的浩劫，酿成了海湾战争结束以来世界上最大的一场人道主义灾难。

人权是人类相互尊重的一种权利，任何一个人，只要他生活在这个世界上，就应该享有生存权、生命权、生活权和各种自由的权利，无论什么种族、什么宗教信仰，不管是白种人、黄种人还是黑种人，人与人之间都应该平等相待，任何歧视、敌对、仇杀或种族灭绝的行为都被视为非法。17世纪以后，西方开始制定所谓的国际法，提倡所谓的民主、自由和人

科索沃战争中，北约战机对地面目标进行打击

权。其实，这些东西都是用来骗人的幌子，西方人自己就从来没有认真遵守过。西方最早提出把尊重人权、平等待人的行为称为人道主义，把人道主义作为处理人际关系的一个准则，把侵犯人权、残害人身的行为称为反人道主义。几百年来，西方人是否真正遵守了自己制定的这些规则呢？完全没有！西方只是在白种人之间讲人权，那些侵略过美洲、非洲和亚洲国家的西方侵略者和殖民主义者对其所奴役和压迫的人民讲过人权吗？他们烧杀抢掠，无恶不作，丧尽天良，不知干了多少种族灭绝和反人道主义的坏事。到了二战期间，像希特勒这样的白种人也开始对犹太人等白种人搞种族灭绝和种族清洗，日本军国主义则对中国和其他亚洲国家的黄种人大肆进行屠杀。连绵不断的战争和无休止、无限制不分青红皂白的大屠杀，造成数亿人的死亡。人类连最基本的生存权和生命权都被剥夺，还有何人权可谈？二战结束后，人类变得更加文明，大家反思历史的经验和教训，不少有识之士强烈呼吁，应该相互尊重人权，大家都要讲人道主义。不要再重复那些悲惨的历史，不要再搞那些无谓的种族清洗、种族灭绝和种族大屠杀。为此，国际社会还专门通过了《世界人权宣言》，并制定了《国际人道主义法》，对犯有反人权、反人道和种族灭绝罪行的人，在许多国际法中都规定了惩治措施。

我们知道，发生一般的民事纠纷，人们会去法院，法院的法官通常被认为是公正的判官。国际间的争端，往往由联合国安理会来判决谁是侵略者，谁犯有反人道罪或种族灭绝罪行等，人们相信联合国安理会能够作出较为公正的判决。比如，1990年伊拉克出兵入侵科威特，科威特沦陷之后，流亡政府立即向联合国安理会提出诉讼。联合国安理会经过调查研究，很快判明伊拉克入侵科威特属于侵略行为，既然是侵略行为就应该按照国际法全世界共诛之，所以很顺利地通过了谴责伊拉克入侵并要求其立即撤军的第660号决议。在连续通过十几个决议之后，伊拉克仍然拒绝从科威特撤军，这时联合国安理会不得不通过第678号决议，授权多国部队对伊拉克采取包括军事行动在内的一切行动。于是，海湾战争爆发。

无论是家事、国事还是国际上的事，总得有个公平的机构来管理，总得有个持中立立场的人来评判，否则这个世界将是一个无序的混乱的世界，将是一个不讲公理、强权政治、弱肉强食的悲惨世界。家事有家长，国事有总统，国际间的事情人们都希望有个“球长”管一管。在我们生存的这个星球上，谁是“球长”呢？联合国安理会！直到1999年3月24日北约战斗机在科索沃投下第一枚炸弹之前，人们还对联合国安理会寄托着巨大的希望。可惜，它让全世界人民失望了。联合国安理会不仅没有当好判官，就连3月26日俄罗斯、白俄罗斯和印度提交给联合国安理会讨论的关于谴责北约侵略暴行的议案也因12票反对而遭到否决，联合国安理会绝大多数成员国居然投票赞成以美国为首的北约悍然出兵入侵南联盟，这真是件稀罕事！今天的世界究竟怎么了？公理何在，正义何在？

以美国为首的北约把联合国安理会撇在一边，自己充当衡量别国人权状况的裁判。它既是运动员又是裁判员，这世道还有公平可言吗？南联盟政府采取措施处理科索沃民族分裂主义问题，这本来属于一国的内部事务，却被美国及其盟国说成是“制造人道主义灾难”，并以此为由对南联盟兴师问罪，大打出手。北约4月14日轰炸南联盟科索沃境内的阿尔巴尼亚族难民车队，造成72人死亡、数十人受伤的惨剧后，又急忙掩盖自己的罪行，推脱责任，嫁祸于南联盟。南联盟在北约空袭其一个月后向国际法院起诉北约的野蛮暴行，希望国际法院能够对其所犯罪行进行调查，但立案工作进展迟缓。当美国向设在荷兰海牙的前南战犯法庭起诉南联盟领导人之后，短短十几天的时间，判决书和通缉令就下达了，南联盟总统米洛舍维奇以及塞尔维亚共和国总统等5人被宣判为战争罪犯，被判犯有种族灭绝罪、战争罪和反人道罪。发动侵略战争的罪犯们可以逍遥法外，整天挨炸挨打、受窝囊气的南联盟领导人反而成了阶下囚，这世道还有公理可言吗？米洛舍维奇在监狱中含冤而死，至今国际法院也没有给他定罪，西方预设的种族灭绝罪、战争罪和反人道罪从何谈起？

其实，美国已经习惯了这种霸道行径，早在1989年，它就出动空降部队跑到主权国家巴拿马把人家的总统诺列加抓到自己国家里去审讯；1993年在“恢复希望”行动中，又跑到索马里，非要活捉人家的游击队武装领导人艾迪德；1995年波黑战争爆发后，又开始通缉波黑塞族领导人卡拉季奇和军方首脑姆拉迪奇等人。

游戏之所以好玩是因为大家都遵守游戏规则，公路上来往车辆畅通无阻、川流不息是因为大家都遵守交通规则才相安无事。如果交通警察肆意妄为随便停车罚款，如果刑事警察随便抓人、随意开枪，那么事情就会变得很糟糕。交通警察以为自己是马路宪兵就可以不受任何制约，刑事警察以为自己有枪有炮有子弹就可以仗势欺人、鱼肉百姓，那人们还需要警察干什么呢？没有警察不是比养着这些警察更安全吗？以美国为首的北约横行霸道，为所欲为，这种置国际法于不顾、我行我素的野蛮行径必然遭到世人的谴责与声讨。英国《泰晤士报》3月29日刊登一篇题为《正义何在》的文章指出，北约的论调有两个主要特点：一是把发动战争的正当理由从自卫引申到保卫另一个国家内的人权；二是把侵犯人权的判断权留给个别国家或组织，并不是把问题提交给联合国或其他国际机构。这样，以美国为首的北约国家以“人权”仲裁者自居，它们可以随心所欲地违反人权，而别的国家只能任其摆布。此种荒谬逻辑，只有北约才想得出来。

“只许州官放火，不许百姓点灯”，这是中国古代对官府衙门黑暗与霸道的描写，今天把它用在以美国为首的北约身上似乎再合适不过。你有权有势有枪有炮，就可以为所欲为，想干什么就干什么，打算收拾谁便可把谁玩弄于股掌之中。如此说来，人们不得不担心自己的前途和命运，因为在美国看来，哪个国家似乎都存在民族、宗教和人权方面的问题，今天收拾科索沃，明天收拾伊拉克、利比亚，后天该轮到谁？叙利亚、伊朗？谁也不知道下一个倒霉蛋是谁。根据1986年对世界上166个国家的民族构成情况进行调查的统计资料显示，仅有1/3的国家在种族上是同质的，即某个主要民族或种族占到人口的90%以上，如日本、波兰和以色列；近一半国家中最大的种族的人数少于本国人口的一半；1/3的国家内部存在着重大的种族、民族和宗教矛盾。目前全世界约有200多个国家、5000多个少数民族或种族，希望自己能够代表国家的民族不计其数，其中有260多个民族或种族有可能宣布建立新的国家。在这种情况下，如果任凭科索沃旋风刮向世界的话，成百上千的民族或种族纷纷宣布“独立”和“自治”，那世界将会是什么样子？

没有主权，谈何人权

怎样才能既可以发动战争又避免让人说三道四、评头论足呢？美国等一些西方国家宣称，人权无国界，人权高于主权，人权不属于各国内部管辖的事务，不干涉内政的原则已经不适用于人权问题。西方政要认为，国家主权没有维护人权和防止种族清洗重要，在实现这两个目标时，军事干预是合理的。这就是说，为了维护人道主义原则，可以采用军事手段来侵犯一个国家的主权。西方发达国家的学术界、舆论界近年来纷纷制造“国家主权过时”的舆论，试图首先在舆论上突破，然后修改法律，甚至修改《联合国宪章》。他们否定主权原则的一个手段就是把人权推出来，用人权压主权，强调人权的国际性、无国界性、跨国界性，叫嚣人权高于主权，这是西方的一个新理论。

一个国家的主权，是国家最高利益的体现。国家主权的概念是西方国家率先提出，并经过几百年的沿革，已经为国际社会所公认。国家主权的最基本特征是具有绝对权威性，具有绝对排他性，是不允许任何国家干涉、插手的。国家不分大小强弱，不论种族、宗教信仰和语言，都是一律平等的，没有优等民族与劣等民族之分，大家都生活在同一个地球村、同一个太阳下，大家应该和睦相处。由于国家之间在主权问题上坚持相互平等的原则，因此不存在一个强大的国家有权干涉其他弱小国家主权的概念和逻辑，当然如果谁要想当世界警察，总管别人的事情，别人也就很不高兴。那么，国际间如果发生纠纷，一国国内如果发生人权灾难怎么办呢？应该诉诸法律，由国际法院来评判，而不是由某个或某些大国主观武断地判定谁是独裁者、哪个国家属于“无赖国家”，这种明显带有民族、宗教歧视的做法，的确与现代文明社会的标准不相符。

处理国际关系的最高原则是不干涉内政原则。主权原则是国际关系的核心、基石和灵魂，和平共处五项原则都是由主权原则延伸而来的。本质上属于一国国内管辖的事项，他国不得以任何借口、通过任何国际组织加以干涉，这是现代国际法的基本原则之一，也是和平共处五项原则之一。对这个原则，不仅《联合国宪章》作了明确规定，而且1981年12月9日第

36届联合国大会还通过了一个专门的《不容干涉和干预别国内政宣言》，这个原则也是得到了包括美国在内的世界各国公认的。《联合国宪章》明文规定：联合国原则上不得干预属于各国内部的事务。1970年《国际法原则宣言》中确认了国家主权的平等原则；国家主权不容侵犯原则；主权属于一个国家内部管辖事务原则。主权原则已成为国际关系公认的准则，应该得到普遍的承认。

邓小平同志说：“国权大于人权。”没有国哪有家，没有家哪有人们所生活和居住的场所？离开国家的主权空讲什么人权其实是毫无意义的，是不可能实现真正的人权的。一个国家连自己的主权、管辖权都没有了，在外国侵略者的奴役之下已经沦落到连猪狗都不如的份了，还想维护什么人权？有谁会对这种所谓的人权提供合法的有效的保障呢？所以，一个国家要想维护人权，首先必须要维护国家的主权，所以，主权应该高于人权，而不是相反。

美国悍然轰炸中国驻南使馆

“双方交战不斩来使”，这种古老的国际惯例最早出现在1000多年前，而当时国际法还没有出现。这说明，在人类文明的早期，交战国之间就建立了相互尊重外交人员并给予豁免权的国际惯例。自17世纪国际法产生以来，在《联合国宪章》和国际法准则中又对这一惯例进行了多方面强调。由100多个国家签署，于1962年生效的《维也纳外交关系公约》也对使馆和使馆人员享有外交特权和豁免权等具体事宜作出了明确的规定。一国驻外使领馆被认为是一国主权所在，使馆的馆舍和每一寸土地都被认为是一国不可侵犯的主权和神圣领土，因此，对驻外使馆的空袭从理论上讲应该被认为是对一国本土的空袭，是对一国主权和领土的侵犯。在战争法、1949年日内瓦四公约、1977年日内瓦四公约的两项附加议定书及《国

中国民众强烈抗议北约袭击我国驻南使馆

际人道主义法》等国际法中，也将外交使团及其驻地，以及平民、医院、民用设施等列为免遭攻击的目标，交战双方不仅不能攻击，相反应尽全力进行保护。

美国是一个自我标榜为高度文明和民主的法治国家，对于这些国际法规和国际惯例，不可能不了解，那为什么明知故犯？其中一个主要原因是“人权高于主权”的谬论在作怪。北约空袭南联盟的一个重要理论依据，就是认为一国由地理疆界所构成的主权并不是至高无上的，如果在一国疆界内“人权受到侵犯”，美国和北约有权在未经联合国授权的情况下，出兵动武，进行武力干预。用导弹悍然轰炸外国，特别是作为联合国安理会常任理事国——中国的大使馆，这绝非一般的作战决策，像盟军最高司令克拉克上将这样的战区指挥员都无权决定这样的战略进攻行动，一般而言，发布这种作战命令的只能是美国和北约最高指挥当局。可见，问题的性质是多么严重。

美国悍然使用导弹袭击中国驻南使馆，是对中国在支援南联盟，以及对中国在国际危机和冲突的反应和所持立场的试探。通过这一事件，美国和北约要摸清中国将会以什么方式支援南联盟：只是一般性、形式上的谴

2004年7月1日，塞尔维亚排爆专家清理中国驻南使馆废墟内的一颗未爆炸弹

责，还是打算与俄罗斯、乌克兰等国一起，出动国际维和部队，有实质的行动。通过这一事件，美国和北约要摸清中国应对国际危机和冲突，特别是突发事件的反应强度，包括人民的呼声、舆论的立场、政府的态度，以及所采取的措施。这些将作为美国和北约推行北约新战略，落实美日安保条约，制定亚太安全战略，介入中国周边事态甚至中国国内事务的重要依据。所以，如果把北约空袭南联盟看作是“敲山震虎”“杀鸡给猴看”，把俄罗斯等国拉入危机之中的话，那么，空袭中国驻南使馆的行为可能蕴藏着更大的阴谋，比如迫使中国卷入科索沃战争，分散中国“一心一意搞建设，全心全意谋发展”的注意力，打乱中国的战略机遇期，使中国陷入动乱或背上沉重的战争包袱，进而像搞垮苏联那样瓦解中国。

1999年5月8日美国轰炸中国驻南使馆之后，由于美国国会的议员们强烈要求说明真相，时任美国总统的克林顿于13日到美国国会作证。这个秘密讲话最终于2012年7月31日由凤凰网披露，它彻头彻尾地暴露了美国蔑视国际法基本原则，无所顾忌、为所欲为的丑恶嘴脸。在国际战略格局问题上，克林顿认为美国有能力控制全球，有能力领导21世纪，美国是人类唯一的帝国，美国面临的唯一敌人就是外星人。对于科索沃战争的目的，他认为是北约东扩的一个战略步骤，在搞垮苏联后孤立俄罗斯，使之变成“乞丐”。北约东扩就是要控制欧亚板块，然后直抵东南亚，但那是最难啃的一块硬骨头，因为那里是中国的势力范围。

在战争与和平问题上，克林顿认为美国的发家史就是对外发动战争的历史，战争符合美国的国家利益。对于科索沃战争中误炸平民和中国驻南使馆，他强调指出，所有的轰炸目标都是既定目标。换句话说，轰炸平民、民用目标和中国驻南使馆是美国精心策划的作战行动，因为这样做符合美国的战略利益。

在美中关系问题上，克林顿认为中国是继苏联之后最让美国担心的国家，搞垮中国的方法是加大外部压力，让它像苏联那样自行解体。美国手里握有“西藏”“台湾”等许多张底牌，在中国周边还有大量美国的盟国。如果这些方式不奏效，就开展军备竞赛，拖中国下水，让其变成“国际乞丐”。对于中国驻南使馆被炸后是否会进行自卫反击的问题，克林顿认为不会，因为中国自己作出了不首先使用核武器的承诺，中国不想得罪美国，因为它需要美国的高科技。即便中国动手，美国也不怕，因为美国有世界上最好的武器装备。

克林顿说：“首先，我必须申明，我的以下讲话，将涉及我们国家的最高利益，当然也是最高机密。虽然在这个星球上，我们不用怕谁，但是，在当前这个阶段我们也不想制造任何不必要的麻烦。”“众所周知，冷战结束以来，就美国的综合国力而言，我们在全球不仅没有对手，而且完全有能力控制全球。”“我所要描述的新战略的目标将是从现在起，美国将成为人类的最后唯一的帝国。”“我们制定了详细的目标。第一步：北约东扩。”“诸位已经看到，在科索沃战事上，原来我们还对它（俄罗斯）心有余悸，现在，它几乎成了一丝不挂的乞丐。但是，我想诸位议员能够明确地了解，我们的东扩，不仅仅是让叶利钦出出洋相，我们东扩的目的是控制整个欧亚板块，在那里（手指地图），在东南亚有一个让我们头痛的地方，就是中国。”“总之，在这条路上虽然也有一点风险，但基本上没有可以阻挡我们的敌人。一个完全在美国领导下的21世纪很快就会到来。”

克林顿针对议员们的提问，将美国的战略意图表露得清清楚楚。有议员问：总统阁下，科索沃战事久拖不决，费用一增再增，到底还要打多久？克林顿答：“纵观一部美国的发展和发达的历史，二次世界大战给我国经济带来高速发展已经足以证明，战争符合美国的利益。”有议员问：“在科索沃战争中我们造成1500多名平民伤亡和中国驻南大使馆被炸，这是否证明，我们的战争机器已经失控还是有别的原因？”克林顿答：“我想在这里强调的是，所有的轰炸目标都是既定目标。同时，我想引用中国领导人的一句话：炸完军事目标、道路、桥梁，我们还能炸什么呢？但轰炸必须继续进行下去。再重申一遍：这符合美国的战略利益。”

有议员问：毫无疑问，轰炸中国大使馆是一次精心策划的作战行动，刚才阁下也承认了这一点。可是我似乎看不出有什么符合美国利益的地方。克林顿答：“除了俄罗斯，在更远一点的地方，有一个让我们更担心的国家，它同时也是一个核大国，那就是中国。它本来应该在10年以前就已分成7个国家，可是，至今仍似乎牢不可破。尽管在我们的各种打压下，它的发展仍然令人吃惊，而且等它自行内部肢解的可能性不大。出于一种考虑，应该让它沿着苏联的老路走，即疯狂地发展军备，这样足以拖它下水。在不远的将来，它将同样因经济崩溃而无力对我们说‘不’，并且沦为国际乞丐。”

有议员问：据说中国的核武器如果在美国本土有效爆炸，可以把美国毁灭若干次。采取这样一种危险的策略是不是该慎重些？克林顿答：“在此之前，我们做了慎重的研究，分析了各种可能性。我们得出的结论是：首先，‘误炸’会刺激中国人，但不致引发中国领导人启动‘核按钮’。”“况且还有一个愚蠢的承诺（指的是中国不首先使用核武器，不对无核国家和地区使用核武器的政策）。”“其次，中国人现在最想做的事需要我们的科技。因此，他们在全球最不想得罪的就是美国。有鉴于此，他们

美国意志：唯我独尊

能做的一切也只有抗议而已。”“最后，即使做最坏的打算，如果他们动手，世界上最先进的武器都在美国，我们怕什么呢？”

有议员问：客观上发展中美关系符合两国的共同利益，可是轰炸中国大使馆这一事件将会使中美关系严重倒退，已经造成大规模的反美情绪。毫无疑问，这也同样会影响本国企业的利益。总统阁下是如何认为的？克林顿答：“在我们的全球战略中，中国是一个可怕的障碍。”“但我可以预见，中国领导人比我们更渴望恢复中美关系。”“他们的几张关键的底牌也在我们手中，诸如台湾问题、西藏问题、新疆问题，等等。不管在什么时候，只要我们想做点文章，是不难找到话题的。”“要在欧亚板块全面达到我们的目的，仍然有些麻烦的地方诸如中国和印度等，不过我们的形势仍然有利。在东方，有日本和台湾，作为我们的永不沉没的航空母舰，对中国形成钳制的形势。”“全球将按我们的游戏规则进行，任何行动必须是在符合美国利益的前提之下。在这之后，我们只有一个敌人——外星人，如果他们存在，而且比我们强大的话。”

第六章

国家主权海域的维权执法

英军闯入领海，伊朗立即抓捕

2007年3月23日，伊朗革命卫队的6艘快艇抓捕了15名侵入其领海的英军人员，伊朗声称这15名英军人员是间谍。英国软硬兼施，并向联合国安理会进行控告。联合国安理会召开紧急会议，呼吁伊朗放人。美国老调重弹，紧急派遣两个航母战斗群进入海湾水域，进行最大规模的联合军事演习。伊朗，被战争撞了一下腰，很多人都认为这一次伊朗在劫难逃，战争距离伊朗越来越近了。

谁都没有想到，危机发展到第13天的时候突然出现重大转机，伊朗总统内贾德突然宣布无条件放人。他亲自会见了被抓获的15名英军人员，给每个人都赠送了礼物，还跟他们开玩笑，希望他们把这次不平常的伊朗之行当作是一次国外旅游！内贾德，这位博士总统，再一次让世人领教了他的厉害，“捉放曹”这出戏演得美妙绝伦，让伊朗人扬眉吐气，让美、英两国发动伊朗战争的叫嚣声逐渐减弱，再也找不到合适的理由发动战争，不得不兵退波斯湾，已经点燃的战争导火索不得不熄灭。

从波斯湾放眼望去，我们可以看到更为广阔的世界，几乎在任何一个海域和空域，都在发生着这样或那样的摩擦和冲突，不是领海就是领空，要不就是专属经济区和大陆架。战争正在从一国陆地转向这些边缘区域，在这些本来就吵闹不清的地方，战争的风险正在升级。

当外国舰艇闯入自己的领海，当外国飞机侵犯了自己的领空，主权国究竟该怎么办？是眼看着他们在那里转悠而手足无措，还是使用飞机、大炮和导弹将其一举击沉和击落？他们是谁，是入侵者、间谍还是误入者？我们该原谅他们，还是该治他们的罪，或者干脆就地正法？苏联、利比亚、朝鲜、伊朗，这都是一些很有性格、很有特色的国家，它们在冷战时期以及冷战结束后的和平时期，创造了许多成功的危机处理案例。认真分析这些案例，可以为我们将来处理类似的危机提供更多的参照和借鉴。

2007年，伊朗抓获英国15名入侵其领海的英军人员

入侵伊朗领海，英军人员被抓

15名英军人员束手就擒，整个过程中未使用任何武器，母舰“康沃尔”号护卫舰也没有发射一枪一炮。如果换成美国军舰，他们将会怎样处置？有记者采访了曾与被扣留的15名英军人员所属的“康沃尔”号护卫舰一同执行过任务的美国海军舰艇“安德伍德”号副舰长埃里克·霍纳中校，他对15名英军人员未对伊朗人的扣留行动进行反抗感到“意外”。当被问及他的手下在那种情况下是否会向伊朗人开火时，他说：“是的，我的手下会开火。我不想猜测英军人员未进行抵抗的原因，但事实上，我们的作战规定在这方面有更大的自由度。我们的登船组训练不只局限于保证自身的安全。美国海军的作战规定不仅规定我们有自卫权，而且有自卫的义务。在我看来，被扣留的英军人员有自卫的理由。我们的反应是为什么你们的人不采取保卫自己的行动呢？”

从法律上来看，上述“英国水兵”事件主要涉及三个方面的纠纷：一是关于领海的法律地位。二是关于非法入侵者罪行的确定。舰艇和人员非法闯入他国领海属于什么行为？对于确认的这种行为如何依法进行处置？

三是关于危机的处理方法。当危机出现之后，如何有理、有利、有节地依法处置危机？“英国水兵”事件争论的核心是英军人员是否侵入了伊朗领海？伊朗方面认为，英军人员已经进入了伊朗领海，而且被扣英军人员也已经供认不讳，这是无可抵赖的事实。英国方面则公布了卫星导航数据和示意图，认为英军人员并没有进入伊朗领海，只是在伊朗和伊拉克交界的水域附近执行任务。那么，什么是领海？领海在国际法中具有怎样的法律地位？一国舰艇和人员是否非法闯入他国领海，在法律上如何进行认定？

《联合国海洋法公约》规定：领海是国家领土的组成部分，受国家主权的支配，国家对领海的主权包括领海的水域、上空、海床和底土，国家对领海内的一切人、物、事件具有排他的管辖权。这项国际法规中对于领海的法律制度规定得很明确，其要点有两个：一是领海是国家主权不可分割的一个组成部分；二是国家对领海及领海内所发生的一切事件享有完全的管辖权。如果伊朗有翔实的证据认定英军人员确实已经进入伊朗领海，那么，伊朗就具有对非法入侵者及入侵工具的完全管辖权，也就是说，扣留英军人员及其乘坐的小艇的做法是合法的。

但是，《联合国海洋法公约》还有一项重要规定，就是领海中的无害通过制度。领海中的无害通过制度是领海的最重要的法律制度，也是外国在别国领海的唯一权利。《联合国海洋法公约》规定：所有国家，不论是沿海国还是内陆国，其船舶均享有无害通过领海的权利。通过时只要不损害沿海国的和平、良好秩序或安全，就是无害的。按照这项规定，似乎英国舰艇进入伊朗领海又是合法的，因为外国舰艇具有在其他国家领海中无害通过的权利。在这个问题上，主要的法律判据有三个：

一是伊朗在签署《联合国海洋法公约》的时候是否宣布了附加条款，也就是说，伊朗虽然签署了这项公约，但在无害通过其领海这个条款上具有保留意见。比如，无害通过其领海是可以的，但需要履行手续，就是事先要有通知，经过伊朗外交部批准后再行通过。经查，在1992年第47届联合国大会上，联合国秘书长做了一个关于海洋法公约的报告，报告中指出，对于无害通过要求事先通知或批准的国家包括孟加拉国、保加利亚、巴西、中国、丹麦、埃及、芬兰、伊朗、尼日利亚、阿曼、巴基斯坦、索马里、斯里兰卡、瑞典、土耳其等15个国家。很明显，伊朗在名单之中。伊朗国内法明确规定：外国军舰通过伊朗领海必须事先通知并获得批准，否则无权通过。既然如此，英军人员和军用小艇未经允许，擅自闯入伊朗领海就属于非法闯入，应该认定为侵犯了伊朗主权，伊朗采取的措施是正当的、合法的。

二是什么叫无害？所谓“无害”，法律规定是指军舰在通过时不损害沿海国的和平、良好秩序或安全，不违反有关法律法令。在这个问题上，就要进行举证，英军人员在进入伊朗领海之后是否进行了一些有损伊朗安全的行为。比如，是否进行了情报侦察、照相录像、水文调查、目标引导、布设水雷等军事行动。如果经查有这些行为，被扣水兵应当按照间谍罪或非法入侵罪进行判处。

三是什么叫通过？所谓“通过”，包括仅通过领海而不进入内水或离开内水驶向公海的航行。通过要连续和迅速，除非发生不可抗力等而特别需要，一般不得停船和抛锚，潜艇要以水面状态航行并展示其国旗。根据这项规定，被扣英军人员当时从“康沃尔”号护卫舰下来之后换乘两艘小艇，向伊朗领海方向行驶，而不是沿着两伊领海交界的海域边界航行，所以很难被认定是合法的“通过”行为。

另外，这两艘小艇向伊朗领海以内行驶的目的是什么？英国宣称，当时“康沃尔”号护卫舰发现在伊朗海域有一艘伊朗的商船，英国海军按照联合国赋予的海上维和任务，正在使用两艘小艇前往该船进行临检。英国军舰对伊朗商船执行这样的海上临检任务是否合法？对此，英国外交部在提交给联合国安理会的报告中有这样一段话：当时，英军人员是在执行联合国赋予的海上维和任务过程中被伊朗抓获的，所以联合国安理会应该承担相应责任。但在联合国安理会后来发表的文字声明中，却把这段话完全删掉了，也就是说联合国安理会并没有认同英国外交部所提出的依法临检任务是联合国赋予的这个事实。如果真的是这个样子，那当时英国军舰在两伊领海交界水域活动，并释放小艇载运武装人员闯入伊朗领海，究竟是干什么？这样想的话，问题的性质就严重了。

地球表面70%以上的面积是海洋，从15世纪以来，海洋一直是属于西方传统海洋强国的，第三世界国家虽然拥有领海、专属经济区和大陆架，但由于海军力量薄弱，很难具有保卫国家海洋权益的能力。西方传统海洋强国曾经依靠海洋称霸世界，进行殖民掠夺，所以在国际法、海洋法和海战法方面不仅具有丰富的理论，而且具有大量的实践。第三世界国家在这些方面还仅仅是蹒跚学步，步履维艰，要想保卫自己的海洋权益都很难，更不用说去挑战西方传统海洋强国的海洋利益了。海军是一个国际性军种，在海洋划界如此复杂、海洋纷争如此众多的情况下，一个国家如果不掌握国际法、海洋法和海战法，不能用法律来规范自己的行动，当出现问题之后又没有预案可供参照，很容易陷入危机甚至战争，这是需要特别注意的。

士兵被抓，英军是否有权反击

在分析了军舰在领海中无害通过的问题之后，我们再来看一下英国军舰在当时的情况下是否具有合法的自卫权？在分析这个问题之前，必须首先判定一个问题，就是进入伊朗领海的两艘英军小艇及15名艇上武装人员是否有违反国际法规定的行为？

《联合国海洋法公约》规定，如果外国船舶在领海内进行下列任何一种活动，其通过即应视为有损沿海国的和平、良好秩序或安全：对沿海国的主权、领土完整或政治独立进行任何武力威胁、使用武力，或以任何其他违反《联合国宪章》所体现的国际法原则的方式，进行武力威胁或使用武力；以任何种类的武器进行任何操练或演习；任何目的在于搜集情报，使沿海国的防务或安全受损害的行为；任何目的在于影响沿海国防务或安全的宣传行为；在舰船上起降任何飞机；在舰船上发射、降落或接载任何军事装置；违反沿岸国海关、财政、移民或卫生的法律和规章，上下任何商品、货币或人员；任何捕鱼活动；进行研究或测量活动；任何目的在于干扰沿海国任何通信系统或任何其他设施或设备的行为；与通过没有直接关系的任何其他活动。根据上述规定，英军小艇属于“康沃尔”号军舰上的军事装置，未经许可擅自入侵伊朗领海，进入领海之后不是正常通过而是向内水方向行驶，入侵伊朗领海，影响了伊朗的和平、良好秩序或安全，在伊朗领海内使用仪器和设备进行了情报搜集活动，使伊朗防务和安全受到损害，因此，已经构成了有害的行为，不能算作无害通过。

既然两艘小艇上的15名英军人员已经对伊朗构成了有害的行为，那么，伊朗在抓捕这些人员的过程中，这两艘小艇以及它们的母舰“康沃尔”号是否具有合法自卫权呢？《联合国海洋法公约》规定：自卫权是指国家为消除对自己的紧迫和不正当的危害，不得已而进行防卫的权利。军舰行使自卫权的原则主要有三个：首先，军舰在海上本身遭受武装攻击或受到严重威胁。其次，外国舰船、飞机的行动对国家主权和安全已明显构成威胁，如外国舰船非法侵入沿海国领海，不听劝阻并继续深入；外国舰船非法侵入沿海国管辖海域并发现其搜集情报和起落飞机；外国舰船非法侵入沿海国海域使用武器进行武力威胁，或接应武装叛乱、运送军火、输送特工及劫走重要机密和重要人员等。最后，军舰可在领海、国家管辖海域对严重违法的外国舰船和飞机等行使自卫权。必要时军舰在公海也可截留或拿捕有危害本国安全嫌疑的外国船舶。

根据这项法律规定，伊朗革命卫队6艘快艇在领海内拿捕非法入侵的英军两艘小艇及艇上15名英军人员应当属于军舰的合法自卫行动。军舰自卫行动并不一定非等对方先放第一枪后再进行自卫性反击，当发现外国舰船非法侵入内水或领海，不听劝阻继续深入，并搜集情报、起落飞机，有使用武器和进行武力威胁的企图等，军舰均可行使自卫权。但是，军舰采取自卫权在程序上要注意把握分寸，不能过于鲁莽，因小失大。军舰行使自卫权可采取警告、抗议、拦截围堵、靠帮扣船、开炮拦截或直接攻击等。就是先发出国际警告信号，令其离开；如拒绝服从可令其停车；如警告无效又不停车可对空开炮示警；如仍拒绝服从，则认为是蓄意挑衅，军舰有权进行自卫性攻击。

伊朗革命卫队的行动有些鲁莽和简单，没有进行任何警告，一发现就抓捕，然后迅速逃遁，将15名英军人员扣押审问。这个程序和方法是有问题的。平时，由于在专属经济区、大陆架等海洋划界问题上国家间存在争议，因此军舰在这类国家管辖海域内行使自卫权应特别注意掌握分寸，如行使自卫不当，国家将承担政治风险和经济赔偿责任。危急时和战时，敌对国家可能故意利用某些侵犯行为进行挑衅，以引起更大规模的武装冲突和海上战争，所以，军舰在行使自卫权时更应注意把握时机，做到有理、有利、有节。

那么，英国军舰是否也具有自卫权呢？首先，我们分析一下英国军舰当时执行任务的性质和环境条件。英国军舰当时正在执行海上临检任务。所谓临检，就是“康沃尔”号军舰在发现可疑船舶之后，命令该船停船受检，此时该船应该立即停下，等待英国军舰的海上检查。检查通常采用口头通报方式，比如英国军舰询问，船上装的是什么货物？对方回答一下货物的种类和目的地即可。主要是检查船上是否运有武器装备等禁运物资。如果没有装载禁运物资，通常是放行的。如果英国军舰感到可疑，就命令本舰释放小艇，由舰上水兵、海军陆战队员或特种兵组成海上临检分队，搭乘小艇前往可疑船舶并上船进行临检。此次临检的方式是释放两艘小艇载运15名水兵和海军陆战队员前往对方商船，在到达商船之后进行登船检查。在执行这项任务的过程中，母舰“康沃尔”号必须做的工作包括：全舰处于高度警戒和战斗状态，舰炮要瞄准被检查的商船，防止有任何拒绝检查行为或反抗行为。同时，舰载直升机应起飞掩护小艇，一方面是防止商船武力反抗，另一方面是防止小艇上的人员万一落水好进行快速救援。令人感到奇怪的是，“康沃尔”号并没有这些后续动作，战备工作做得很差，眼看着自己舰上的人员被伊朗生擒，却没有作出任何快速反应，这是一个严重的失误。

曾经与“康沃尔”号军舰一起执行过任务的美国“安德伍德”号副舰长埃里克·霍纳中校认为，这件事要是换成他，就会开火自卫。那么，美国军舰在执行海上拦截和临检任务的过程中有什么不同呢？美国军舰对拦截商船的搜查行动一般由两艘舰艇协同进行，一艘负责派遣临检小组登船检查，另一艘负责巡逻警戒。检查内容包括：货单是否有不符合规定的事项，船上是否装有法律规定或预先通报的禁运品，如军用设备、武器装备、化学物品、走私物品和违禁零部件等。实际临检时，由一名海军军官或海岸警备队军官负责，通常率领由10人组成的临检小组，乘坐小艇或直升机前往可疑船只进行检查。拦截舰艇使用无线电与对方联络，发现有运载禁运品嫌疑时，命令涉嫌船只停船受检，如对方拒不服从命令，可向其前方掠过船首方向进行警告性炮击。鸣炮示警迫使船只停船受检，然后进行临检的这种现象极为少见，只有在非常必要的时候才这样做，而且在程序上也有严格的规定。

1990年8月2日，伊拉克入侵科威特，科威特通报联合国安理会，联合国安理会通过了第655号决议，在对伊拉克进行遣责和制裁的同时，要求对前往科威特的商船进行检查。在执行这一任务的过程中，美国要求在波斯湾执行拦截任务的舰艇在向涉嫌船只鸣炮示警之前，必须先获得中央总部海军司令（中将或少将）的同意，对使用武力警告和威胁进行严格限制。9月1日，进一步提升了审批权限，要求在对涉嫌船只进行损害性炮击前，必须得到国家最高当局（总统、国务卿、国防部长、参联会主席）的批准。在危机发生过程中，从未对商船本身进行过直接攻击，也没有对商船造成任何毁损。当时美军规定，对涉嫌船只进行鸣炮示警，一般使用12.7毫米机枪、25毫米或76毫米舰炮对空或对船首方向进行射击，有时为了避免使用武力，护卫舰也曾多次在涉嫌商船前进航向数十米处往返穿梭行使，阻挡其继续前进。

从上面的分析及临检实践可以看出，在敏感水域和危急时刻执行临检任务的时候，战术指挥员必须具备战略意识，要熟练掌握国际法的一些要义，防止因为个人的错误指挥影响战略大局。应该看到，从英国军舰“康沃尔”号释放出去的两艘小艇和15名英军人员属于“康沃尔”号军舰的一个组成部分，一般情况下，当遭到对方武装袭击和抓捕的时候小艇上的人员应该进行武装自卫，母舰也应起飞直升机或使用舰炮等武器进行救援或表示抗议。

从战术层面讲，英国小艇可能已经入侵伊朗领海，英军自感理亏，所以负罪心理在前，武装自卫反应在后，没有来得及进行自卫，事发之前也没有类似的预案，因此当事件发生后舰上人员全都不知所措，没有快速反应。

扣押人质，伊朗上演外交秀

事件发生后，媒体和专家争论最多的一个话题就是，这是一起偶然的事件还是有预谋的圈套？是现场初级指挥官个人的临场决断，还是最高指挥机构的委托指挥和预先授权？根据伊朗的国情、军情、当时所处的战略环境，以及事发前后波斯湾军事形势的综合分析，伊朗抓获15名英军人员的事件很可能是有预谋的军事行动。伊朗总统内贾德亲自导演和指挥了这出“捉放曹”，表演非常成功，起码达到了三个战略目的：

一是展示了伊朗领导人的智慧和幽默，让全世界都看到他们是怎样把世界超级大国和老牌帝国主义国家玩弄于股掌之中并听命于他们的调度。执行这次抓捕任务的是伊朗革命卫队的6艘快艇，最高指挥官也就是尉官级别，如果没有上级的明确指示和授权，谁都没有这个胆量敢擅自抓捕英军。外事无小事，谁都知道这起涉外事件的严重后果，万一因此而诱发战争，哪里是一个小小指挥官所能担当得了的责任？

从抓捕程序上来讲不合规矩，一般情况下是先警告，再严重警告，如果对方不服从并肆意妄为，可持续升级为危机。所谓警告，就是喊话，让对方清楚地知道他们的行动已经侵犯了伊朗的主权，请他们赶紧离开。所谓严重警告，就是向对方空中、水面或舰艏方向开枪开炮示警，在操作过程中必须注意，这样的示警行为只能是掠过水面、空中或舰艏，千万不能直接射击并命中对方，更不能使用导弹等任何制导武器。如果上述警告行为均无效，对方仍一意孤行，严重侵犯伊朗水域，并伴有挑衅性行动，伊朗6艘快艇应编队向对方冲击、包抄甚至是碰撞，双方形成海上军事对峙局面，最终将对方驱离出本国领海。在实施过程中，也要尽量避免发生军事摩擦，防止擦枪走火，诱发战争。如果上述一切努力都无效，可以在请示上级领导同意并能够得到己方海空支援的情况下视情形向对方武力施压，升级为军事危机。

伊朗革命卫队的6艘小艇，似乎是在守株待兔，海上设伏，一看到英国海军两艘小艇驶入伊朗水域，在没有任何预先警告的情况下就马上飞驰过去，把人抓获，带上快艇，并用预先准备好的黑色头巾蒙住他们的头部，然后向基地驶去。紧接着，伊朗外交部就发表声明，说英军人员因侵犯伊朗水域而被抓捕，将控告他们犯有间谍罪，一下子事件发展到了最为严重的地步。之后，伊朗总统内贾德开始发表讲话，召开记者招待会。被扣押的英军人员便开始写信，信中内容主要是承认侵犯了伊朗主权，对此表示道歉，还有就是谴责英国入侵伊拉克，等等。

英国高层急得团团转，想找伊朗人谈判，可人家根本不理睬，想去探望被扣押人员，伊朗也不允许，英国只好向联合国安理会提起诉讼。美国人不知就里，火上浇油，出动两个航母战斗群在波斯湾进行军事演习，而且美国海军军官还挖苦英军舰长，说是这事要是换了是他，早就开枪开炮把伊朗6艘小艇给击沉了！正当双方口水战和外交危机发展到难以缓和的地步时，伊朗方面突然放出口风，说是不打算控告这些英军人员了。接下来就同意双方会谈，一天之内内贾德就决定放人。放人之前还举行了仪式，给每个人都赠送了礼物，并对英军人员说，你们也别太当回事了，就把这次来伊朗当作是一次旅游吧！看看伊朗处理危机的方式，完全是有预谋、有计划的军事外交行动，一步一步都策划周密，无懈可击，始终把握主动权，让人无可挑剔。

二是出其不意，攻其不备，避强击弱，四两拨千斤。伊朗与美、英等西方国家在核问题上长期纠缠不清，国际原子能机构不得不插手其中，现在联合国安理会又进行调查和制裁，伊朗一脑门子官司，就像一团乱麻，总也捋不出个头绪来。与核问题直接相关的是美、英对伊朗的军事打压，迫使伊朗长期处于“盘马弯弓箭不发”的备战状态，每天都紧紧张张地准备打仗，而战争那只靴子却总也掉不下来。这次事件中，伊朗的做法有理、有利、有节，干干净净、利利索索、以巧补拙，展示了伊朗不惧强权，对入侵之敌决不手软、决不姑息，勇敢捍卫国家主权，敢打必胜的决心和意志，这对于争取国际支持和凝聚国内力量具有非常重要的意义。

三是军事和外交密切配合，强中有柔，柔中带刚，展示了伊朗领导人以人为本，宽宏大量，得饶人处且饶人的高尚品德，为伊朗领导人挽回了国际形象。虽然依法应该判英军人员间谍罪，一旦治罪就意味着长期羁押，并有可能被判处死刑。但伊朗考虑，既然英国水兵已经承认侵犯伊朗水域并表示道歉，就高抬贵手，放他们回家算了，也就不再跟他们较真了。伊朗领导人既坚持原则又具有外交灵活性，这样的一种危机处理方式让世界看到一个充满人情味的、与人友好相处的、理智而不是偏激的伊朗。此举对于争取民心，树立伊朗新形象，打破美、英两国封锁遏制，建立广泛的统一战线，争取国际舆论的支持，增强伊朗的软实力具有重要的作用。

延伸阅读：伊朗抓捕15名英军人员

2007年3月23日，驻伊拉克英国皇家海军“康沃尔”号护卫舰在波斯湾两伊交界海域发现一艘伊朗商船，英国军舰决定对伊朗商船进行海上临近检查。8名水兵和7名海军陆战队员分别换乘两艘小艇驶向伊朗商船。就在这时，伊朗革命卫队人员乘坐6艘快艇包围了英军小艇，伊朗快艇上架着机枪，而且人多势众，15名英军人员在没有进行武装抵抗的情况下被伊朗革命卫队擒获，分乘6艘伊朗快艇扬长而去，被押往德黑兰。两艘小艇的母舰“康沃尔”号护卫舰目睹了整个事发过程，但没有出动舰载直升机进行空中营救，也没有动用舰炮和导弹进行武力威胁。

3月24日，伊朗方面表示，在加紧调查和审讯的同时，对事件进行了初步定性。伊朗指出，这是英国舰船三个月来第四次入侵伊朗领海，被扣英军为武装分子，他们非法入侵伊朗领海，严重侵犯了伊朗主权，属海上间谍行为。如果能证实他们是故意进入伊朗领海的，他们将被控间谍罪，并应遭到严惩。根据伊朗法律，间谍罪是性质最为严重的一种罪行，犯有间谍罪的人员将被判处死刑。

3月27日，英国在伦敦召见伊朗驻英国大使，要求允许英国驻伊朗领事人员探视被扣留的英军人员。英国首相托尼·布莱尔警告说，如果不能通过外交手段促使伊朗释放英军人员，这一事件将进入“另一阶段”。他决不会为谋求15名英军人员的释放而与伊朗进行讨价还价的交易，并重申伊朗必须立即“无条件释放”所有被扣押人员。这一天，美国出动了两艘航空母舰和100多架军用飞机，拉开了自伊拉克战争以来在波斯湾举行的最大规模军事演习的序幕。外界纷纷猜测，此次演习是为了威胁伊朗和解救被扣英军人员。

3月28日，伊朗国家电视台针对美军在波斯湾举行的大规模军事演习宣布，伊朗正在密切监视美军的演习，但并不担心。伊朗电视台公布了英国被扣女兵特尼写给家人的一封信，她在信中承认，载有15名英军人员的两艘小艇进入了伊朗水域，她为此表示道歉。英国国防部副总参谋长查尔斯·斯泰尔在新闻发布会上表示，全球定位数据显示，这15名英军人员上周被抓时位于伊拉克水域1.7海里之内。英国政府对伊朗的指控予以否认，坚称英军人员并未进入伊朗水域，同时要求伊方尽快释放被扣人员。布莱尔决定，将这一事件提交联合国安理会解决。

3月29日，伊朗驻英国大使馆把英国被扣押女兵特尼的“反战信”传给了英国议会，并同时散发给了新闻媒体。26岁的特尼在信中写道：“我们在执行任务时不幸进入了伊朗水域……”29日上午，英国要求联合国安理会讨论并通过英国起草的一份声明草案，呼吁伊朗政府立即释放被扣押的英军人员。联合国安理会15个理事国于当天下午就英国起草的这份声明草案进行3个多小时的闭门磋商。接着联合国安理会当月轮值主席、南非常驻联合国代表库马洛宣读声明。声明说，联合国安理会成员对伊朗革命卫队抓获15名英军人员和伊朗政府继续扣押他们表示严重关切，呼吁伊朗政府根据相关国际法允许英国驻伊朗领事人员探望被扣押人员。联合国安理会支持联合国秘书长潘基文29日在会见伊朗外交部长穆塔基时发出的呼吁，要求尽早解决这一问题，释放被扣押的英军人员。英国此前曾在草案中要求安理会明确指出，这些英军人员在被扣押前正在伊拉克水域执行任务，但联合国安理会发表的正式声明中删除了这一内容。

3月30日，伊朗电视台公布了特尼的第三封公开信，特尼在信中称自己为英国和美国政府的政策所牺牲，并讽刺了美军在伊拉克阿布格莱布监狱虐囚的行为。3月31日，英国提出与伊朗外交部长穆塔基会谈的要求，但没有得到回复。英国外交部对如何化解危机一筹莫展。

4月1日，伊朗大学生在英国驻伊朗德黑兰使馆附近进行了示威游行。示威者表示，英军人员越入伊朗边境是侵略行为，要求伊朗法院严惩非法越入伊朗边境的英军人员，断绝与英国的官方联系，示威者向英国使馆投掷石块和自制炸弹。

4月2日，伊朗首席核谈判代表拉里贾尼在接受采访时口风有所松动，他表示没有必要对被扣押的15名英军人员进行审判。不过，他要求在释放15名英军人员之前成立一个代表团，来评估和确定英国海军巡逻艇是否进入了伊朗海域，如果英军进入伊朗水域这一事件得到确认，英国必须向伊朗道歉，然后才会放人。

4月3日，英国首相布莱尔表示，英国已经就扣押英军人员与伊朗展开了外交努力，未来48小时的形势相当关键。晚6时，伊朗驻英国大使在与英国官员就此事件举行的第8次会议上，感受到了对方按捺不住的火气。英方表示，他们已经受够了德黑兰不断发出的混乱信息，前一秒钟说要释放女兵特尼，后一秒钟又说释放工作暂停，他们也想知道为什么拉里贾尼选择对话的对象是一家电视台，而不是英国政府。在英国发泄完怒火后，会谈终于取得了实质性的进展——安排拉里贾尼与英方谈判代表谢恩沃尔德通话。

4月4日，是伊朗新年假日结束后的第一个工作日。这一天，伊朗总统内贾德举行了记者招待会，内贾德对英军人员在伊朗被扣留事件表示“遗憾”，尤其是其中还有一名英国女兵。他表示伊朗全国因英军人员侵犯伊朗边境而感到“悲伤”。他说：“我宣布伊朗人民和政府将赦免15名英军人员。伊朗人民和政府完全有权审判他们。我宣布，他们将获得自由，他们将被归还给英国人民。”内贾德称，被扣押英军人员在新闻发布会后将被带至机场。他将以此作为送给英国人民的礼物，纪念先知穆罕默德的生日和复活节。内贾德请求英国首相布莱尔不要惩罚这些士兵，他表示将把此事的判断权留给世界舆论。内贾德称，15名英军人员侵犯了伊朗的领海。他对抓获英军人员的伊朗边防人员提出了表扬，并向他们的指挥官颁发了一枚勇敢勋章。

4月5日7时30分，15名英军人员乘坐黑色轿车，在伊朗革命卫队车辆护送下抵达德黑兰梅赫拉巴德机场。伊朗官员陪同英军人员一同走进候机楼，进入贵宾休息厅。8时30分左右，15名英军人员搭乘英国航空公司6634号班机踏上归途。这些英军人员身穿西装，满脸笑容，手里提着五颜六色的礼品袋，里面是内贾德总统赠送的礼物：伊朗手工艺品、书籍、坚果、伊朗特色糖果，还有花瓶等，其他行李则装进具有伊朗特色的编织袋和运动手提袋。英国当地时间约12时05分，15名英军人员抵达伦敦希思罗机场，随后他们换上军装，直接搭乘一架直升机飞往英格兰南部德文郡的空军基地接受询问。

至此，持续13天的外交危机宣布结束。

外国侵犯领海，中国自卫反击

一国陆地边界有着很明确的界定，沿着陆地边界会有很多的划界标志，比如界碑、界河、界山、公路和铁丝网等，如果外国军队越界，很容易被确定，一般没有多大的争议空间。领海是一个国家的海上边界，各国会依照国际海洋法公开宣布自己的领海宽度，外国舰艇、飞机在主权国领海附近活动的时候，必须事先了解该国宣布的领海宽度以及领海的范围。外国舰艇和飞机一旦进入沿海国领海，就会引发严重的军事和外交危机。

领海划定是一个非常复杂的问题，这是法律的基础，只有明确界定领海的宽度和范围，才能判定对方是否侵犯了领海。《联合国海洋法公约》规定，领海为12海里。12海里从哪里算起？一般来讲，把国家伸向公海最远处的岛屿作为领海基点，在两个相距24海里的最外围岛屿之间连接成一条直线，叫作领海基线，这条领海基线以外的12海里就是领海的宽度，这个宽度要在海图上标明并正式公布。现在，世界上多数国家是遵守《联合国海洋法公约》有关12海里领海规定的，也有一些沿海国，把自己的领海宽度宣布为50海里或200海里。

美国等西方国家维持3海里海洋制度，这是殖民主义帝国的传统，是15—17世纪按照大炮射程将领海宽度确定下来的，所以到现在很多国家仍然坚持3海里领海不改变，比如美国连《联合国海洋法公约》都没有加入。西方海洋大国强调3海里的领海制度，是为了扩大公海的范围，增强其在距离沿海国3海里以外近海活动的权利。他们强调“领海以外就是公海”，强调“公海航行自由”，即便是在别国领海内航行，军舰也享有无害通过权。领海内无害通过权现在有将近40个国家持保留态度，强调无害通过必须预先获准，美国则认为没这个必要，想通过就可以通过。

美国等西方海洋大国与第三世界沿海国家在领海问题上的斗争非常激烈和尖锐。当然，也有一些沿海国置国际法于不顾，从本国利益出发，跑马占地，擅自宣布超过12海里的领海宽度，并规定外国舰艇和飞机未经许可不得在其领海和领空范围内航行和通过，这样就严重限制了其他国家海上航行的自由权，所以双方争执不下，最终就会以军事方式来挑战沿海国的主权，维护海上航行自由的权利。1982年通过的《联合国海洋法公约》规定，沿海国伸向公海海域的两个岛屿，如果相隔不到24海里，可以作为两个划定领海的基点，两点连线后向外计算12海里为其领海；向内，则可算作内水。如果不足24海里，不能作为划定领海的基点，两点连线的内外均为开放海域，在法律上属于公海性质。

和平时期和危机时期，发生在领海的国际争端比较多，一旦处理不当，就会引发重大的政治危机、外交危机、军事危机，甚至战争。所以在处置此类危机的过程中要慎之又慎，既要讲究原则、捍卫主权，又要灵活处置，不要因小失大。外国舰艇和飞机闯入沿海国领海的原因很多，最主要的是因操作不当或气象因素而误入沿海国领海。这种情况包括机械故障和观测设备失灵，造成难以准确分辨沿海国领海而误入其中。有的则因为天气恶劣，如正好遇上台风或强气流天气，为了避险避难而误入沿海国领海、领空。在这种情况下，必须保持联系，说明原因，得到沿海国的谅解，从国际人道主义的角度出发，得到允许进入沿海国领海、领空避险避难，然后迅速离开。如果是潜艇，则必须浮出水面，升起国旗，在得到沿海国许可的情况下才能进入沿海国的水域。现代条件下的军事指挥员不再仅仅是一个行伍出身的鲁莽军人，如果像张飞那样只知道打打杀杀往前冲是很容易出事的。现代指挥员要讲政治、懂外交、有谋略，要具有世界眼光和战略思维，要会运用法律武器，只有这样才能够运筹帷幄、决胜千里。

南越军队侵犯西沙群岛，中国海军坚决反击

南沙群岛、西沙群岛、中沙群岛和东沙群岛历来是中国的领土。从19世纪起，部分岛屿就被法国殖民主义者占领。第二次世界大战结束后，中国国民政府派出“中业”号、“永兴”号、“太平”号、“中建”号四艘军舰，前往西沙群岛、南沙群岛接收被日本和法国占领的群岛。西沙群岛中的“永兴岛”就是以接收舰“永兴”号命名的，南沙群岛中的“太平岛”亦是如此。此后，国民政府开始对西沙群岛和南沙群岛实行有效管理，国民党政权败退台湾后，驻守南沙群岛及西沙群岛的军队也在1950年撤离。

1954年法国败走之后，珊瑚岛落入美国傀儡南越之手。1956年，我国

台湾军队恢复巡察南沙群岛，并在太平岛、南威岛、西月岛重竖石碑，举行升旗礼，并将其改编为“南沙守备区”，改派海军陆战队守备太平岛。20世纪50年代后半期，南越侵占西沙群岛的珊瑚岛等岛屿，并企图夺占南海其他岛礁。1973年年初，美国决定从越战泥潭中抽身，并将大量舰艇交给南越。南越政权自认为海军力量已经跻身世界前十，频频派军舰侵犯中国领海。同年9月，南越非法宣布将南沙群岛的南威岛、太平岛等10多个岛屿划入其版图。1974年1月11日，南越非法宣布把西沙群岛划入自己的版图。此时，南越军舰在西沙群岛的永乐群岛海域活动得更加频繁，欲侵占整个西沙群岛。永乐群岛是西沙群岛的一部分，由珊瑚、甘泉、金银、琛航等岛礁组成，是中国的固有领土。

1974年1月11日，中华人民共和国外交部发言人发表声明，谴责南越当局对中国领土主权的肆意侵犯，重申中国对南沙、西沙、中沙和东沙各群岛拥有领土主权，中国政府决不容许南越当局对中国领土主权的任何侵犯。南越当局不顾中国政府的严正警告，于1974年1月15日派驱逐舰16号（“李常杰”号）侵入西沙群岛的永乐群岛海域，对在甘泉岛附近从事捕鱼作业的中国402号、407号渔轮发起挑衅，无理要求渔轮离开甘泉岛海域，并炮击竖有中国国旗的甘泉岛。

1月17日，南越又增派驱逐舰4号（“陈庆瑜”号）、5号（“陈平重”号）及护航炮舰10号（“怒涛”号）侵入上述海域，强占金银、甘泉

1974年，西沙自卫反击战

两岛，企图作为其继续侵占其他岛屿的据点。

面对南越当局的侵略行径，为保卫国家领土主权，反击入侵之南越军队，中国人民解放军海军南海舰队奉命派出猎潜艇271号、274号组成编队，在舰队航空兵的掩护下，于1974年1月17日驶往西沙群岛的永乐群岛海域执行巡逻任务，保护中国渔轮安全作业。1月18日，扫雷舰389号、396号也驰援永乐群岛海域，加入巡逻编队；猎潜艇281号、282号部署于宣德群岛之永兴岛，准备随时支援巡逻编队作战。1月18日20时，周恩来召开作战会议，指示既要寸土必争，又不使战争扩大。

双方对峙的舰艇数量为4对4，不过，南越海军在装备上占有压倒性的优势。南越这几艘军舰都是美国制造的，“李常杰”号曾在海战中击沉过14艘北越的军舰。相比之下，中国这4艘舰艇的总吨位还不及对方的1艘舰艇，而且对方普遍装备火控系统，中国舰艇则基本上还是人力操作。双方实力对比之悬殊，是显而易见的。

1月19日10时22分，南越4艘军舰同时向中国舰艇编队发起攻击，中国舰艇被迫奋起自卫，各舰群近战歼敌，集中火力猛烈还击。经过4个多小时的激战，南越护航炮舰10号被击沉，驱逐舰4号、5号、16号被击伤后逃逸。

20日13时45分，中国海军收复三岛，击败入侵的南越军队。这次战斗，共击沉南越海军护航炮舰1艘，击伤其驱逐舰3艘，俘49人，收复被南越军队侵占的永乐群岛中的3个岛屿。中国4艘舰艇被击伤，18人牺牲，67人负伤。这一胜利沉重打击了南越当局的扩张主义，维护了我国领土主权。战斗结束后，参战部队和民兵受到中共中央军委和中华人民共和国国务院的通令嘉奖。

战事结束后，南越一度摆出报复的姿态，派出6艘军舰从岘港驶向西沙群岛，并下令该地区的海、陆、空三军全部参战，同时请求美国第七舰队援助。对此，中央军委决定“调东海舰队3艘导弹护卫舰紧急南下，支援南海舰队”。由于台海关系紧张，中国海军舰艇从东海到南海，以往都需绕道太平洋，过巴士海峡。而这一次不同，毛泽东指示“直接通过台湾海峡”，三艘导弹护卫舰有惊无险地通过了海峡。南越当局看到局势发展对自己不利，于是作出了“应避免下一步同中国作战”的决定。西沙海战到此结束。

越南侵犯南海岛礁，中国海军奋起自卫

1987年2月，联合国教科文组织通过了《全球海平面联测计划》，决定在全球范围内建立200个海洋观测站，中国负责承建5个，其中在西沙群岛、南沙群岛各建1个。3月，联合国教科文组织政府间海洋学委员会第14次会议决定，由中国在南沙群岛建立第74号海洋观测站。中国决定利用在南沙群岛建立海洋观测站的有利契机，名正言顺地进入南沙，维护南沙主权。中国政府决定派遣海军舰艇编队，前往南沙群岛巡航。

1988年1月21日，以南海舰队552“宜宾”号护卫舰为旗舰的我海军编队到达南沙群岛海域。经过考察，最后选择南沙群岛的永暑礁作为第74号海洋观测站的站址。

1988年1月23日，中国海军552编队（包括护卫舰502号、531号、556号）到达南沙群岛。1月31日，552“宜宾”号护卫舰派出7名官兵驾驶小艇登上永暑礁，首次在永暑礁上升起了五星红旗，这也是五星红旗第一次飘扬在南沙群岛的上空。越南当局发现中国在南沙群岛建立海洋观测站后，企图阻挠中国建站计划。1月31日，越军派出2艘武装运输船，妄图与中国争夺永暑礁。中国海军在永暑礁附近海域担任警戒的舰队迅速起航拦截，迫使越军放弃争夺永暑礁的企图。

2月2日，越南海军派出舰只抢占中国军队所据的礁盘，中越海军在礁盘上相互对峙了近一个月。

2月22日和3月5日，中国海军502号舰艇编队和531号舰艇编队相继赶到，至此，在永暑礁附近海域，中国海军已集中包括驱逐舰和护卫舰在内的大小15艘作战舰船，实力相当雄厚。

3月13日下午，中国海军502“南充”号护卫舰组织人员登上赤瓜礁。不久，中国海军502号舰雷达发现3艘越南舰艇正向赤瓜礁海域驶来。傍晚时分，越南海军604号武装运输船在赤瓜礁抛锚，越南海军605号运输船在赤瓜礁东北的琼礁抛锚，越南海军505号登陆舰则在赤瓜礁西北的鬼喊礁抛锚。越军的企图非常明显，兵分三路同时抢占赤瓜礁和附近的琼礁、鬼喊礁。中国海军502号舰果断决定首先确保赤瓜礁，与越军对峙，等待后续舰艇赶来。

3月14日，中国海军531“鹰潭”号和556“湘潭”号护卫舰赶到赤瓜

礁海域，556号舰警戒琼礁方向，531号舰则与502号舰会合，全力保卫赤瓜礁。此时，越南海军604号武装运输船派出人员登上赤瓜礁，至7时30分，越军上礁人员共43名，并在礁北侧插上2面越南国旗。中方海上指挥所决定寸步不让，但同时要力争避免流血冲突，决不首先动用武力，采取与越军“武装共处”的方针。根据这一方针，中国海军502号舰立即抽出33人，中国海军531号舰抽出25人登上赤瓜礁，使登礁人数达到58人。

东西宽仅200来米的赤瓜礁上，双方人员相距约100米，各自站成一列，双方枪口对枪口，形成对峙。8时，一名越军士兵将一面越南国旗插在中国海军官兵面前的珊瑚礁上，中国海军水兵杜祥厚一把将越南国旗拔了下来，一名越军士兵随即举枪瞄准，杜祥厚战友杨志亮出面掩护，此时越军士兵抢先开火并击伤杨志亮。中国海军编队海上指挥员陈伟文立即命令还击。礁上的中国海军官兵立即开火还击，并按照预定方案迅速后撤，与越军拉开距离，以便舰炮发扬火力。随后双方交火。越南海军604号船上的机枪也响了起来，中国海军502号舰的机枪亦开火还击。

中国海军502号舰的炮火一发接一发地落在越南海军604号船上，4分

1988年3月14日，南沙自卫反击战

钟后，越南海军604号船起火下沉，9分钟后沉入海底。而越军在赤瓜礁上的人员失去退路，只得缴械投降。中国海军士兵随即停止还击。9时，越南海军505号登陆舰打出了一面白旗投降。

9时15分，中国海军556号舰抵达琼礁海域，发现越南海军605号船已经派出9人登上了琼礁，于是中国海军556号舰立即用高音喇叭警告其离开，岂料越军不仅拒不撤走人员，反而向中国海军556号舰射击。中国海军556号舰立即开炮还击，并将越南海军605号船驾驶台轰塌，船体开始倾斜。9时37分，中国海军556号舰停止射击，受损严重的越南海军605号船苦撑到天黑时沉没。10时50分，赤瓜礁上的中国全体官兵押着俘虏撤回舰上。

此战，从开火至结束只有28分钟。中国除2名科学研究人员受伤外参战军舰和海军战士无一伤亡，舰艇被击伤5艘，缴获越南国旗一面。越南伤亡50余人、被俘40多人，舰艇被击沉1艘、被击伤2艘。

海战结束后，为防止越军利用空中力量进行报复，中国海上编队始终做好防空准备。越军迫于中国海军的压倒性优势，并未采取任何报复措

1988年“3·14”海战

施。中国参战舰艇顺利驶返海南岛基地休整。中央军委通令嘉奖，对海上舰艇编队坚持自卫原则、严守战场纪律、打出了国威军威进行褒奖。

20世纪70年代以后，南海周边国家纷纷进入南沙群岛，单方面划定疆域，武力夺占岛礁，大力攫取石油、天然气和渔业资源。虽然我国一直宣称拥有南沙群岛的主权，但实际上并未有效控制其中任何一个岛屿、珊瑚礁或沙洲。赤瓜礁海战以后，中国海军接连收复南沙群岛中的永暑礁、华阳礁、东门礁、南薰礁、渚碧礁、赤瓜礁共6个岛礁，填补了中国对南沙群岛实际控制的空白点。自此之后，永暑礁海洋观测站建站工程再无干扰，于1988年8月顺利完成。

美国航母侵入领海，中国战机武力驱赶

1994年10月，美国海军在未向中国方面事先通报的情况下，派遣“小鹰”号航母，沿中国领海边界巡航，并驶入中国领海，跟踪一艘刚刚完成远海训练的中国海军汉级攻击型核潜艇。为此，两军战机一度发生空中对峙，这就是著名的“中美黄海对峙事件”。

1994年10月，当时的美国针对朝鲜的核计划即将进入实战部署而朝鲜拒绝了美日提出的核查并改换轻水反应堆的建议。随后美国命令西太平洋舰队的“小鹰”号航母战斗群开进黄海以封锁朝鲜西海岸。

当时的中美关系，因美售F-16战机以及后来的“银河”号搜查事件而陷入低谷，双方停止了一切的军事交流。黄海有一部分属于国际公海，按照《联合国海洋法公约》，当一国要在国际公海执行针对他国的封锁行动时，应事先向临近该海域的周边国家通报，以避免误伤事件的发生。

美国海军在未向中国方面事先通报的情况下，派遣航母沿中国领海边界巡航，遇到一艘刚刚完成远海训练正在水面返航的中国海军汉级攻击型核潜艇。美军不但没有避让，反而起飞S-3“海贼”反潜机投掷反潜声呐浮漂对中国潜艇方位进行三角计算。这对一艘潜艇而言是非常危险的，因为这意味着下一步就是反潜攻击。中国潜艇一边进行下潜规避，一边用长波电台和北海舰队青岛基地联系，请求支援，美军“小鹰”号航母战斗群不但没有中止这一危险行动，反而全队跟进，驶入中国领海，死缠住中国海军汉级攻击型核潜艇不放。

北海舰队青岛基地接到电报后，命令海航紧急出动两架歼-8Ⅱ战斗机带弹出航，并派出两架苏-27战斗机护航支援我国潜艇。在黄海上空，中方飞行员先用英语警告美方：“你们已进入中国领海，请立即退出。”“小鹰”号航母战斗群不但装聋作哑，而且起飞了两架F-14雄猫战斗机进行警戒飞行。这时局面陷入僵持，中国的两架歼-8Ⅱ战斗机只好保持在内圈，另外两架苏-27战斗机则在外圈与F-14雄猫战斗机作平行飞行监视对方。

美国的霸道行为最终激怒了中国飞行员，中国的一架苏-27战斗机突然拉高，然后猛地向右翼的F-14雄猫战斗机斜切下去。美国飞行员向右加力猛拉，逃离接触空域。双方剑拔弩张，海上冲突一触即发。在美军的F-14雄猫战斗机降落后，“小鹰”号航母战斗群全队驶离中国领海，在向横须贺司令部通报情况后，为避免和中国海军再次危险接触，奉命返回母港。

援引法条：领海的无害通过

1982年12月10日在牙买加的蒙特哥湾召开的第三次联合国海洋法会议最后会议上通过，1994年生效，已获150多个国家批准。

第十七条　无害通过权。本公约的限制下，所有国家，不论为沿海国或内陆国，其船舶均享有无害通过领海的权利。

第十八条　通过的意义

1. 通过是指为了下列目的，通过领海的航行：（a）穿过领海但不进入内水或停靠内水以外的泊船处或港口设施；（b）驶往或驶出内水或停靠这种泊船处或港口设施。

2. 通过应继续不停和迅速进行。通过包括停船和下锚在内，但以通常航行所附带发生的或由于不可抗力或遇难所必要的或为救助遇险或遭难的人员、船舶或飞机的目的为限。

第十九条 无害通过的意义

1. 通过只要不损害沿海国的和平、良好秩序或安全，就是无害的。这种通过的进行应符合本公约和其他国际法规则。

2. 如果外国船舶在领海内进行下列任何一种活动，其通过即应视为损害沿海国的和平、良好秩序或安全：（a）对沿海国的主权、领土完整或政治独立进行任何武力威胁或使用武力，或以任何其他违反《联合国宪章》所体现的国际法原则的方式进行武力威胁或使用武力；（b）以任何种类的武器进行任何操练或演习；（c）任何目的在于搜集情报使沿海国的防务或安全受损害的行为；（d）任何目的在于影响沿海国防务或安全的宣传行为；（e）在船上起落或接载任何飞机；（f）在船上发射、降落或接载任何军事装置；（g）违反沿海国海关、财政、移民或卫生的法律和规章，上下任何商品、货币或人员；（h）违反本公约规定的任何故意和严重的污染行为；（i）任何捕鱼活动；（j）进行研究或测量活动；（k）任何目的在于干扰沿海国任何通信系统或任何其他设施或设备的行为；（l）与通过没有直接关系的任何其他活动。

第二十条　潜水艇和其他潜水器

在领海内，潜水艇和其他潜水器，须在海面上航行并展示其旗帜。

援引法条：《中华人民共和国政府关于领海的声明》

1958年9月4日中华人民共和国政府宣布：

（一）中华人民共和国的领海宽度为12海里。这项规定适用于中华人民共和国的一切领土，包括中国大陆及其沿海岛屿，和同大陆及其沿海岛屿隔有公海的台湾及其周围各岛、澎湖列岛、东沙群岛、西沙群岛、中沙群岛、南沙群岛以及其他属于中国的岛屿。

（二）中国大陆及其沿海岛屿的领海以连接大陆岸上和沿海岸外缘岛屿上各基点之间的各直线为基线，从基线向外延伸12海里的水域是中国的领海。在基线以内的水域，包括渤海湾、琼州海峡在内，都是中国的内海。在基线以内的岛屿，包括东引岛、高登岛、马祖列岛、白犬列岛、乌岳岛、大小金门岛、大担岛、二担岛、东碇岛在内，都是中国的内海。

（三）一切外国飞机和军用船舶，未经中华人民共和国政府的许可，不得进入中国的领海和领海上空。

任何外国船舶在中国领海航行，必须遵守中华人民共和国政府的有关法令。

（四）以上（一）（二）两项规定的原则同样适用于台湾及其周围各岛、澎湖列岛、东沙群岛、西沙群岛、南沙群岛以及其他属于中国的岛屿。

台湾和澎湖地区现在仍然被美国武力侵占，这是侵犯中华人民共和国领土完整的和主权的非法行为。台湾和澎湖等地尚待收复，中华人民共和国政府有权采取一切适当的方法在适当的时候，收复这些地区，这是中国的内政，不容外国干涉。

援引法条：《中华人民共和国领海及毗连区法》

1992年2月25日第七届全国人民代表大会常务委员会第二十四次会议通过。

第二条　中华人民共和国领海为邻接中华人民共和国陆地领土和内水的一带海域。中华人民共和国的陆地领土包括中华人民共和国大陆及其沿海岛屿、台湾及其包括钓鱼岛在内的附属各岛、澎湖列岛、东沙群岛、西沙群岛、中沙群岛、南沙群岛以及其他一切属于中华人民共和国的岛屿。中华人民共和国领海基线向陆地一侧的水域为中华人民共和国的内水。

第三条　中华人民共和国领海的宽度从领海基线量起为十二海里。中华人民共和国领海基线采用直线基线法划定，由各相邻基点之间的直线连线组成。中华人民共和国领海的外部界限为一条其每一点与领海基线的最近点距离等于十二海里的线。

第五条　中华人民共和国对领海的主权及于领海上空、领海的海床及底土。

第六条　外国非军用船舶，享有依法无害通过中华人民共和国领海的权利。外国军用船舶进入中华人民共和国领海，须经中华人民共和国政府批准。

第七条　外国潜水艇和其他潜水器通过中华人民共和国领海，必须在海面航行，并展示其旗帜。

第八条　外国船舶通过中华人民共和国领海，必须遵守中华人民共和国法律、法规，不得损害中华人民共和国的和平、安全和良好秩序。外国核动力船舶和载运核物质、有毒物质或者其他危险物质的船舶通过中华人民共和国领海，必须持有有关证书，并采取特别预防措施。中华人民共和国政府有权采取一切必要措施，以防止和制止对领海的非无害通过。外国船舶违反中华人民共和国法律、法规的，由中华人民共和国有关机关依法处理。

第九条　为维护航行安全和其他特殊需要，中华人民共和国政府可以要求通过中华人民共和国领海的外国船舶使用指定的航道或者依照规定的分道通航制航行，具体办法由中华人民共和国政府或者其有关主管部门公布。

第十条　外国军用船舶或者用于非商业目的的外国政府船舶在通过中华人民共

和国领海时，违反中华人民共和国法律、法规的，中华人民共和国有关主管机关有权令其立即离开领海，对所造成的损失或者损害，船旗国应当负国际责任。

第十一条　任何国际组织、外国的组织或者个人，在中华人民共和国领海内进行科学研究、海洋作业等活动，须经中华人民共和国政府或者其有关主管部门批准，遵守中华人民共和国法律、法规。违反前款规定，非法进入中华人民共和国领海进行科学研究、海洋作业等活动的，由中华人民共和国有关机关依法处理。

第十二条　外国航空器只有根据该国政府与中华人民共和国政府签订的协定、协议，或者经中华人民共和国政府或者其授权的机关批准或者接受，方可进入中华人民共和国领海上空。

强国侵犯领海，弱国坚决反击

领海是国家领土的组成部分，受国家主权的支配。国家对领海的主权及于领海的水域、上空、海床和底土，国家对领海内的一切人、物、事件具有排他的管辖权。在这些权利中，与海战有关的主要是紧追权和中立权。紧追权是指沿海国发现外国船舶在其领海内违反本国法律和制度时，可以利用军舰和飞机实行追逐，并可紧追到公海的权利。中立权是指沿海国在战时保持中立期间，交战国不得在其领海交战或拿捕敌国商船。

领海是沿海国领土的一部分，属于沿海国的主权，但在一国领海内，外国船舶享有无害通过权。“通过”是指为下列目的通过领海的航行：一是穿过领海但不进入内水或停靠内水以外的泊船处或港口设施。二是驶往或驶出领海内水或停靠这种泊船处或港口设施。通过应继续不停和迅速进行。通过包括停船和下锚在内，但以通常航行所附带发生或由于不可抗力或遇难所必要或为救助遇险或遭难人员、船舶或飞机的目的为限。美国海军航空母舰通过苏伊士运河时，舰载机不能起飞，侦察和火控雷达不能开机，所有武器不能处于打开或运行状态。与这艘航空母舰同行的核动力攻击型潜艇，虽然它是海军的秘密武器，在水下不仅不悬挂国旗，连舷号都要涂掉，但在通过运河时却不得不按照海洋法规定浮出水面，而且悬挂美国国旗，电子设备和武器都实行严格管制。

沿海国家在领海行使自然资源的所有权、沿岸航运权、国防保卫权、边防与关税和卫生监督权、管辖权及领空权等主权的同时，必须承认外国船舶享有无害通过权。1958年《领海及毗连区公约》和1982年《联合国海洋法公约》都没有规定军舰不享有无害通过权，但许多国家对军舰在领海通过作出一定限制性的规定，如限制每次通过的舰只或吨位，或要求事先通知，或经事先许可。

1958年的《领海及毗连区公约》虽于1964年9月10日生效，但在批准和加入公约的国家中有十多个国家对领海的通过制度作了保留。有几十个国家在其领海制度中规定，外国军舰通过其领海须事先核准或通知，主要有越南、印度、巴基斯坦、孟加拉国、韩国、苏联、叙利亚、索马里、斯里兰卡、苏丹、尼日利亚、格林纳达、缅甸、保加利亚、阿尔巴尼亚、阿尔及利亚和中国等。也就是说，中国对军舰和飞机无害通过领海的制度有所保留，外国舰船和军用飞机通过或飞越中国领海和领空必须预先申报，未经批准不得通过或飞越。

领海的无害通过是领海最重要的法律制度，也是一国在别国领海的唯一权利。《联合国海洋法公约》规定：所有国家，无论是沿海国还是内陆国，其船舶均享有无害通过领海的权利。通过只要不损害沿海国的和平、良好秩序或安全，就是无害的。需要指出的是，《联合国海洋法公约》中关于船舶无害通过别国领海的规定，虽然包括军舰，但并不能认为已经确认了军舰无害通过领海的权利。在这个问题上，国际法学界还存在许多争论，有些国家仍然主张实行事先通知或经获许后方可无害通过的制度。国际海洋法虽然有明文规定，但各主权国家也有对某些条款进行保留的权利和制定国内法的权利，所以，不能用国际法这一把尺子去衡量全世界。中国政府发表的领海声明中就明确规定：“任何外国船舶在中国领海航行，必须遵守中华人民共和国政府的有关法令。”中国政府的领海声明和1992年《中华人民共和国领海及毗连区法》都指出，一切外国飞机和军用船舶，未经中华人民共和国政府的许可，不得进入中国的领海和领海上空。韩国与中国相同，在外国军舰和飞机通过领海的问题上也采取了保留立场。但是，根据国际海峡自由航行的原则，1995年3月3日韩国表示，虽然大韩（朝鲜）海峡的领海由3海里扩大到12海里，但鉴于该海峡为用于国际航行的海峡，将免除包括军舰在内的各种舰船事先通告的义务。这样，外国的军舰、核动力航空母舰和潜艇、非商业用政府船舶等所有通航船只，都可以不履行事先通告的手续而无害通过，飞机也可以在其领海上空飞行而无须事先通告。

1986年和1988年美国军舰两次闯入苏联领海进行武装挑衅，苏联军舰毅然决然地采取果断措施予以反击，事后双方相互提出强烈抗议。苏联提出的主要理由是苏海岸只有三条航道允许军舰无害通过，分别在波罗的海、鄂霍次克海和日本海，在黑海没有这种可供海上无害通过的海上通道。美国1988年3月2日的外交照会认为，苏联的行为违反了国际法，特别是苏联有义务"尊重无害通过权，应以不给这些船舶造成危险的方式确保这些国家的船舶航行的安全"。最后，双方同意就军舰无害通过问题和避免危险军事行动问题进行谈判。1989年9月23日，美、苏双方签署了《关于无害通过的国际法规则的联合的共同解释》，其内容是所有船舶，包括军舰，均根据国际法享有无害通过领海的权利，无须事先通知或批准。美、苏最后达成的这个协定，对其他国家领海无害通过权是一个很糟糕的范例。

从国际法角度来看，美国没有加入1982年《联合国海洋法公约》，所以它仍然坚持3海里的领海制度，认为领海以外是公海，在公海美国军舰享有自由航行权。按照国际法一般性原则及习惯国际法原则，即便是美国不加入《联合国海洋法公约》，也应该尊重已经加入该公约国家的有关法律规定。苏联是《联合国海洋法公约》的签约国，宣布了12海里领海权，并宣布外国舰艇进入苏联领海必须先申报，经批准后再通过。美国认为，《联合国海洋法公约》中既然规定了"领海无害通过权"，美国军舰就有权无害通过别国领海。在这种情况下，美国就派遣军舰进入苏联领海，抵近挑衅，测试苏军的反应。

无论是援引国际法还是国内法，美国未经请示就贸然进入苏联领海的做法都是违法的。根据《联合国宪章》第51条，面对美舰的入侵，苏联有权采取自卫。问题是如何自卫？美舰距离苏联海岸只有几海里，在这样近的距离上，使用岸炮、岸舰导弹、岸基飞机和水面舰艇，都能够全歼来犯之敌。但是，苏联海军指挥官没有使用火炮、导弹等火力，因为担心遭到美舰报复，使冲突升级为战争。面对美舰的猖狂挑衅，作为一个世界超级大国又不能默不作声，因而必须作出反应。在这种情况下，苏联海军总司令亲自下令出动舰艇将美舰撞出领海。

舰船在海上相撞属于航行事故，只要不主动开枪、开炮就不会引发武装冲突。美舰万万没有想到苏联海军会来这一手，被撞击之后，只好仓皇逃出。苏联海军用自己的实际行动坚决捍卫了国家主权的尊严，提升了民族精神，震慑了美军的嚣张气焰，也为沿海国家如何维权提供了一个很值得参照的案例。

根据国家的属地优越权，各国对在本国领海内发生的一切犯罪行为，包括发生在外国船舶上的犯罪行为，有权行使司法管辖。但在实践中，对领海内外国商船上的犯罪行为是否行使刑事管辖权，各国大都从罪行是否涉及本国的安全和利益考虑。对驶离内水后通过领海的外国船舶，沿海国得行使较为充分的刑事管辖权。沿海国对仅仅通过其领海的外国船舶上的民事案件，通常采取不干涉态度。

“二战”结束之后，东西方冷战时期开始，一直持续到1991年12月才结束。冷战结束之后，美国调整军事战略，由过去针对欧洲和大西洋方向转为针对亚洲和太平洋方向。在冷战时期，以美国为首的北约集团经常派遣军舰和战机对苏联及其盟国古巴、朝鲜等近海沿岸及内陆本土抵近侦察监视，苏联也经常对美国和北约国家进行抵近侦察，双方你来我往，因军舰和战机相撞、舰机被对方拿捕等诱发的危机很多。

冷战结束后，美国等西方国家抵近侦察的主要目标转向了中国，所以从20世纪90年代开始，美国及其盟国对中国近海沿岸和内陆本土的抵近侦察日益增多。美国军舰在公海拦截并扣押中国“银河”号货轮，美国“小鹰”号航母舰载机经常侵犯中国领空，该航母战斗群还在黄海对中国核潜艇进行围追堵截，1999年美国公然轰炸中国驻南联盟大使馆，2001年4月美国在南海制造撞机事件，2009年美国“无瑕”号海洋监测船在南海与中国公务执法船对峙。

2011年美国战略东移之后，针对中国的抵近侦察和武力挑衅活动急剧增加。针对这样一种军事形势，中国应该如何快速、及时、有效地控制危机，并且有理、有利、有节地对发生的危机进行处理，已经成为一个重大课题。危机的管理和控制不仅仅是军方的问题，更不仅仅是一个军事问题，它涉及政治外交、经济金融和国际国内法规等多个层面。如果能够及时管理和控制危机，可以提升国家权威，捍卫国家主权和尊严。如果对危机处置不当，轻者使国家遭受屈辱，失去尊严，在国际上让人看不起；重者，则可能因此而诱发海空武装冲突甚至局部战争。如何管理和控制危机，国际上没有现成的方法和措施，更没有标准答案，主要是根据国际法基本原则、国内法相关规定，借鉴以往的相关案例，创造性地运用外交、军事、经济和法律手段来解决实际问题。因此，认真研究案例，由此引发思考，是对危机进行管理和控制的一种成熟思路。

美国舰船闯入领海，朝鲜抓人扣船

1952年10月24日，美国总统杜鲁门下令将武装部队安全局更名为国家安全局，使命是在国防部长的领导下依据美国通信情报委员会制定的政策搜集和撰写通信情报。美国国家安全局在世界各地设立了2000多个监听站，为了弥补监听盲区，将退役货船经改装后用于情报搜集，使之成为流动监听站。1965年，美国海军部批准将“旗帜”号（AGER–1）、“普韦布洛”号（AGER–2）和“棕榈滩”号（AGER–3）轻型货船改造为“辅助总体环境考察船”，主要任务是在目标国家的近海沿岸搜集信号情报和水文资料。1966年4月，用美国陆军货船改造成电子侦察船的“普韦布洛”号服役。

美苏之间在互派间谍船问题上有一种潜规则，即所谓的“对等原则”，只要对方间谍船不侵入己方领海，则听之任之；即便对方间谍船驶入己方领海，也不发动攻击，只要求其重返公海。美国军方领导人特别是情报部门首脑认为，这一潜规则适用于所有其他共产党国家。因此，美国在情报船改装过程中，技术规范要求不高，出现了许多问题，如：远距离无线电导航系统误差较大，通信设施性能不佳，信号情报搜集设备和军事装备安装位置不当，紧急破坏能力不强；船员年龄偏低且缺少训练，翻译人员水平欠佳；试航时设备多次出现故障并遭到敌国

“普韦布洛”号舰徽

骚扰；等等。

“普韦布洛”号的主要任务是了解朝鲜东海岸电子情报搜集环境，分析朝鲜海军活动情况，监视苏联海军在对马海峡的动向，试探苏联、朝鲜对公开情报搜集活动的反应，报告苏朝军队的调动情况并评估自身能力。为此，“普韦布洛”号要在朝鲜海岸进行长达17天的作业，有时必须深入距离朝鲜海岸约13海里处，并在朝鲜元山港附近搜集电子情报。美国军方对此次行动的危险程度进行了评估，评估结果和前提是朝鲜将会遵守公海法，允许外国军舰在其宣称的12海里领海之外作业，任务风险等级被评定为“最低风险”。1968年1月2日，“普韦布洛”号行动计划获美国参联会批准。

1968年1月11日，“普韦布洛”号驶离日本佐世保港经对马海峡进入日本海监视苏联海军太平洋舰队的活动，并沿朝鲜东海岸搜集电子情报。1月23日中午12时，“普韦布洛”号驶至朝鲜东海岸元山港附近约12海里处，打开所有侦察设备，探测和接收朝鲜的无线电信号，频频向日本总部发出无线电密码，被朝鲜发现并跟踪监视。中午时分，一艘朝鲜猎潜舰艇快速逼近，在距“普韦布洛”号约450米处，猎潜舰艇开始作顺时针环行，并以国际航海通用频率询问：“你们是哪个国家的船只？”船长布赫连忙下令升起美国国旗表明身份。15分钟后，3艘朝鲜苏制P-4型鱼雷艇高速靠拢过来，包围了“普韦布洛”号。“普韦布洛”号立即回复：“我是一艘海洋科学考察船，正在执行考察作业。”朝鲜猎潜舰艇用旗语命令道：“立即停船，否则我艇就要开火。”“普韦布洛”号答复说：“我船处于国际水域，欲在此停留至明天。”此时，两架朝鲜苏制米格-23战斗机飞至“普韦布洛”号上空盘旋，另外还有一艘猎潜舰艇和一艘鱼雷艇驶出元山港，

朝鲜苏制米格-23战斗机

向“普韦布洛”号驶来，朝鲜方面准备对其进行拦截并强行登船。朝方命令：“你船必须马上跟随我船靠岸检查！”“普韦布洛”号这才意识到危险来临，于是全速向公海方向逃窜，但由于船速很慢，根本无法逃离。朝鲜鱼雷艇围追堵截，随即开火，造成“普韦布洛”号船员一死四伤。布赫船长见形势不妙，下令破坏船上的电子设备、销毁机密文件。由于事先没有预案，船员们手忙脚乱地用斧子和榔头猛砸价值昂贵的电子仪器，点火焚烧机密文件，实在来不及处理的就往海里扔。为了阻止美国人破坏船只、销毁证据，朝鲜舰艇立即

美国海军“普韦布洛”号间谍船被朝鲜炮击后留下的弹洞

1968年，朝鲜抓扣美国海军“普韦布洛”号武装间谍船

组织武装人员登上“普韦布洛”号，很快控制了这艘间谍船。船上只有小部分设备和文件被破坏，大量有价值的航海日志和无线电情报等重要文件均完好无损。下午5时左右，“普韦布洛”号被俘。朝鲜水兵将“普韦布洛”号所有船员蒙上双眼，反捆起来押往平壤，并操纵“普韦布洛”号驶向朝鲜的元山港。事后朝鲜宣称，美国武装间谍船“普韦布洛”号侵入朝鲜领海被捕获。

美国约翰逊政府立即作出反应：指出“普韦布洛”号是在公海被俘的，朝鲜的行为违反了国际法，应立即还船放人并致歉，美国有权索赔。同时，要求苏联和日本向朝鲜施压，帮助解决危机。指示所有驻外官员争取各自所在国家的支持。提请联合国安理会讨论“普韦布洛”号危机。命令“企业”号核动力航空母舰进入日本海，向西太平洋派出361架飞机，对元山进行空中侦察，并征召预备役，延长军人服役期，摆出一副不惜爆发战争的架子对朝鲜进行恐吓。朝鲜不甘示弱，指出“普韦布洛”号的非法行为是美国对朝鲜的又一次公然侵略，公布船长布赫及其他船员承认犯罪行为的声明，威胁要依法惩罚这些间谍。要求苏联支持朝鲜立场，和朝鲜并肩作战。要求各社会主义国家共同谴责美国，并令全体人民做好一切战斗准备。正当双方针锋相对、剑拔弩张的时候，事态发生了变化。27日，美国驻韩使馆致电美国国务院，报告朝鲜通过中立国监察委员会向“联合国军”司令部传递了下列信息：威胁无济于事，动武只会使船员们性命难保。如果美国承认“普韦布洛”号船员是战犯并正式同朝鲜协商此事，那么问题非常有可能获得解决。美国国务院随即指示驻韩使馆予以答复：美国希望朝鲜立即安排会谈事宜。31日，美朝协商决定由双方在军事停战委员会中的高级官员举行秘密会谈，讨论危机解决方案。

同时，美国与苏联进行接触，希望苏联介入调停。苏联认为根据《1958年日内瓦公海公约》的相关规定，理应护送进入本国领海的他国战舰重返公海。即使是按照国际惯例，朝鲜扣船抓人的做法也是过激的，比美国人的做法更不可接受。但苏联毕竟是朝鲜的盟国，所以在外交表态上仍然坚决站在朝鲜一边。苏联认为：美国情报船是在朝鲜领海被俘的，责任完全在美国；对华盛顿而言，要想解决危机，必须创造良好的氛围，而不是采取过激行为来加剧紧张局势；迅速解决危机符合美朝双方的利益。苏联外交部明确表示：莫斯科对此次危机事先并不知情，更没有推动朝鲜抓捕“普韦布洛”号；苏联对事件的发生表示遗憾；美国一定要保持平静；苏联非常希望能够和平解决危机；美国派出航空母舰是彻头彻尾的示武行为，要求美国将“企业”号航空母舰南移，以减少对朝鲜的压力。

朝鲜就坡下驴，宣称如果美国人不采取极端手段进行挑衅和威胁的话，朝鲜希望和平解决危机，归还船只和船员。于是，美朝双方开始在板门店举行秘密会谈，前后共举行了28次会谈，历时10个多月，可谓是一波三折、屡陷僵局。

第一阶段：2月2—7日，共进行了4次会谈，美朝各自阐明了对事件本身的认识。美方指出，“普韦布洛”号的无线电通信记录证明它根本就没有进入朝鲜领海，更没有进行任何犯罪活动。即使“普韦布洛”号真的驶入朝鲜海域，朝鲜也无权将其俘获，正确的做法是护送它重返公海。朝鲜应立即释放船员，尽快归还船只，且美国拥有索赔的权利。朝方代表不承认美方证据，坚持认为“普韦布洛”号曾侵入朝鲜领海进行犯罪活动。

第二阶段：2月10日至3月9日，共进行了7次会谈。2月1日，美国就开始考虑“先放人、后调查”的方案，主张朝鲜先释放船员，然后由一个国际调查组织进行调查。如果证明“普韦布洛”号确实曾驶入朝鲜领海，美国将表示遗憾，并保证类似事件不再发生；如果证明“普韦布洛”号是在公海被俘的，朝鲜将表示遗憾，且予以适当的赔偿。在2月10日的第5次会议上，美方代表提出了“先放人、后调查”建议。朝方明确表示拒绝这一方案。美方提出，可以将获释船员先交由中立国监护。对此，朝方再次表示拒绝，声称这表明美方根本不关心船员的命运，也不想承担保护他们的责任，因此朝鲜准备审判和惩罚这些人。会谈陷入僵局。

第三阶段：3月21日至7月10日，美朝共进行了8次会谈，美国提出了“有条件致歉”方案：美国保证继续命令其船只在距朝鲜海岸12海里以外的海域航行，同时“对‘普韦布洛’号可能采取的有违国际法的任何敌对行动”表示遗憾。相应地，朝鲜应在不审判或惩罚船员的情况下释放他们。朝方拒绝接受该建议，声称美国必须“正式致歉”。美方当场稍加修改后交给朝方一份美国准备签署的草案。朝方再次予以拒绝，并于5月8日向美方提交了“无条件致歉”草案，主要内容为美国对“普韦布洛”号在朝鲜领海进行的间谍活动负全部责任并郑重致歉；保证美国船只不再侵入朝鲜领海。美方断然否定了朝鲜提出的致歉草案，要求进行必要的修改。

朝鲜拒绝修改，表示要惩罚船员。会谈又一次走进了死胡同。在苏联的压力下，美国将“企业”号航空母舰南移。同时，苏联也在劝说朝鲜保持克制，尽快放人。令人遗憾的是，朝鲜坚持自己的极端立场，对人民进行战争宣传，积极备战，平壤居民实施了撤离计划。这令苏联领导人十分不满，指出朝鲜抓捕“普韦布洛”号的行为似乎过于激进了，正确的做法是建议或迫使进入本国领海的外国军舰离开。

第四阶段：8月29日至10月31日，美朝共进行了6次会谈，美国试图以“另签”策略诱使朝鲜放人，但仍以失败告终。美方提出“另签”策略，具体做法是在朝方提出的“5月8日草案”中附上内容为美方已接到82位船员及第83位船员尸体的手写声明，然后在这个声明上签字。朝方对美方提出的这一“另签”策略不置可否，研究了一个多月，于9月30日交给美方一份草案，文件结尾处新增加了一段内容：“在签署文件的同时，签署人承认接收了82位‘普韦布洛’号船员和一具船员尸体”。显而易见，此举旨在防止美国利用“另签”策略蒙混过关。美方对此不感兴趣，继续坚持“另签”方案。朝方对“另签”方案表示明确拒绝。之后的一个半月里，美朝没有举行会谈，板门店会议再次陷入困境。

第五阶段：12月17—22日，美朝共进行了3次会谈，美国发出最后通牒，危机得以解决。美朝板门店秘密谈判就这样一直僵持了10个多月。12月17日第26次会谈举行，美国向朝鲜发出最后通牒，提出“另签”（美国在接收船员的单据上签字，试图让朝鲜误以为美国也同时签署了朝鲜提供的道歉文件，诱使朝鲜放人）和新的“有条件道歉”（美方在朝鲜文件上签字的条件是事先发表正式声明，澄清美国的立场——美国政府不认为“普韦布洛”号从事过非法活动，而朝鲜一方也没有拿出令人信服的证据来证明这一点。除非证实“普韦布洛”号确实进入朝鲜领海从事非法活动，否则美国政府不能为此道歉。美国政府同意签字完全是出于人道主义考虑，想要使船员获释）方案，告知朝鲜必须在圣诞节前选择其一。如果都不接受，圣诞节后美国将撤回这两个方案，到那时朝鲜就只能等待与新一届美国政府交涉了。结果，朝鲜接受了新的“有条件道歉”方案。

19日和22日，美朝双方又举行了两次会议，解决了一些次要的程序性问题。23日，美方发表了声明并签署了文件，朝鲜释放了82位船员并归还了第83位船员的遗体。美方代表在随后的记者招待会上声称“普韦布洛”

停泊在朝鲜江面供游客参观的“普韦布洛”号间谍船

号并未驶入朝鲜海域，美国因此否认了朝鲜的指责，表示从未向朝鲜致歉，而朝鲜却宣布美国已经为“普韦布洛”号侵入朝鲜领海进行间谍活动致歉。之后，美国曾多次谈判，要求朝鲜归还“普韦布洛”号间谍船，但都无果而终。至今，这艘间谍船还停在朝鲜的元山港，被作为爱国主义教育基地。

苏联潜艇入侵领海，瑞典围追堵截

1981年10月27日，正处于东西方冷战时期。苏联海军红旗波罗的海舰队的一艘1350吨的W级潜艇秘密潜入瑞典领海内执行侦察任务，因对海况不熟，搁浅在一块礁石上，就像一条因落潮而被遗弃在沙滩上的鲸鱼进退不能，动弹不得。据推测，该艇是选择在大潮日涨潮时分溜进来的，但偏离主航道开上了浅滩，潜艇随即托底，之后的落潮将它拍倒在礁盘上，原形毕露。

苏联潜艇搁浅的地点距瑞典最大的海军基地卡尔斯克鲁纳只有2千米左右，瑞典海军的主要水面舰艇和潜艇都在此驻泊。苏联潜艇搁浅一小时后，就被一艘瑞典海军巡逻艇在例行巡逻中发现。瑞典军方获悉苏联潜艇入侵后如临大敌，立即出动反潜直升机、军舰进行围捕与警戒，并迅即封锁了海湾。瑞典海军在航道上进行了反复搜索，对可疑目标、重点地段投放深水炸弹进行警告性轰击，以驱逐前来救援的苏联潜艇。瑞典陆军负责岸上警戒，沿岸架设了高射炮并构筑了炮兵阵地，脸上涂着迷彩油、表情紧张的瑞典士兵荷枪实弹、手扣扳机，密切监视着苏联潜艇的一举一动。空军战斗机不时掠过，喷气引擎的轰鸣和撕裂空气时的尖利噪声使现场弥漫着临战时的紧张。瑞典军方负责人对国外传媒解释该事件，谴责苏联海军侵犯瑞典领海的行为，并坚持要登上苏联潜艇进行检查。

苏联海军在获知潜艇被扣押的消息后，立即组建了一支特混编队开往瑞典海域。苏联舰队和救援船只集结在瑞典领海外待机，编队由2艘卡辛级与基尔丁级驱逐舰、里加级护卫舰、纳努契卡级大型导弹艇与3艘远洋拖船组成。苏联方面要求瑞典立即释放潜艇。苏联潜艇在被围困18小时后，不顾瑞典海空军的警告性射击，试图利用涨潮时机，启动引擎驶离，艇上的军官甚至准备随时炸艇来保守苏联核武器的秘密。但是，这艘苏联潜艇被瑞典陆、海、空三军布下了天罗地网，就像被关进笼子里的巨兽，在劫难逃。在经历了惊心动魄的周旋与对抗后，形势对这艘潜艇明显不利，而苏联的任何营救行动都将引发一场战争，最终苏联潜艇无可奈何地挂起苏联海军旗，表明身份并表示屈服。经过双方外交磋商，最终苏联方面派潜艇艇长登岸接受瑞典军事法庭的询问。

苏联潜艇被重兵围困了11天之久，为了尽快平息这场风波，救回潜艇和艇员，苏联不得不向瑞典政府正式赔礼道歉，并支付了66万美元的赔偿金。1981年11月7日该艇在瑞典舰队军舰和飞机的押送下，由瑞典方面派拖船将搁浅的潜艇拖出水面，驱逐出瑞典领海。时隔30年后，2010年11月4日，S-363艇的退役艇长瓦西里叶·贝舍丁首次接受了记者采访，他说：“如瑞典军方强行登艇检查的话，苏联海军将引爆艇上的核弹头鱼雷。”

苏联W级常规潜艇

这条旧闻再次在瑞典国内兴起了轩然大波，让瑞典人倒吸一口凉气，战争与他们擦肩而过。

苏联派潜艇秘密进入瑞典领海进行军事侦察，这本身就严重侵犯了瑞典的领海主权，在国际法上属于非法行为，在军事上属于对瑞典及北约集团的武装挑衅，性质特别严重。在危机处置方面，瑞典按照国际法处置得当，有理、有利、有节，很好地利用这个事件维护了国家的主权和尊严。

苏联的表现则差强人意，潜艇搁浅后已经毁损，难以使用自身动力航行。当时，瑞典已经进入临战状态，苏联潜艇成为众矢之的。在这种情况下，完全没有必要试图逃跑，应该知错认错，就坡下驴，通过外交途径寻求解决的办法。本来就理亏，苏联还采取了强硬的军事措施，不仅潜艇要逃跑，而且苏联军方高层指示潜艇指挥官，如果瑞典军方要登艇临检，就炸毁潜艇，绝不能让核心机密外泄。苏联更加错误的是沿着军事强硬的思路不断刺激危机升级，居然出动强大的海军舰队企图去营救搁浅的潜艇。潜艇距离瑞典军事基地只有2千米，再庞大的舰队都会成为瑞典的靶子，何况瑞典背后还有以美国为首的北约集团的支持。所以，苏联的危机处置对策不当，不仅不利于解除危机，反而加剧了危机，致使持续了11天之久。折腾了这么久，最终的解决方案，还是让苏联丢尽了脸面，丧失了世界超级大国权威和国家尊严：艇长被押往瑞典军事法庭受审，国家公开道歉并进行经济赔偿，瑞典出动飞机和军舰武装押送潜艇并将其驱逐出境。这样的侮辱比苏联在1962年古巴导弹危机中所受的侮辱还要大。

美国航母闯入领海，利比亚战机拦截

1969年9月1日，卡扎菲发动政变，推翻了伊德里斯王朝。卡扎菲上台不久，宣布收回美国在利比亚的惠勒斯空军基地，驱逐美国驻军，并在军事和外交上实行亲苏政策。美国对利比亚的这种行为异常恼怒。1973年10月9日，卡扎菲对外宣称，利比亚对锡德拉湾拥有主权，他国舰船和飞机不得进入该领域。对于利比亚的主权要求，美国等国不予承认，只承认利比亚海岸线外的12海里以内的水域为其领海，并表示会继续派舰队前往锡德拉湾演习，然而当时处于冷战战略守势的美国并不希望与利比亚发生冲突，所以实际上美国海军极少进入锡德拉湾。

利比亚沿海的锡德拉湾，阿拉伯语为苏尔特湾，是北非靠近地中海的一个海湾，位于利比亚海岸，从米苏拉塔向东延伸至班加西，长443千米（275海里）。1976年12月24日利比亚通过行政令，颁布了200海里领海的规定，但美国1977年声明只承认12海里领海，对其所公布的200海里领海不予承认。利比亚不顾国际社会的反对，我行我素，不仅坚持有关200海里领海的声明，还称锡德拉湾伸向公海的两个岛屿之间所连接起来的一条线为不可逾越的“死亡线”，这条线位于北纬32度30分。美国认为，该海湾伸向公海的封口线已达275海里，远远超过了《联合国海洋法公约》规定的24海里，所以锡德拉湾不属于24海里封口线确认的内海海湾，利比亚不能对该海湾享有国家主权。沿海国不能通过一纸国内声明就把国际公海据为己有，如此下去，就无法维护公海航行自由原则。于是，美国决定拿利比亚开刀，杀一儆百。

1981年1月20日，推行强硬政策的罗纳德·里根就任美国新一任总统。8月17日，美国海军舰队驶入锡德拉湾，并宣称将在锡德拉湾“公海区域”进行例行军事演习。两天后的8月19日，利比亚空军起飞2架米格-23战斗机对美国航母起飞的F-14舰载战斗机发射导弹，但是没有击中目标，反倒被美军击落。这就是著名的1分钟空战。

1985年12月，罗马和奥地利的维也纳机场发生两起恐怖分子袭击民航办事处事件，20名遇害人员中有5名是美国人。美国认定是利比亚所为，决定进行军事报复，锡德拉湾成为一个很好的借口。

利比亚起飞的米格-23战斗机

1986年3月14日，美国总统里根召开国家安全委员会会议，通过了代号为“草原烈火”的军事行动计划。3月21日，美国海军第六舰队的3个航母战斗群共38艘作战舰艇、240架作战飞机驶往锡德拉湾，声称进行为期10天的军事演习。24日1时，美国海军舰载机率先突破“死亡线”进入利比亚领海上空发起武装挑衅。利比亚发射萨姆-5防空导弹，并起飞米格-25战斗机拦截，美国海军航母战斗群出动舰载攻击机和战斗机，对利比亚空中、海上和沿岸军事目标进行了攻击，结果击沉和重创了4艘导弹艇，摧毁一个萨姆-5区域防空导弹阵地。27日，美国宣布“演习”结束，撤离利比亚附近海域。

美国军舰闯入领海，苏联军舰全速撞离

冷战时期，美、苏两个超级大国的海军经常在全球各大洋进行对抗和角逐，但是一方军舰抵近另一方的家门口进行武装挑衅，还是非常少见的事情。

1984年，美、苏正处于冷战时期，双方剑拔弩张，稍有不慎，就有擦枪走火的危险。2月18日，美国一艘驱逐舰“大卫”号在苏联黑海新罗西斯克附近海面进行军事演习，苏联发现该舰已经进入其领海，海军指挥所命令一架岸基飞机起飞警告，并向该舰航行过的尾迹水面开炮示警。同时，一架苏联直升机向该舰俯冲威胁，最低处距离该舰仅有10米。美国军舰对此置若罔闻，我行我素。

1984年11月、1985年12月和1986年3月，美军舰艇先后多次在黑海海域进行演习。苏联对美国多次侵犯苏联领海且警告无效的行为向美驻苏大使递交了两次抗议照会，明确指出，美国军舰违反了“苏联有关领水制度的现行法律和法规”。而美国作出的答复是，“行使无害通过权根本不是侵犯一个国家的领海，也不是挑衅，它是领海的国际法制度的一个基本部分”。美苏的这种领海冲突是认识上的不一致造成的：苏联认为美国进入了其12海里领海就是侵犯了其国家主权；而美国认为，其进入了苏联12海里领海这是事实，但其是无害通过，舰艇没有使用武器，直升机没有飞越，只是通过一下而已，苏联为什么这么紧张？

1986年3月，美国海军1艘巡洋舰和1艘驱逐舰突然闯入苏联领海，行驶到距其军港只有6海里的海域时，苏海军北方舰队十分紧张，立即进入

1988年美国军舰闯入苏联领海，苏联海军舰艇将其撞离

战争状态，并向美舰发出严正警告，提醒它已经侵犯苏联领海主权。苏联海军动用了各种电子设备进行侦察监视，结果中招了，所有电磁频谱全部被美舰截获。美国对苏联的抗议不以为然，继续以“领海内船舶无害通过”为由向前行驶，后为避免冲突而自动撤离。

1988年2月12日，美国海军第六舰队9000吨级的“提康德罗加”级导弹巡洋舰“约克城”号和8000吨级的“斯普鲁恩斯”级驱逐舰“卡伦”号以享有“海上无害通过权”为由，抵近黑海舰队塞瓦斯托波尔基地以南7海里的海域侦察，以测试苏军的反应能力。

苏联海军迅速作出反应，派舰跟踪并警告美军舰艇已经进入苏联领海范围，要求两舰立即驶出，但两舰仍以依照国际规则拥有无害通过权为由对苏联海军的警告不予理睬。苏联海军不甘示弱，在警告无效的情况下做出了撞击美军舰艇、迫其离开、维护苏联领海主权的决定。苏军舰艇发出“我舰奉命撞击你舰”的信号，在美舰无反应的情况下对其主动进行撞击。

执行这项命令的是隶属黑海舰队的两艘护卫舰，分别是3000吨级的“克里瓦克”Ⅰ型“忘我”号（舷号811）和1000吨级“米尔卡”级SKR-6号（舷号824）。面对吨位数倍于己的美军现代化舰艇，两艘苏联护卫舰丝毫没有犹豫，坚决执行命令。最终，“忘我”号执行了对“约克城”号的撞击，而SKR-6号则撞向了“卡伦”号，造成美国“约克城”号巡洋舰艉部和艉部的“鱼叉”导弹发射架受到损伤，苏联“米尔卡”级SKR-6号护卫舰舰艏水线以上则被撞出一个大窟窿，使美舰在无比惊恐中慌忙撤出了苏联领海。此次撞击事件发生在冷战即将结束的20世纪80年代末期，当时在国际上造成了极大的影响。

延伸阅读：科孚海峡案

1946年5月，英国海军舰艇在通过隶属于阿尔巴尼亚的科孚海峡北部时，遭到海岸炮的警告性射击；10月22日，英国海军4艘舰艇通过，有2艘舰艇触水雷爆炸后严重损坏，死伤86人。事件发生后，两国围绕无害通过权问题进行外交交涉，阿尔巴尼亚提出以事先许可为条件，英国则表示反对，并将争端提交联合国安理会。1947年4月，安理会通过决议，建议两个当事国把争端提交国际法院。

1949年4月9日，国际法院判决要点如下：阿尔巴尼亚在不知情的情况下布雷是不可能的，因此，违反了沿岸国应通告自己领海内危险情况的义务，负有赔偿损失的责任（1949年12月法院判决赔偿8000万英镑的损失费）；科孚海峡属于别国军舰可以在未获许可的情况下通过的国际海峡，英国舰队虽然是做好应战准备，并企图确定已被否认的权利而强行通过的，但原则上仍被认为是符合无害通过条件；英国在未得到沿岸国同意，以及负责国际扫雷事项的国际机构许可的情况下擅自进行扫雷活动，是一种依靠实力进行的任意干涉行为，是对阿尔巴尼亚领土主权的侵犯，英国应该赔礼道歉。

科孚海峡案中的英国“猎户座”号军舰

科孚海峡案中的英国“利安德”号轻巡洋舰

第七章

国家主权空域的维权执法

外国飞机闯入领空后的处置

国际法规定，国家领土包括陆地领土，河流及其内陆湖泊，沿海水域及其领海，以及上述领域以上的空域。一个国家的领空与外层空间的划分界线由现存的物理环境所决定，对空气密度的要求应能满足卫星运行轨道的最低要求。根据现行规定，卫星的最低飞行高度为距地面 80～110千米。1919年《巴黎航空管理公约》正式确立了领空主权原则。该公约第1条明确规定：缔约各国承认每一国家对其领土以上的空间具有完全的和排他的主权。基于这一原则，该公约规定：一缔约国的军用航空器未经特许不得飞越或降落于另一缔约国的领土。1944年订立的《国际民用航空公约》对领空主权和军用航空器也作了相同规定。国家对其领土上空具有完全的、排他的主权已形成习惯国际法规则。所谓“完全的、排他的”主权，即意味着国家对其领空行使完全的管辖和控制。对于未经许可突然闯入国家领空的外国飞机，主权国家应该采取什么样的措施？从以往发生的案例来看，基本上有四种情况。

第一，直接击落。1978年，一架编号为902的大韩航空客机在从法国巴黎飞往美国阿拉斯加州安克雷奇市时，偏离航向飞越了苏联北方舰队战略导弹核潜艇基地，苏联空军立即起飞苏-15战斗机拦截，发射机炮将其击伤，最终迫降在俄罗斯北冰洋沿岸城市摩尔曼斯克市郊，2名乘客遇难。5年后的1983年，一架从美国阿拉斯加起飞的大韩民航波音747飞机，在飞往汉城（今韩国首尔）途中又偏离航道飞向了堪察加半岛南部以及萨哈林岛，而这次碰巧又飞越了苏联部署在这一地区的战略弹道导弹基地。苏联远东军区司令伊万·特列奇杨科上将立即命令战斗机起飞拦截，奉命起飞的苏-15战斗机奉命发射导弹将民航客机击落，机上269名乘客全部罹难。据后来解密资料透露，这两起事件都是美国中央情报局策划的苦肉计，目的就是借用民航客机偏航来侦察苏联的军事机密。让他们没有想到的是，苏联捍卫国家领土和主权的措施就两个字：强硬！

军民用飞机未经许可擅自闯入别国领空被击落的案例很多，击落后一

大韩航空902号航班飞行路线

般都不会引发连锁性危机。2012年6月22日上午，一架土耳其F-4“鬼怪”式战斗机从土耳其南部马拉蒂亚空军基地起飞，一个半小时后闯入叙利亚领海上空，叙利亚立即使用高射炮将其击落，土耳其战斗机坠落在叙利亚领海，两名飞行员下落不明。战斗机被击落之后，土耳其盛气凌人，大喊大叫，不依不饶，声称要对叙利亚发动军事行动进行报复，还建议北约启动《北大西洋公约》第五条款，即“共同防御条款”（这一条款规定，当北约任何成员国遭受侵略，北约其他成员国都必须考虑并采取必要措施帮助受攻击的盟国），企图拉北约乘机对叙利亚发动战争。由于土耳其战斗机坠落在叙利亚领海，属侵犯别国主权在先，叙利亚将其击落实属正当自卫，因此北约没有响应土耳其的建议，采取了漠然置之的策略。

第二，拦截迫降。2012年10月10日，一架从俄罗斯首都莫斯科飞往叙利亚首都大马士革的叙利亚A-320型客机，在飞越土耳其领空时，遭到土耳其空军两架F-16战斗机拦截，迫使客机降落在土耳其首都安卡拉埃森博阿机场，机上载有大约35名乘客，其中17名为俄罗斯公民。土耳其没有向俄罗斯驻土耳其使馆（简称俄使馆）发出事件通报，前往现场的俄使馆外交官向土方提出探视俄籍乘客的要求，但在机场遭到土官方拒绝，俄罗斯认为土耳其此举违背了双边领事协议。土耳其声明有权调查可能载有军事物资的客机，在对客机进行了搜查后扣押了机上一部分“俄制军用弹药”。叙利亚外交部当天发表声明说，土耳其战机在没有任何理由和事先警告的情况下突然拦截叙利亚客机并长时间扣留机上旅客和机组人员，这是“土耳其的敌对行为”，是土耳其政府对叙利亚采取敌对政策的另一种表现，要求土方归还货物。俄罗斯政府同样否认飞机上载有武器。2012年10月15日，一架亚美尼亚航空公司的货机飞往叙利亚北部城市阿勒颇，在飞越土耳其领空的时候，遭到土耳其多架战斗机升空拦截。土耳其当局命令飞机在其东部城市埃尔祖鲁姆降落，接受货物检查。亚美尼亚方面申报称飞机上运载有人道主义援助物资。土方经查验货物后确认属实，允许飞机继续前往目的地。土耳其外交部发言人说，按照《国际民用航空公约》，土耳其有权要求穿越领空的飞机作“技术性着陆”。亚美尼亚与土耳其没有外交关系，土耳其怀疑这架飞机上运有禁运物资。

第三，登临检查。外国军用飞机未经许可闯入一国领空，该主权国家有权进行空中拦截和迫降，在迫降之后，是否有权登机检查还存在一些争论。由于飞机的性质是军用飞机，进入一国领空又未经许可，属于非法擅自闯入，因此按照国际惯例主权国家有权登临检查。1976年9月6日下午1

苏联飞行员维克托·别连科机降日本北海道函馆机场

时11分，日本航空自卫队地面雷达发现在北海道东海岸360千米，高度约6200米处有一飞行物正高速飞向日本领空，控制中心发出了问询讯号但没有得到任何回应。1时20分两架F-4战机紧急起飞拦截。1时24分，不明飞行物进入日本领空。1时26分不明飞行物突然在雷达屏幕上消失，派出的F-4战机也未能发现目标。此时，北海道函馆机场航空管制和地勤人员发现一架涂有红星军徽的灰色飞机在330米高处盘旋，并在跑道上强行降落。日本航空自卫队很快查明了此人身份，原来是苏军飞行员维克托·别连科驾驶一架米格-25战机叛逃到日本！苏联立即向日本和西方施加了强大的外交和军事压力，先是通过外交途径宣称飞行员别连科因迷航误降函馆，要求日本立即归还飞行员和飞机，并且以最强烈的外交语言要求美国和日本不得登机，正在英国参加航展的苏联代表团立即退出航展。

当天下午到午夜，日本航空自卫队先后紧急起飞了143架次战机拦截靠近日本空域的苏联飞机，日苏双方展开激烈的空中较量。米格-25是苏联航空兵历史上最机密的一个项目，主要任务是拦截和消灭敌方侦察机。设计师把其定位于高空高速飞机。1961年，米格-25原型机在试验中创造了在22670米的升限以每小时3000千米飞行的世界纪录，当时世界上任何一架飞机都无法达到这一性能。它卓越的性能令美国人寝食难安，此时却轻易地落入日本人手中，这就如同天上掉馅饼，他们迫不及待地要获取米格-25战机的绝密资料。于是，把战机大卸八块，分装到一架C-5运输机宽大的货舱内，在十几架战机护航下运至东京近郊的空军基地，进行认真细致的摄像、试验和测绘。经过两个多月的技术分析，美国人对米格-25战斗机的战术技术性能已经完全掌握。在扣押76天后，于11月12日将其归还苏联。日本把拆散的飞机部件分装在13个集装箱中交还给苏联。苏联在接收过程中发现战机有被拆卸和研究的痕迹，提出1100万美元的赔偿要求，最终得到满足。

通过对苏联最先进战斗机的技术检查和解剖，美国人摸清了其技术性能，发现该型战机被过度吹嘘，其制造工艺十分粗糙，居然使用钢结构作为机身骨架，航电设备采用的是早已淘汰的电子管等分立元器件。米格-25战机的发动机被拆下后放在专用试车台上进行地面开车试验，发现飞行速度也不像传说中那么快，根本达不到3.2马赫，最多只能达到2.8马赫。根据获得的技术资料，美国人改进了自己的战机设计和制造工艺，并加强了防空体系。苏联战机叛逃日本事件使苏联蒙受了巨大损失，苏军领导层极为震怒，不仅对空军、防空军部分高层军官进行解职和处罚，而且与该事件相关的许多基层官兵也难逃一劫。由于雷达、无线电、敌我识别等绝密情报已经外泄，苏联迫不得已对所有米格-25战机停飞并进行技术改造，战斗力因此受到严重影响。

第四，拿捕没收。1991年1月17日海湾战争爆发后，1月26日有7架伊拉克飞机飞入伊朗领空。1月29日又有69架伊拉克飞机飞入伊朗领空。伊朗全国最高安全委员会发表声明：“鉴于伊朗在战争中的中立立场，委员会警告双方不要以任何形式利用伊朗领空。如果任何一方飞机在伊朗领土紧急着陆，都将被没收，直至战争结束。”美国国防部长说，盟军的飞行员不会进入伊朗境内去追击伊拉克飞机，但对伊朗将把伊拉克飞机扣留到战争结束的保证表示赞赏。为躲避空中火力打击，保存空军实力，“沙漠风暴”行动期间，伊拉克共有130多架军用和民用飞机飞往伊朗，一些民用运输机在战争期间返回了伊拉克，但军用飞机在战争结束时仍被扣押在伊朗。这个做法符合传统的战时中立规则。1923年2月起草的《空战规则草案》第40条、第42条规定：“禁止交战国军事航空器进入中立国管辖区。”“中立国政府应采取一切方法拘留因任何原因，在降落后仍在其管辖区内的交战国军事航空器，以及其机组人员和乘客。”1994年6月起草的《圣雷莫国际海上武装冲突法手册》第18条对这个规则进行了重述，即“交战军用和辅助飞机不得进入中立国空域。如果进入，中立国应采取其所有办法，要求其在中立国领土内降落，并应扣押飞机和机组人员直至武装冲突结束”。可见，美国和伊朗都执行了这个规则，没有发生大的冲突。

在危机处理过程中，虽然要考虑双边关系和睦邻友好等外交问题，但更重要的是要维护国家主权，寻求最大利益。为此，要重点考虑三个方面的问题：一是法律原则的认定；二是国际惯例的参照；三是根据道德、良心和公众舆论等进行定案。这样的案子一经判定，就会成为典型案例，而典型案例在今后国际重大案件的审理中将作为可供参照的国际惯例和判例。比如，1982年英国在马尔维纳斯群岛周边200海里的海域和空域宣布军事禁区是没有充足法律依据的，但经历了一个完整的实践，这就为现代条件下海空封锁提供了一个可供参照的案例。还有，1991年海湾战争期间，伊拉克数十架民用和军用飞机逃到伊朗避难，伊朗作为中立国按照有关法规全部予以扣留，战后伊拉克多次追讨这些飞机未果，这同样为战争中中立国有权扣押避难飞机和人员创造了一个可供参照的案例。这样的案例多了，就会形成国际惯例，就会对类似事件产生约束力。所以，在危机处理过程中，要充分发挥想象力和创造力，避免为了维护国家之间的友好关系而放弃原则和法律。

应该看到，美国一直高度重视危机处理问题的研究，在许多大学和军事部门，都设有专门的学科专业，有专门的专家教授和研究人员从事这方面的教学和科研工作。许多有名望的咨询机构，比如兰德公司等，还建有大量的危机处理模型，经常对世界热点、突发事件等进行模拟运筹和综合分析，为政府决策提供咨询建议。每当出现突发事件或危机的时候，美国总是动用专家教授，让他们先从法律、道德、科技、军事等方面阐述观点，然后在媒体上渲染这些观点，政府再从中吸取有益的营养，以出台更为稳妥的方案和措施。美国历届政府要员中，许多人都是直接从大学专家教授中提升的，比如曾担任过国防部长的麦克纳马拉和佩里，以及担任过国务卿的基辛格、奥尔布赖特、赖斯等。在体制上，美国有一个健全的国家安全委员会，能够在重大问题上进行快速决策和作出反应，为美国政府决策提供有力的咨询建议。

中美南海撞机，双方外交斡旋

2001年4月1日上午，一架美国海军EP-3E侦察机飞抵我国海南岛近海海域上空进行军事侦察活动。我国方面随即派出两架歼-8战机，对美国侦察机进行拦截和跟踪，以阻挠和监视侦察机的活动。在飞行中，约距离我国海南省东南104千米外上空，美机与我国其中一架飞机相撞，导致该机坠毁，飞行员王伟死亡，而美机因引擎与机身严重受损必须紧急迫降，并飞往距其最近的海南陵水军用机场，在未经我国许可的情况下擅入我国领空，并迫降在海南陵水军用机场。

中国经过调查后得出的结论，认定美国方面应负主要责任，经分析，EP-3E侦察机受损痕迹多为前方迎风面受损形成，证明是美国飞机突然转向撞压中国飞机，最终导致我国飞机机毁人亡。根据美国海军解密的调查报告结论，认定中国飞行员负主要责任。报告结论认为，中国跟踪监视美国EP-3E侦察机的歼-8战斗机机长飞行员做出危险动作，没有安全操纵飞机，从而导致此次撞机事件。中国飞行员三度驾机接近美国飞机：第一次接近美国侦察机的时候，双方距离大约10英尺，中国飞行员向美方飞机致军礼，旋即离开。第二次飞过美国军机的时候，双方在同一高度，相距只有5英尺。中国飞行员向EP-3E侦察机机组人员做出向前推进的手势，然后再次离开。在中国战斗机第三次也是最后一次飞向美国EP-3E侦察机的时候，中国飞行员由于速度过快，错过接近美国军机的机会，在中国飞机试图抬起机头，降低速度的时候，飞机的垂直尾翼与EP-3E侦察机的机身和1号发动机螺旋桨相撞，中国歼-8战机断成两截，EP-3E侦察机严重受损。

谈及中美南海撞机事件的责任认定，首先应该分析中美南海撞机的原因。从这个层面分析的要点是美国EP-3E侦察机是一架什么性质的飞机，它为什么会出现在中国海南省东南104千米上空，它到这一带空域执行什么任务，这样的抵近侦察和危险飞行对主权国家是否造成安全上的威胁，中国作为主权国家是否有权对来自海空的威胁进行排除、警告和驱离。EP-3E侦察机是一种专用的电子侦察机，机上配备了尖端的电子信息拦截系统，它可以探测并追踪雷达、无线电以及其他电子通信信号，机上电子探测设备的覆盖范围为数百千米至1000千米。撞机事件发生在距离中国海南省东南104千米上空，那个空域距离中国西沙群岛210千米，距离越南320千米。由此可见，美国在这个分析层面应该负有主要责任：它不应该派遣EP-3E这种专业性极强的空中情报侦察机抵近侦察，在发生撞击事故的空域开动机上雷达及电子侦察设备，就可轻而易举地对数百千米之外的海南岛全岛、湛江市、北海市、南宁市、广州市等中国沿海及内陆重要地区进行电子侦察监视和探测，而上述地区均为中国的政治、经济和军事要害区域。美国EP-3E侦察机从日本冲绳嘉手纳空军基地起飞，到2000千米以外的中国领海以外敏感空域进行空中情报侦察活动，毫无疑问严重侵犯了中国的国家安全。由于EP-3E侦察机不是民用飞机，其空中任务不是空中飞越而是空中盘旋，其抵近侦察的行为属于敌意和恶意侵犯行为，因此与《联合国海洋法公约》中规定的专属经济区上空可以自由飞越的规定不符，中国有权按照军事戒备等级采取行动，以捍卫国家主权和海空安全。

在对上述原因进行分析之后，我们再来反推一下中美南海撞机的过程。美国调查报告将中美撞机事件的责任归咎于中国飞行员王伟，且认为王伟在三个方面犯有错误：战斗机三次接近美机且距离过近，最近时只有5英尺（1英尺=0.3048米）；战斗机接近速度过快，致使机动过程中发生撞击；撞击过程中战斗机表现为主动，美机表现为被动，所以战斗机机毁人亡与美国无关。这个层面分析的重点为中国是否有权派出战斗机进行空中驱离，中国战斗机在执行空中驱离任务的时候应该采取何种战术动作，中美两国飞行员在空中遭遇之后是否保持战术默契。我国台湾退休战斗机飞行员张逸文在空军服役期间曾多次紧急起飞驱赶抵近侦察的美国EP-3E侦察机。他提出三点判据：一是根据各国防空法规及国际民航规定，飞行器飞至他国领空必须先经协调获得同意。二是当航空器受到战斗机拦截时必须听从指示飞离或引导降落，如不听从或有挑衅之转弯动作，战斗机理当基于防空安全断然击落之。三是战斗机拦截时必须保持在不明飞机之后侧方，缓慢靠近作目视鉴别及讯号沟通。战斗机不适合飞慢（因失速速度较高，慢飞操控性差，如受到前机尾流更易有危险），因此美国侦察机经常故意把速度放慢，使拦截机操控困难。同时，美国侦察机非但不听从指示飞离，且向我国台方突然急转，企图迫使我国台方战斗机冲出至前方或进入其尾流（其用心险恶）。在这种情况下，我国台湾战斗机采取左右蛇行或不断冲下拉起的动作以保持较大速度而不冲出前方，但如此则不易作目视鉴别飞机编号及标志。根据张逸文提供的上述判据，王伟驾驶战斗机在拦截和驱离美军侦察机的过程中并无任何过错，撞击责任完全在美国方面。

中美南海撞机事件模拟图

根据大量国际相关案例，也可得出类似的结论。冷战时期，苏联战略轰炸机经常到美国及北约近海沿岸抵近侦察和军事威慑，美国和北约战斗机则紧急起飞进行空中拦截和驱离，双方飞机最近时的距离是几十厘米，有点像特技飞行，做出这样的动作是在表示对对方的强烈抗议和不满。美军在制造事端、武装挑衅、武力遏制、军事对峙、炫耀武力等方面具有丰富的实践经验，同时，在防止擦枪走火和意外事故方面，也从一系列血的教训之中积累了大量经验。早在苏联时期，美苏之间为了防止飞机、潜艇和舰艇的碰撞事故，曾经进行大量谈判，并签署了一系列相关文件，比如，关于建立军事信任机制，规定必要的通信联络方式，作为观察员参加演习并进行观摩以了解和掌握战术动作及行动规律，在敏感海域和空域划分安全区、警戒区并进行必要的交通管制，出现紧急事件后讨论制定必要的处置措施，等等。这些都有助于增进了解，减少误会，求同存异，共同保持战略的稳定和相互的安全。

在国际军事斗争中，一方使用军用飞机前往另一方近海沿岸进行军事侦察监视是对该国进行军事威慑。在这种情况下，受害方理应出动战斗机进行拦截，这种拦截如果是在领空，有权将来犯者击落；如果是在国家管辖海域，可以进行警告后驱离。在以往军事斗争实践中，早期的苏联及如今的俄罗斯，经常出动战略轰炸机抵近日本、美国及其他北约成员国领空外围进行威慑性飞行，即便对方正在公海进行军事演习，他们的作战飞机也经常光顾，甚至超低空飞越美国海军航空母舰及军演禁区上空，这就是军事悬崖政策，要挑战就要挑战对方的极限，从中探测对方的军事情报，并获取对方危机处置的方法和措施。为了避免在类似的空中较量中出现误判、碰撞等灾难性事故，相关各方应经常进行会晤，进行某些技术层面的接触和交流，在空中交通管制规则、空中常用通信方式、国际紧急呼叫频率、飞机拦截与规避动作、紧急话音通信短语等方面进行必要的沟通，在海洋法、海战法、空战法、民用航空法等一些重要国际性法规方面达成共识，以免在关键时刻、危急关头双方飞行员之间难以用最简捷的方式进行沟通。这或许在技术层面成为酿成此次事故的一个重要因素。

美国海军侦察机EP-3E被撞后停放在中国海南陵水机场

中美展开外交战，双方互探底线

对于“撞机事件”，美方调门很高，气焰十分嚣张，根本不想承担责任。对于中方坠毁的飞机和失踪的飞行员，美方只是轻描淡写地表示“遗憾”，要求中方尽快“释放美军机的机上人员，并归还美国侦察机”，甚至提出不准中方人员登上美方飞机进行检查。2001年4月1日下午3时许，美军太平洋总部将“撞机事件”公之于世，声明要求中国政府按照国际惯例，保持飞机的完整，保证机组人员的安全，为飞机和机组人员立即返回美国提供便利条件，而对中方飞机被撞后坠毁、人员失踪，则只字未提。

中方驳回了美方的狡辩，拒绝了美方的要求，对美方给中方造成的损失，以及美方飞机未经许可进入中国领空并降落中方机场一事，中方保留进一步向美方交涉的权利。指出美国侦察机的行为违反了国际法和中国法律有关规定，构成了对中国主权和领空的侵犯。无论根据国际法还是中国国内法，中方都有权对未经许可闯入中国领空并降落在中国机场的飞行器进行调查。中方强烈敦促美方认真对待中方的严正交涉和正当要求，尽快就美方飞机撞毁中方飞机并侵犯中国主权和领空的行径，向中国政府和人民作出解释。中方向美方正式提出四点意见：

第一，美方应当为这次事件负全责。美方飞机的行为违反了《联合国海洋法公约》的有关规定，并破坏了中美双方2000年5月就避免海上危险军事行动达成的有关共识。这次事件完全是美方的错误造成的，美方理应承担全部责任，作出道歉。

第二，事件发生后美方采取的态度和做法是错误的。事件发生后，中方一直采取冷静、克制和负责任的态度进行处理，不希望看到中美关系大局因此受到影响和损害。中方还从人道主义考虑，对美方机组人员予以妥善安置，并安排美国驻华使领馆人员同美方机组人员见面。但美方却采取了相反的态度和做法。明明是美方侦察飞机违反国际通行的飞行规则，撞毁中方军机，并非法闯入中国领空，降落在中方机场，构成了对中国主权和领土的严重侵犯，威胁了中国的国家安全，美方不仅不尊重事实，承担责任，反而摆出霸道架势，强词夺理，混淆是非，一再对中方无理指责，这是错上加错。

第三，要想中方放人，美方必须先道歉。中方重视中美关系，希望

“撞机事件”尽快得到妥善解决。如果美方承认错误，向中方道歉，中方可以考虑安排美方机组人员尽快离开中国。中国的主权和民族尊严不容侵犯。美方必须充分认识“撞机事件”的严重性，认真对待中方的严正立场和要求，配合中方妥善处理这一事件。美方不要作出错误判断，不要再做任何可能使事态升级和复杂化的事。中方不愿看到事态不断升级，如果美方坚持使事态升级的做法，中方必将奉陪到底。

第四，美方应当立即停止在中国沿海的侦察活动。美方一再派侦察飞机到中国沿海活动，是造成此次事件的根源。美方应该认真对待中方的多次交涉，认真对待中国人民的严正要求，以负责任的态度妥善处理此事，并采取有效措施防止类似事件再次发生。

美方辩解说，事故发生在国际空域，虽然后来美方飞机的确进入中国领空，但在降落前确曾向中方发出过求救信号并请求降落。美方难以同意中方对碰撞原因的说法，也不能承担责任并向中方道歉。美方迫切希望中方允许美方人员再次探视美方机组人员，要求中方尽快释放被扣押的美方机组人员，并尽快把美方飞机移交美方。

中方对美方的辩解进行了严厉批驳。大量无可争辩的证据表明，美方对这一事件负有全部责任。这一事件实质上不是一个技术问题，而是中美之间严重的政治和外交问题，把这一问题的解决引向单纯的技术争论是错误的。美方肇事飞机机组人员是非法进入中国的军事人员，根据国际法和中国法律，中方完全有权对他们进行调查。两年前，美国轰炸中国驻南联盟使馆，这次又撞毁中方军用飞机。多年来，美国不断派飞机到中国沿海进行军事侦察活动，而中国从未派任何飞机到美国西海岸或东海岸进行侦察。对于美方的上述行径，我们的态度一是反对，二是不惧怕。多年来的事实证明，美方愈是施压，就愈会激起中国人民的愤慨。

中国国防部发言人发表谈话，用大量事实说明，这次“撞机事件”的直接原因就是美国侦察机违反飞行规则，突然大动作向我军用飞机转向造成的，美方应该对这一事件承担全部责任。接连数日，全国各地群众对美国侦察机撞毁我军用飞机事件进一步表达愤慨和谴责。国际社会也纷纷发表评论，支持我国的立场，批评美国的态度，谴责美国政府在处理“撞机事件”中的霸权主义行径，认为美国对中国进行的空中侦察活动是对中国的侮辱，美国应就其军用侦察机撞毁中国军用飞机一事向中国道歉，因为美国侦察机从事的是间谍活动。

美国表示道歉，中国同意放人

4月5—10日，中美进行了11轮艰苦谈判，较量的焦点主要是美方必须就撞毁中方飞机、导致中方飞行员失踪及美方飞机未经许可进入中国领空并降落在中国机场，向中方道歉。要求美方必须满足三项要求：一是美方必须以适当的英语措辞，对事件本身、中方飞行员和飞机损失及美机未经许可进入中国领空并降落在中国机场，进行道歉；二是在飞机降落问题上，美方必须承认"未经允许进入中国领空"；三是美方应对中方妥善安置机组人员表示感谢。

4月11日，美国驻华大使普理赫代表美国政府正式向中国政府递交道歉信。美方在信中表示，"布什总统和鲍威尔国务卿对中国飞行员失踪和飞机坠毁都表示了真诚的遗憾。请向中国人民和王伟的家属转达，我们对飞行员王伟的失踪和那架飞机的坠毁，深表歉意"。此处，美方特意使用了"very sorry"。美方在来信中还对美方的侦察机"未经口头许可而进入中国领空并降落，深表歉意"。这里，美方再次使用了"very sorry"。美方在信中还"感谢中方为妥善安置美方机组人员所做的努力"。

尽管中国政府和人民对"撞机事件"感到十分愤慨，但中方始终依照国际法和中国有关法律规定，从中美关系的大局出发，采取冷静、克制的态度。中方还本着人道主义精神，对美方侦察机上的24名机组人员给予妥善处置，并安排美驻华使领馆人员多次同他们见面。鉴于美国政府已向中国人民道歉，出于人道主义考虑，中国政府决定允许上述人员在履行必要手续后离境。4月12日，中方在海口美兰机场向美方移交了美EP-3E侦察机上的24名机组人员，允许他们乘坐美国政府租用的美国大陆航空公司一架波音737商业包机从海口出境回国。美国东部时间4月12日中午12时21分抵达夏威夷的希凯姆空军基地后，美国当局为他们举行了简短的欢迎仪式，美军太平洋舰队总司令法戈宣读了美国国防部长拉姆斯菲尔德的欢迎信。他们在经过两天的汇报后，于14日上午返回位于华盛顿州的基地，同家人团聚，每人得到30天的假期。美方部分人员回国后抱怨说他们受到了严格监控和长时间审讯，说中方把他们当作"人质"扣押。这些人弄错了自己的身份，他们并不是游客，更不是贵宾。他们是不速之客，是对中国国家安全和主权构成威胁，撞毁中国军用飞机，致使中方飞行员牺牲的美国情报人员！我们完全有权对他们进行必要管束，也完全有权要求他们配合调查取证。尽管如此，我们还是本着人道主义原则，并根据中美领事条约的有关规定，安排美驻华使领馆官员先后五次前往探视，并安排美方机组人员给家人打电话报平安，向他们转交美方送来的日用品，允许他们通过电子邮件与家人联系等。

4月13日，当美国侦察机机组人员回到美国以后，布什总统完全改变了以往的外交口吻，直接反对中国声称的美国飞机是撞机事件肇事者这一说法。同时声称，美国将恢复在中国近海的侦察飞行，使用的飞机是侦察能力更加强大的U-2侦察机。

侦察机被大卸八块，用大飞机运回肇事飞机

对“撞机事件”的处理，美方内部特别是国务院和国防部之间一直存在分歧。在谈24名被扣人员的问题时，是由美国国务院主导。人员回美国之后，到了谈飞机的时候，则变成主要由军方主导。美方代表团主要由国防部和美军太平洋总部的军官组成，美国国务院仅派了两名官员参加。这些人一上来就习惯性地摆出一副颐指气使的架势，妄言以前美国飞机也出现过在别国迫降的情况，其他国家都是很顺利地将飞机还给美国，不仅如此，还给美国飞机加满油。他们竟然声称“撞机事件”责任在中方，要求中方尽快归还美方飞机，允许美方派人查看并修复美机，还为美国派军机到中国沿海进行侦察飞行作无理狡辩。中美谈判中，对一些具体问题，尽

2001年6月18日，海南陵水军用机场：EP-3E等待排放油料和拆卸

2001年6月20日，海南陵水军用机场：EP-3E拆卸机尾前的准备工作

管前一段中美双方已经谈得差不多，甚至已经定下来了，他们也居然全盘推翻。中方据理驳回，打压了美国人的嚣张气焰。

4月23日，美国空军为了保障今后对中国沿海地区的侦察飞行，已经在日本冲绳嘉手纳空军基地开始实施侦察飞行的预演训练。4月25日，美国总统布什表示，美国将恢复在中国沿海附近空域的军事侦察飞行，但他拒绝透露恢复侦察飞行的具体时间表。其间，中美经过多轮非正式磋商，决定由美方先派一个技术评估小组，赴海南陵水军用机场查看EP-3E侦察机。5月10日，美方技术评估小组对飞机评估后，提出派技术人员赴海南陵水军用机场，将飞机修复后，整机飞离海南。

5月7日起，美国恢复了对中国沿海地区的空中侦察，美国侦察机与中国海岸始终保持在50~70英里（1英里=1.609344公里）之间的距离，出动的侦察机型号分别为RC-135和EP-3E。中国战斗机对美机的侦察都进行了远距离跟踪监视。美国坚持的立场是美国侦察机有权在国际空域飞行，而美国认为专属经济区海域上空是国际上允许的“无害航行区”。事实上，美军想在这个敏感时刻对中国进行测试：一是测试中国政府的反应底线和民间反应的强度，作为下一轮与中国打交道时的参考。二是测试中国军方在遭遇这种高空、高速侦察机时，中国空军的反应行动如何，包括从何处升空，用什么型飞机，多长时间即飞临美军侦察机身边，相遇后会有什么动作，双方飞机保持的距离等。三是确定自“撞机事件”发生以来，中国反侦察的能力有何改变，从而判断中国有没有解开那架EP-3E侦察机上的情报系统特别是声音识别系统的谜团，中国据此采取了哪些措施。美国恢复

2001年6月23日，海南陵水军用机场：EP-3E的4个螺旋桨被陆续拆卸

2001年6月23日，海南陵水军用机场：EP-3E机尾与机体完全分解

侦察的用心之险恶由此可见一斑。在这种情况下，美方要中方同意其把飞机修好后再飞回美国去，简直欺人太甚！美国人的无理要求当即遭到中方的断然拒绝。美方反复纠缠，说什么修复飞离是解决问题的最便捷方式，声称他们愿采取让中方人员乘坐美方飞机监控、防止侦察设备被启动，以及切断或拆除机上与飞行无关的设备电源等措施，以解除中方的安全关切。美方还以所谓拖延美方飞机返还将影响美中关系相要挟。

中方强调，鉴于美方飞机的性质，如何返还飞机，不仅仅是个技术问题，而且是一个具有重要象征意义的政治问题。飞机修复后像什么事都没有发生一样，整机飞离中国，这是不可能的，中国人民是不能接受的。美方必须丢掉幻想，考虑用其他方式将飞机运回去。EP-3E侦察机是一架大型飞机，长35米，高10米，翼展达30多米，无论从陆路还是从海路，都不可能运离海南陵水军用机场。从海南陵水军用机场走陆路到海口，要经过隧道，飞机不拆解根本无法通过。如果走海路，仅仅把飞机运到船上去，就需要专门修一条新路。美国人考虑再三，不得不提出将飞机拆解后再运走的新方案。他们决定从俄罗斯航空公司租用一架安-124型远程重型民用运输机，把拆卸后的美国飞机运走。中方同意了这一方案，并表示愿意向美方提供必要协助。

6月15日，美方派出的负责拆解飞机的12名技术人员乘坐美方专机，抵达海南三亚凤凰国际机场。负责此次拆解工作的是美国洛克希德·马丁公司，该公司是EP-3E间谍机的制造商。此次使用的是世界上最大的安-124-100型运输机，由俄罗斯波廖特空中货运公司提供，负责从中国海南陵水军用机场，将分拆的美军EP-3E侦察机运回美军设在关岛的军事基地。次日，安-124型远程重型民用运输机（该机翼展73米，机长70米，最大载重120吨，是世界商业飞机中的巨无霸）抵达海南陵水军用机场，飞机上装载了拆解飞机用的铲车、吊车、工具箱和用于包装的木材等设备。由于拆解飞机所需设备较多，安-124型运输机先后分五次运入这些设备。从6月18日开始，拆解工作持续了十多天，直到6月29日中午才全部结束。在飞机拆解的过程中，安-124型运输机先后将已经拆卸下来的飞机起落架、天线和机翼等部件，分批运回美国。7月3日，第十个架次也是最后一个架次的安-124型运输机，装载着美国EP-3E侦察机机体、机上侦察设备及部分拆解工具，从海南陵水军用机场起飞出境。一小时后，美方拆运技术人员也离开陵水军用机场，于次日上午乘美方专机从三亚凤凰国际机场出境。至此，美国EP-3E侦察机的拆运工作全部结束。

中国要求美国支付100万元的相关费用。但美方认为要价太高。8月10日，美国国防部发言人奎格利说，美方将就中美撞机事件向中方支付3.4万美元，用于支付中方在处理中美军机在海南岛附近海域相撞事件的花销，并且认为美国给出的支付数额是“不可谈判的”，是“终极的”。美国海军称洛克希德·马丁公司将向中国支付75724美元，用于在海南期间租借交通工具、存储设备和其他服务的费用。中国外交部发言人8月11日表示，美方就撞机事件向中方支付问题作出的所谓决定，“无论内容还是形式，都是中方不能接受的”。中方已就此向美方表示强烈不满和断然拒绝。美国国务院发言人8月16日发表谈话，坚持认为美国提出的赔偿数额“合情合理”。据美国国防部发言人透露，为了拆解、装运EP-3E侦察机，美国海军花费了580万美元。

延伸阅读：EP-3E侦察机——窥探别国机密的电子间谍

EP-3E侦察机是世界上最先进的侦察机，机上装载了各种各样的先进仪器和设备，它的功能有三类：一是电子信号侦察。我们知道，任何电子设备都辐射电磁波，但各种电子设备的电磁波和频率都是不一样的，如果你的手机频率被别人探测到了，轻则可以随便窃听你的谈话，重则可以把这个频率装到反辐射导弹上去，你要是再用这个手机打电话，就等于告诉对方的导弹“向我开炮”！车臣反政府武装领导人杜达耶夫就是因使用手机招来导弹被炸身亡。手机都能招来导弹，如果是军用通信系统的频率被侦察到，损失将更大。如果你的地面监视雷达的辐射频率被别人探测并记录下来，同样可以把这个频率装到反辐射导弹上去，危机或战争爆发前，这个雷达就会第一个被准确干扰或摧毁。美国袭击利比亚地空导弹阵地、海湾战争爆发前的“白雪行动”都是这样干的。

二是照相。照相分两种，白天用日光型相机照相，夜晚用红外相机照相。照相的目的是为战斧巡航导弹、电视制导炸弹等精确制导武器或作战飞机的飞行员准确投弹提供依据，没有这些东西，战时很难精确打击目标。

三是对水声信号进行侦察。所谓水声信号，是指潜艇、水面舰艇、大型船舶、鱼雷等在水中航行时发出的噪声信号，每一艘潜艇、舰艇都有不同的噪声特征，侦察、记录这些信号特征，等于给每一艘潜艇、舰艇建立了一个水声信号档案，这些信号如果装到对方的潜艇、舰艇、声呐、鱼雷、智能水雷等兵器中去，就会对我方潜艇和舰艇造成致命的损伤。如果没有这些水声信号，在茫茫大海中要想发现一艘潜艇好比是大海捞针；如果知道了这些信号，则能有的放矢，直击要害。EP-3E侦察机类型繁多，此次迫降在海南的这架飞机，主要是以电子侦察为主，照相和水声侦察的功能较差。

千里眼：探测别国机密情报，窃取别国电磁频谱

EP-3“白羊座”是P-3反潜机的电子战改型，1969年服役，1974年全面替换了EC-121“超级星座”电子侦察机。EP-3E“白羊座Ⅱ”是EP-3系列的改进型。该机采用四台涡桨发动机，续航时间12小时，航程5400千米。4570米高度最大速度703千米/小时；巡逻速度333千米/小时；实用升限8535米；最大任务半径4075千米，最大起飞重量64410公斤。翼展30.38米，机长35.61米，机高10.27米，机翼面积120.77平方米。没有配备武器，不具备空中加油能力。机组为24人，其中含19名电子操作员，包括7名军官，3名飞行员，1名导航员，3名战术程序员，1名飞行工程师，其余为设备操作员、技术员、机械员等。机组技术人员的典型配置为电子战任务指挥官、电子战飞机指挥官、高级电子战战术程序员、电子战操作手。

EP-3E侦察机的机载电子设备包括联合技术实验室的信号收集系统、无线电定向仪、自动频率测量接收机、多路无线电通信录音装置。EP-3E侦察机和EP-3侦察机在外观上有较大差异，前者机身下有一个大型圆形雷达罩，机身上、下各有1个长方形黑色天线罩。机尾有低波段信号采集工作站，设置在雷达发射支援控制台上，这个工作站的目标系统包括早期预警、高度识别和气象雷达。机尾还设有高波段分析工作站，比邻低波段信号采集工作站。“大锁”操作工作站处理EP-3E侦察机雷达和远距雷达接收仪的信号。电子情报管理工作站负责对雷达发射支援控制台的全面管理。电子战协作工作站对电子情报和通信情报进行综合处理，转发给相关方面。通信情报控制台位于飞机的右舷、主舱的后面，有5位工作人员。他们的任务是通信情报采集、分析和通译。借助上述电子战装备，EP-3E侦察机能完成多种侦察监视任务，尤其在监听敌方无线电通信方面作用很大。

EP-3E侦察机通常在敌国的领空之外飞行，主要任务为电子监听，搜集敌国国土上各种无线电设备发射出的电子信号，如广播、无线电台、

美国海军EP-3E侦察机

电报、对讲机、手机，等等。它具有全天候侦察能力，机动性较强，能迅速提供所需情报。一旦接到命令，可以立即起飞，前往目标附近空域进行侦察。该型机主要搜集对方防空系统的电子信号，尤其是对方战舰雷达信号和对方国土纵深防空阵地的无线电秘密，从而确定对方防空系统的具体位置等内容，弥补美军间谍卫星和空军侦察机的不足。一旦参加作战，该型机可以为配备导弹的袭击对方雷达的美军战斗机提供对方防空导弹阵地情报。同时，该型机还可评估战场上对方电子作战系统损坏的情况，包括对方防空雷达遭受损失的程度。

冷战时期，EP-3侦察机曾为美国中央情报局和国家安全局等情报机构提供服务。在1991年海湾战争中，该型机四处活动，窃听伊拉克军队防空部队的通信情报，窥探对方的军事秘密，为美军作战提供服务。美军战术指挥官根据该型机的情报，多次向伊拉克军队发动空中袭击和地面火炮攻击。20世纪90年代，3架该型机每天从希腊克里特岛前沿基地起飞，密切注视阿尔巴尼亚局势的发展，并对波黑进行监视。该型机还根据美国国家安全局的安排，监视北非和中东地区的军事等方面的动向。

美国海军拥有2个部署EP-3侦察机的舰队空中侦察中队，将EP-3侦察机分别部署在太平洋和大西洋等地。其中，第二空中侦察中队的一个EP-3飞行小队长期驻扎在西班牙的罗塔基地，1969年，美国海军第一架EP-3系列Ⅰ型侦察机投入使用，成为太平洋舰队第一空中侦察中队的成员。根据当时的规定，每个中队配备 6 架EP-3侦察机、60名军官和250名士兵。每架飞机在西太平洋基地值勤时间为半年，然后进行轮换。平时，空勤人员在国内进行训练的时间为1年。1971年，第一空中侦察中队进驻西太平洋的关岛基地，开始在西太平洋活动。1991年，该中队将一个支队从日本的厚木移到三泽基地，开始部署第一架新型的EP-3E侦察机。1994年，第一空中侦察中队移防华盛顿州惠得比岛，但仍经常前往日本三泽和嘉手纳航空基地执行空中侦察任务。该型机造价3600万美元，每小时飞行开支大约为2100美元，因此，一次飞行的费用为数万美元。

顺风耳：千里之遥能听清谁在说、说什么

2001年5月15日发行的《华盛顿时报》披露了这架EP-3E侦察机的一个惊人的机密：它安装的声音自动识别系统功能强大，只要被侦察者通过无线电进行对话，系统便能查明通话者的身份，尤其是领导者的身份。美军正是靠着这套功能异常强大的系统，掌握了其他国家大量的绝密情报。美军认为，这套系统其他国家并不清楚，在撞机事件之前，中国军队当然也不清楚。所以，美军侦察机在飞行时才那么放肆。

五角大楼专门邀请语言学家，对被侦察国家的语言进行了全面深入的研究，开发出了一套独特的电子监听系统。只要美军截获到对方的通话，这套系统就能立即识别出通话者的身份，从而判断出所搜集到的情报的价值。要做到这一点在以前是一件难以想象的事，因为噪声问题无法解决。现在，美军已经掌握了相关技术，截获到对方的通话后，监听系统能自己删除静电等其他杂音，然后与声音数据库相对照，就能识别出通话者的身份。

美国海军EP-3E侦察机

EP-3E侦察机在由日本冲绳嘉手纳空军基地起飞到南海之前，对记录有中国军方通信信号的“电话簿”进行了更新，该电话簿内记录有电子通信信号、频率及其他雷达和微波通信设备的详细资料，这些资料，在两国战时及出现紧张状态时，将会起到十分大的作用。机上装有美国情报部门最先进的信号拦截器。这套“传感系统提高程序”是由美国顶级情报专家和电脑专家联手设计的，把战术通信、电子支援措施、特别信号处理及利用系统有机结合起来，可对搜集到的情报进行一条龙处理。侦察机上还安

装了一套最新的空中信号情报搜集系统，它可以大大提高侦察时截获的电子通信信号的在机处理能力。

飞机降落海南后，机组人员在机上停留了15~30分钟，利用这段时间，他们按照规定毁掉了大量情报载体，但也许是因为紧张，也许是因为其他原因，飞机上一个绝密文件的储藏间竟然原封不动地保留下来。通过对这些文件的分析，完全可以掌握美国的情报搜集能力究竟有多高。《华盛顿时报》称，五角大楼已经对由此造成的可能损失进行了评估，但他们不敢肯定的是，中国方面是否解开了这些文件的秘密，中国军方是否采取了相应的对策，在无线电和通信设备上安装了过滤和干扰系统，挫败美国侦察机的监听行动。

五角大楼一位情报官员介绍说，国家安全局是五角大楼管辖的电子侦察机构，它一直将声音识别技术当作研究重点。随着电脑技术的飞速发展，美国军方的声音识别技术也日臻完美。这位官员透露了一个惊人的细节：如果说，美国对其他国家的一些下层官员不太熟悉或者不太感兴趣，因此他们通话时无法或不想识别他们的身份的话，其他国家的高层领导人则全在识别之列。比如，利比亚领导人卡扎菲就是美国情报机构重点识别的对象，只要卡扎菲利用利比亚的通信网络进行通话，声音识别系统就会立即提醒工作人员：卡扎菲正在通话，请注意。

事实上，早在20世纪70年代，美国国家安全局就已经掌握了移动电话声音识别术，如果苏联领导人勃列日涅夫乘车行驶在莫斯科的某条大街上，他用移动电话跟其他人通话，美国国家安全局的声音识别系统就会立即确认出勃列日涅夫的身份，他的谈话内容就会立即被美国国家安全局工作人员记录下来。五角大楼一位情报官表示：“这套系统甚至能够分辨出是车内的勃列日涅夫还是其他人打了嗝！”

美国前情报官詹姆士·巴姆福德在他的新著《秘密》一书中透露，美国情报部门开始声音识别技术的研究已经有很多年了，这套系统的功能不断完善，可以准确地识别出具体的声音。巴姆福德指出：“监听员甚至可以说出被监听者是否感冒了！”他还透露，美国国家安全局拥有大量被监听者的资料，有时候监听员在监听时，旁边就放着这些被监听者的照片。

俄罗斯战机抵近侦察遭驱逐

图–95熊式轰炸机：世界上最大的涡桨战略轰炸机

图–95熊式轰炸机是苏联图波列夫飞机设计局研制的远程战略轰炸机，是世界上最大的涡桨轰炸机。1951年开始研制，1954年第一架原型机首次试飞，批量生产型于1956年开始交付使用。早期型生产300多架，除用作战略轰炸机之外，还用来执行电子侦察、照相侦察、海上巡逻反潜和通信中继等任务。20世纪80年代中期，图–95轰炸机又开始恢复生产，主要生产可带巡航导弹的图–95MC轰炸机和由图–95改型的海上侦察/反潜机图–142M3型。1992年停止生产。现约有150架图–95M/K/MC仍在服役，与40架图–160变后掠翼超音速远程轰炸机和220多架图–22M中远程超音速轰炸机一起组成俄罗斯的战略轰炸机机队。

图–95MS熊式轰炸机是图–95系列的最新改进型，最为明显的特征是取消了在其他的图–95翼下的机炮塔座、后机身观察窗及部分电子对抗和监视天线整流罩。图–95MS装有1台尺寸加大的机头搜索与侦察雷达，可携带H–55A巡航导弹。后期型号减少了机上机炮数量，雷达扫描天线以180度方位角向前搜索，由于使用地形匹配制导技术，能在3000千米范围为H–55A巡航导弹提供高精度制导。图–95MS采用4台涡轮风扇发动机。到1991年，图–95MS共生产了80多架。由于保留了早期型的空中加油探头，图–95MS有较好的航程和续航能力。图–95MS主要用于发射H–55巡航导弹，图–95MS16型可携带16枚H–55导弹。俄罗斯轰炸机远程巡逻自1992年中断，2007年根据总统普京的命令决定予以恢复。图–95MS可全天候执行飞行任务，配备有炸弹和射程达3000千米的高精度巡航导弹，也可配备核导弹，其最远飞行距离达1万千米。2010年，两架图–95战略轰炸机创造了新的飞行纪录，不着陆连续飞行时间长达近40小时，比上个纪录多出4小时。轰炸机飞越了北冰洋、大西洋、太平洋和日本海，在空中4次接受了伊尔–78加油机加油。

俄罗斯用战略轰炸机给日本画地图

2007年7月，俄罗斯图–95轰炸机还曾经靠近日本伊豆半岛西侧边缘飞行，但是俄机当时未闯入日本领空。

2008年2月9日7时30分，1架俄罗斯图-95战略轰炸机从北海道东北方向接近了日本防空识别圈，并侵入位于日本伊豆诸岛和小笠原诸岛之间的孀妇岩上空，侵犯日本领空近3分钟。为此，驻扎在千岁基地的日本航空自卫队F-15J战斗机进行了紧急起飞，对图-95战略轰炸机进行了跟踪监视。与此同时，驻扎在浜松基地的日本航空自卫队还出动了空中预警机对俄罗斯轰炸机进行了监视。在入侵领空事件中，日本方面共计出动了包括F-15J和E-767空中预警机在内的24架战机进行拦截。日本防卫省声明称："日本航空自卫队人员用俄语进行了一次通报，随后发出了一个警告，然后再次进行了通报和警告。但是俄机没有作出反应。俄机随后向北朝俄罗斯萨哈林方向飞去。"俄罗斯方面表示，4架图-95战略轰炸机9日在太平洋上空执行了一次例行性的10小时巡航任务。俄罗斯方面否认了日本外务省有关1架俄罗斯图-95战略轰炸机闯入日本领空的说法，宣称"俄罗斯空军飞机按计划执行了它们的任务，日本的领空没有遭到侵犯。战略轰炸机的飞行是严格按照在中立海域飞行的国际规定进行的，没有侵犯两国之间的边境"。同时，俄罗斯方面称，美日战机对俄轰炸机进行了跟踪。日本外务省9日就侵入领空事件向俄罗斯驻日大使馆进行了严重抗议，并要求防止此类事件再次发生。与此同时，俄罗斯第一副总理伊万诺夫在9日夜与日本外相高村正彦进行了会谈。对于俄轰炸机侵入日本伊豆诸岛南部领空事件，伊万诺夫称："我们自己已经调查过了，没有侵犯日本领空。"对此，高村正彦也表示："日本航空自卫队的飞机进行了紧急起飞，并进行了确认。希望俄罗斯方面再次进行调查。"

2011年9月，俄罗斯2架图-95MS战略轰炸机环绕日本列岛飞行一周，并在南千岛群岛上空进行了空中加油。当时日本出动了战斗机进行跟踪。日本政府此后正式要求俄罗斯停止这种飞行，但俄方未予理会。

2012年2月9日上午至晚间，俄罗斯空军2架图-95MS战略轰炸机从乌克拉因卡空军基地起飞，抵近日本周边空域，自竹岛（韩国称独岛）附近水域上空北上至北海道上空，又经北方四岛（俄罗斯称南千岛群岛）上空南下，沿日本领空周边飞行，侦察日本雷达警戒等情况，飞行路线经过日本列岛北部的太平洋中立水域上空。除2架图-95MS战略轰炸机外，俄军还出动了2架护航的苏-27战斗机、2架伊尔-78加油机和1架A-50空中预警机。俄空军的这种空中巡逻是自2007年8月起定期进行的计划行动，所有飞行均严格遵守相关国际法，没有侵犯其他国家领空。2月上旬，俄罗斯出动2架图-95和2架苏-24战斗机以及1架A-50空中预警机接近日本领土飞行。日本航空自卫队方面认为，俄军机有可能再次环日本列岛飞行一周，于是紧急出动战机进行尾随，加强对日本领空的戒备。日本航空自卫队战机首次确认俄A-50空中预警机在日领空附近飞行，A-50空中预警机飞抵日领空极为罕见，不排除俄军机在搜集日本情报的可能性。

4月16日，俄罗斯出动超过40架战略轰炸机在靠近日本领海的俄罗斯边境进行为期5天的远程航空演习，演习训练内容包括远程轰炸和机载巡航导弹发射训练以及空中巡逻和空中加油等演练项目。参加演习的有大约30架图-95轰炸机、10架图-22M3轰炸机、2架伊尔-78空中加油机。

6月29日，俄罗斯空军的4架最新式的超音速轰炸机图-22轰炸机携带导弹飞临日本东北地区和北海道的日本领空警戒空域。日本驻守在北海道千岁基地的航空自卫队紧急出动F-15战斗机和空中警戒机进行拦截和监视，双方没有发生摩擦。携带导弹的俄罗斯轰炸机逼进日本领空，这还是第一次，这是俄罗斯对日本的一种示威。

12月17日，一架俄罗斯侦察机从日本海抵近日本空域实施侦察。日本航空自卫队战机紧急升空拦截后才发现，这架侦察机居然是俄罗斯还在试飞中的图-214R侦察机。更富戏剧性的是，这架侦察机在第二天再度“访问”了日本。图-214客机于1996年首飞成功后，俄罗斯空军决定以其为平台研制新式电子侦察机，也就是图-214R侦察机。首架原型机编号为RA-64511，于2009年首飞。有人根据其机身雷达天线罩认为其类似于美国E-8“联合星”情报监视侦察/指挥控制飞机，也有人认为其类似于美国RC-135V/W“铆钉”飞机，主要负责电子/信号情报搜集任务。此次俄空军连续两天侦察日本，很有可能是为了对图-214R侦察机的性能进行实战检测。

俄罗斯图-22逆火战略轰炸机

猫捉老鼠，老鼠戏猫，俄罗斯用轰炸机玩儿深沉

2010年11月12日，俄罗斯4架图-95MS战略轰炸机在太平洋和北冰洋海域上空执行巡逻任务。巡逻中战略轰炸机在空中由伊尔-78加油机加油，飞行时间大约15小时。此间，先后有包括挪威、日本和韩国空军在内的F-16、F-15、F-2等10架外国战机拦截或伴随飞行。

2011年3月23日，俄空军宣布，2架图-95MS战略轰炸机圆满完成一次长航时巡航。这2架图-95MS战略轰炸机从远东的阿穆尔州基地起飞，飞行路线包括阿留申群岛附近海域上空。此次飞行持续将近30小时，其间进行了两次空中加油。在图-95MS战略轰炸机飞行过程中，有几架北约战机伴飞，其中包括4架挪威空军的F-16战机和2架英国空军的狂风战机。俄远程轰炸机经常在北冰洋、大西洋、黑海以及太平洋国际海域上空巡航，机组人员可以通过这样的飞行提高技能。

2012年7月8日，俄国防部发言人弗拉基米尔·德里克宣布，俄空军4架图-95MS战略轰炸机从阿穆尔州乌克兰卡机场和堪察加彼得罗巴甫洛夫斯克叶利佐沃机场起飞，成功完成在太平洋东北部中立水域上空的飞行。两组飞机的航行时间分别为13小时和20小时。机组人员演练了在无地标区域上空的飞行技能，并由伊尔-78加油机进行空中加油，以抵达阿留申群岛西海岸及在阿拉斯加沿岸巡逻。他还指出："在中立水域上空的整个飞行期间，2架美空军F-15战机都相伴左右。"俄空军飞机严格遵守国际公海上空飞行规则，没有侵犯任何国家的边界。6月19—21日，俄空军在北冰洋地区举行飞行战术演习。远程航空兵部队约30架飞机参与了演习，包括图-160和图-95MS战略轰炸机、苏-27和米格-31战机、伊尔-78空中加油机和A-50空中预警机。俄军机在演习中飞到了阿拉斯加州海岸附近的国际空域，当时也有F-15战机"护航"。美媒认为此举是"俄对美立场强硬的又一信号"，甚至是停止"重启"俄美关系政策的预兆。

美军无人机侵入领空，伊朗成功引诱生擒

2011年12月4日，伊朗电视台宣布伊朗军方在东部地区击落了一架美国RQ-170"哨兵"无人侦察机，并在几天后又公开播出了RQ-170无人机

的画面。这种来无影去无踪、在空中秘密徘徊、窥探和搜集别国情报的先进无人机，为什么会“毫发无损”地被伊朗人擒获？伊朗使用了什么高超技术？正当人们对伊朗充满质疑的时候，2012年12月，又有一架美军“扫描鹰”无人机被伊朗生擒。伊朗高超的电子战技术令世界刮目相看，伊朗捍卫国家主权和尊严的强势作风令美国震惊。

从“坎大哈怪兽”到RQ-170“哨兵”

RQ-170无人机是2007年底被派往阿富汗的，部署在坎大哈国际机场。其间，美国空军一直严格保密。2009年12月初，随军记者拍摄到它从坎大哈基地起飞的画面，外表奇特，行动诡异，几张模糊不清的照片被贴到网上后引发热议。由于其经常在阿富汗坎大哈国际机场上空出没，因此外界赋予其“坎大哈怪兽”的绰号。12月4日，美国空军首次承认“坎大哈怪兽”实际上是一种名为RQ-170“哨兵”的无人机，主要是支持前线作战部队作战，执行侦察监视任务，为美国联合作战部队提供情报。这表明它是一种配合作战行动的空中战术平台，而不是一种仅仅用于情报搜集的战略平台。

从地理位置来看，坎大哈基地的东南方向距离巴基斯坦边界只有110千米，向西距离伊朗边界仅有400千米，向东距离中国边界大约为1000千米，美国在此部署无人侦察机可以根据任务需要随时飞到巴基斯坦、伊朗和中国境内，充当空中间谍搜集情报。2008年底以来，美国军方开始扩大坎大哈基地的规模，在那里建设中亚地区一流的情报中心。RQ-170无人机由位于克里奇空军基地的空战司令部第432联队负责操纵，2010年8月承担了美国中央情报局的绝密任务，多次飞入巴基斯坦境内，密切监视本·拉登藏身的阿巴塔巴德地区，为“海豹”突击队成功击毙拉登获取了足够的情报信息。突袭行动当天，一架RQ-170无人机对阿巴塔巴德地区实施了持续监视，同时还密切监控巴基斯坦军队的无线电通信，可谓立下了汗马功劳。该机凭借出色的情报、侦察监视系统，向地面上的部队实时传达周围的情况，如锁定目标位置、及时变更行动路径等，有效地配合“海豹”突击队执行任务。

RQ-170：空中千里眼，顺风耳，电视转播台

从外形看，RQ-170无人机和B-2隐身轰炸机差不多，机长4.5米，机高1.84米，翼展26米。从翼身融合体来看，RQ-170无人机采用了适度隐身设计，将机载设备全部安装在机身内部，外表面没有突出物，呈光滑的流线型，这既减小了飞行阻力，又大大减少了雷达波的反射。在机身上部进气道的两侧分别设计有一个类似“驼峰”的流线型隆起，一方面可以作为内置式传感器舱，另一方面则起到提高机身升力和增强操纵性能的作用。传感器舱的根部表面设计有格栅进气口，显然是用于冷却大功率电子设备的，因此推测里面装有一些保形天线。常规情况下，这些天线应该属于信号情报传感器系统，可以提供快速扫描通信频带，以便搜寻感兴趣的通信信号，具有较高的信号截获概率和方位精度。

该机配备了一个全动态视频传感器，可以实时捕获战场的图像或视频，并通过一条视距通信数据链，将获得的数据传输到地面控制站，能够实时提供基于行踪的情报信息。因此在2011年5月突袭拉登的行动中，美国总统奥巴马与其他政府要员才能够在白宫实时观看突袭行动的整个过程。在此次突袭行动中，从早期准备到正式实施，美国从未发现拉登本人的蛛丝马迹，但是通过卫星和无人机的长期监视，来来往往的重要人物及相关情景对照暴露了拉登的藏身之处，其中许多关键信息都是由全动态视频传感器系统搜集到的，所获得的数据由美国国家地理情报局负责分析。

RQ-170无人机还携带了合成孔径雷达等其他用途的一些传感器。机翼内段腹部装有一个朝上的光学孔径，推测是用于监视弹道导弹发射过程中的尾焰，以及时提供准确的数据，在弹道导弹防御中起到重要作用。外段机翼内安装有一个嵌入式设备，推测在内部装有视频记录器。从机翼和机身上方的多个快卸口盖来看，RQ-170

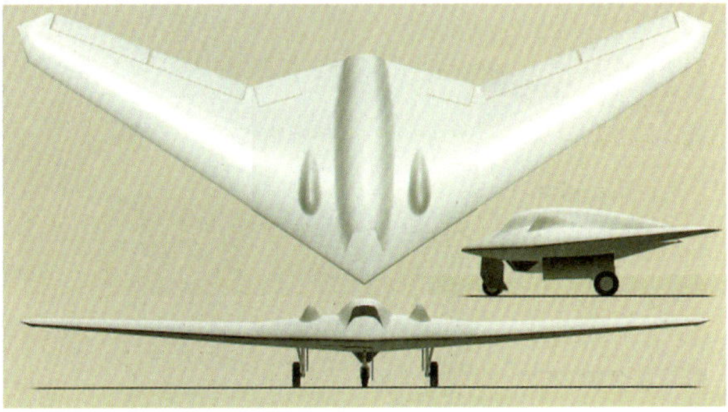
RQ-170无人机三视图

无人机在进气道上部安装有卫星通信天线和一些特种任务传感器。

RQ-170像断线的风筝，被伊朗从天上拽下来

在伊朗军方公布的RQ-170无人机电视画面一周后，美国《基督教科学箴言报》记者独家专访了一名不愿透露姓名的伊朗工程师，这名伊朗工程师说，他们利用了无人机自身一个众所周知的弱点，施计诱使这架无人机降在了伊朗境内。利用此前击落的美国无人机，伊朗收集到了所需的关键信息并掌握了一种技术。伊朗电子战专家通过对RQ-170无人机的通信链路实施干扰，切断了它与地面控制站的联系，迫使这架飞机进入自动驾驶状态，然后重构了这架“哨兵”无人机的GPS坐标，使其降落在位于伊朗境内而无人机误认为是阿富汗基地的地方。伊朗人利用的这种“哄骗术”考虑了精确的着陆高度以及经纬度数据，让这架无人机“自动着陆在我们希望它落的地点，而无须破译”来自美国指挥中心的“遥控信号和通信联系”。

西方军事专家认为，这名伊朗专家讲述的情况听上去像是真的。即使是现代作战级的GPS坐标都非常容易被操纵，重新校准无人机上的GPS并使其改变飞行航线，这当然是可能的，尽管不太容易实施，但这种技术的确存在。据这名工程师介绍，伊朗从2007年开始实施监视无人机的计划。2009年，得到伊朗支持的伊拉克什叶派武装人员使用廉价的现成软件，控制了美国“捕食者”无人侦察机的机载设备，下载了实时的未加密图像。更为巧合的是，RQ-170无人机在同一年部署到了阿富汗。

电视画面中，RQ-170无人机的左翼有一个凹陷，起落架被横幅遮挡。对此，这名伊朗工程师解释了其中的原因：无人机在伊朗的实际着陆地点和在阿富汗的原起降基地几乎处在同样的海拔高度，但实际降落时还是存在一定的误差，导致这架无人

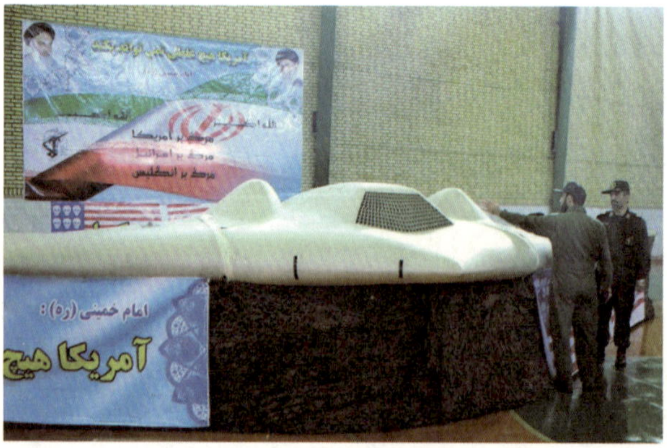

伊朗捕获美军RQ-170无人机

机在着陆时受到一些损伤。对此，美国情报官员持否定意见，认为伊朗军方花费了数天时间才发现了这架失踪的无人机，伊朗人可能只是偶然在坠毁位置发现了这架无人机。RQ-170无人机的机翼与机身之间是用胶布临时连接在一起，表明该机降落在地面时已经四分五裂，绝非引导降落。

对于伊朗工程技术人员的解释，美国方面予以否认，仍然坚持认为这架无人机受到损伤是因为出现了机械故障，而绝非电子攻击或网络袭击所致。

“哨兵”正在山寨，“扫描鹰”又被擒获

伊朗一方面加紧研发无人机的步伐，另一方面对美军“步步紧盯”，曾多次向海湾地区的美军无人机开火。2011年11月1日凌晨，一架美军MQ-1“捕食者”无人机正在海湾公海上空执行秘密侦察任务。两架伊朗苏-25战机向美军无人机两次开火，但均未击中目标。这是美军无人机首次在海湾公海上空受到攻击。与此同时，伊朗也加紧了自主研发无人机的步伐。2010年8月，伊朗曾宣布研制出一款飞行距离达1000千米的远程无人轰炸机。2011年9月，伊朗推出一款可连续飞行24小时的侦察无人机。11月初，伊朗研究人员又称研制出一款能够垂直起降的无人机。这说明伊朗的无人机技术已经具有比较高的水平。

在RQ-170无人机被伊朗俘获之后，美国认为伊朗是瞎猫抓了个死耗子，误打误撞，伊朗不可能再捕获第二架无人机。令所有人都感到意外的是，2012年12月4日，伊朗在海湾水域又成功捕获一架侵入伊朗领空的美国无人机，这是一架“扫描鹰”无人机，是从一艘美国战舰上起飞的。“扫描鹰”无人机是一种小型、长航时无人机，续航力15~48小时，最大飞行高度4900米，全重仅15公斤，机头装备一台光电或红外摄像机，可将侦察到的图像实时传回地面控制站。

伊朗捕获美军RQ-170无人机后立即致信联合国安理会，谴责美军无人机入侵伊朗领空的行为，同时毫不客气地拒绝了美国总统奥巴马归还无人机的请求。但是，伊朗工程技术人员特意制作了一架RQ-170无人机的模型，并作为礼物回赠给奥巴马。更让美国难堪的是，伊朗军方一再扬言要破解无人机上的各项技术，并通过逆向工程来仿制这种无人机。

前面有车，后面有辙。能走出第一步，就不愁第二步，如此步步紧逼，伊朗就会让美国头疼不已。美国再想像以前那样派无人机肆无忌惮地

入侵伊朗领空，伊朗一定让它有来无回。

外国飞机侵犯领空后是否有权开火

领空包括两个组成部分：领陆上空为领空，领海上空也是领空。领空的高度范围通常确定为110千米以下，即人造地球卫星的最低飞行轨道以下，其上为公空，外层空间享有自由飞越的权利。

2007年以来，俄罗斯恢复了终止15年的战略轰炸机巡航行动，引起美国和西方各国的高度关注。早在苏联时期，为了宣示国家的战略核攻击能力，苏联经常派遣“图”式、“熊”式和“逆火”式战略轰炸机携载核导弹前往美国及其他北约成员国沿海进行巡航，多次引发核危机。2007年以来，俄罗斯不仅恢复了这样的战略巡航，还多次抵近美国海军航母战斗群上空进行威胁。为了表示抗议，美国和北约军队每次都要派遣数倍于俄军战略轰炸机的战斗机前往拦截，拦截的顺序是先进行伴随航行，同时进行喊话、无线电通信和示威抗议，然后战斗机编队配合，将其驱离。这样的军事行动已经成为美俄例行的行动，看似非常危险，实际非常安全，从未发生过空中撞机事件，这说明美俄空军的飞行员飞行技能高超，而且相互之间也配合默契。当然，最重要的还是美俄的和平战略环境，双方都知道这些行动只是为了表示自己的强大而已，没有任何实质性的意义。冷战时期或两国处在紧张时期就大不相同了，很可能任何一个擦枪走火的事件都会引发重大危机甚至战争。

许多案例说明，不管是外国民航客机还是军用飞机，一旦进入别国领空，就必须遵守主权国家的规定，该请示的请示，该报告的报告，不能个性太强，要服从命令听指挥，人家让干什么就干什么。尤其是民航客机，在偏离预定航向的时候，如果面临对方战斗机的拦截，一定要无条件服从，不要固执己见，对方让迫降就要迫降，让返航就要返航。同时，作为主权国家，当发现外国飞机进入本国领空的时候，也要按照规定和程序办事，不能连个警告也没有，一上来就用高炮或导弹把人家的飞机击落，这是反应过度，简单鲁莽，不值得提倡。

正确的方式，应该是先进行警告，使用无线电或国际频道进行呼叫或警示。如果对方置若罔闻，可起飞战斗机进行拦截，拦截也必须是逐渐升级，不能一飞上天就把人家的飞机给揍下来。起飞拦截的战斗机应该以两架或四架为宜，飞行编队的姿态有点像高速公路上向外挤压插入车队中的社会车辆一样，要前后左右配合默契，在高速行驶过程中，围三缺一，对其形成三面挤压之势，使之除了逃离机队没有任何道路可走，最终迫使其安全离开机队行列。如果这样明确的挤压行动仍然无效，可以考虑使用武器。在使用武器的时候也是要先进行警告性射击，向对方的机头前方或上方射击，不要损害飞机本身，但必须让其切身感受到危险的降临。如果仍然无效，那只有最后一招，就是发射导弹将其摧毁！对于民用飞机，最严重的方式就是使其迫降，最好不要将其击落。

苏联战机进入领空，日本警告性射击

1987年9月13日，挪威空军P-3B 602号反潜侦察机正飞行在巴伦支海公海上空，苏军出动一架苏-27战斗机对它进行了拦截。苏-27战斗机经过两次驱逐无效后，飞行员做出了一个大胆的举动，第三次低速接近后，突然加速从挪威空军P-3B侦察机机身下方掠过，但是飞机高大的垂尾尖端撞上P-3B侦察机右侧发动机的螺旋桨叶片，碎片击穿了P-3B侦察机机身，下跌了大约1000英尺后稳住，后双方各自离开。苏-27轻微受损，并无大碍，西方世界大为震惊，苏-27战斗机从此被称为“空中手术刀”。在这次撞机事件中，挪威空军P-3B与美空军EP-3是同一机型，这说明在遭到猛烈撞击之后并无大碍。苏-27战斗机由于是主动撞击P-3B侦察机，因此在距离、速度、机动等战术动作的把握上占有主动，对敌造成损害而保全了自己。

1987年12月9日上午10时30分，日本海上自卫队的雷达突然捕捉到4架不明国籍大型飞机的信号，经进一步确认，证实是苏联的图-16轰炸机。15分钟后，两批次、共计4架日本F-4EJ战斗机从冲绳那霸基地紧急起飞拦截。升空后不久，日机就以英语和俄语向苏联轰炸机发出无线电警告，告诫其已进入日本领空，请尽快驶离。11时10分，3架苏联图-16轰炸机离开，另1架则意图不明，于是日本海上自卫队2架F-4EJ战斗机跟踪逐步离开的苏联轰炸机，另2架则继续观察。11时20分，最后1架苏联图-16轰炸机继续向驻扎着大量美军的冲绳本岛靠近。眼见口头警告无效，自卫队西南航空混成团下达了可以实施射击警告的命令。4分钟后，苏联军机已经进入冲绳领空，日方随即以F-4EJ战斗机的机炮发射多枚曳光弹，进行第一次警告射击，苏联轰炸机改变航向，但仍然不紧不慢，7分钟后，终于离开日本领空。但10分钟后，苏联军机又进入冲绳以北的德之岛领空，于是日机实施第二次曳光弹射击。4分钟后，这架苏联战机离开日本领空。

日本防卫厅官员称，以往日本飞行员发出警告后，苏联飞行员都会遵循并离去，但这次苏联飞行员却充耳不闻。时任日本首相竹下登表示，就此向苏联当局提出抗议，但同时保证，日机进行射击并不是要击落苏联战机。据日方所述，仅1987年一年，苏联飞机就侵入其领空20次。但12月9日事件是日本实施空中拦截33年来首次进行警告性射击。12月10日，苏联外交部发言人在新闻发布会上作出回应："12月9日，在冲绳地区，一架苏联飞机两次进入日本领空，这并非有意为之，而是糟糕的天气所致"，"苏联对这一意外表示遗憾，并将采取措施确保此类事件不再发生"。但有关分析认为，这是一次目的明确且针对日本防空以及冲绳美军基地的侦察行动。为进一步平息事端，一个月后，苏联方面通知日方，已经惩处肇事的飞行员。日本政府就坡下驴，接受了苏联的解释，算是为此事画上了一个句号。苏联战机闯入日本领空，日本出动战机拦截并警告性射击，苏联最终自动驶离并表示道歉，是因为苏联承认冲绳为日本领土，苏联战机的行为侵犯了日本的主权，是苏联违法在先。

当外国飞机进入日本领空之后，按照《日本自卫队法》第84条规定，日本航空自卫队有权进行下列动作：出动飞机对入侵领空情况进行确认；警告其退出日本领空，或在最近的日本机场着陆；对同意着陆的飞机进行引导；如果无视上述警告，并动用开炮等武力的话，日本将使用武器回击。警告的具体方式为无线电信号加视觉信号，曳光弹即是视觉信号的一种。日本自从1985年实施该规定以来，共对35起侵犯其领空事件采取了上述应对，但发射曳光弹只有一次，即1987年苏联战机入侵日本领空时。

2013年1月初，日本声称依照《日本自卫队法》对擅自进入日本防空识别区和钓鱼岛领空的中国飞机进行拦截，并发射曳光弹进行警告性射击。中国在东海划定有明确的专属经济区，中国的舰船和飞机有权在中方划定的专属经济区水域及上空正常巡逻和执法。从历史沿革来看，钓鱼岛属于中国固有领土。从法律依据来看，2012年9月中国宣布了钓鱼岛领海基点和基线，明确了钓鱼岛领土、内水、领海及领空的范围。钓鱼岛12海里领海以上应为钓鱼岛领空，中国公务飞机和战机完全有权在自己的领空维权。如果日本战机在双方存在争端的上述区域擅自实施警告性射击，可视为对中国主权和海洋权益的恶意挑衅，中国战机有权进行自卫反击。日本单方面划定的所谓空中识别区叠加于中国的专属经济区和钓鱼岛上空，侵犯了中国的主权、海洋权益和海上安全，属非法行为，中方不予承认。因此，中国公务飞机、军用战机有权在中方划定的专属经济区上空执法维权，对于日本战机的拦截、警告和驱逐应不予理睬。

土耳其战机侵入领空，叙利亚部队开火击落

2012年6月22日11时40分，一架土耳其F-4“鬼怪”式战机从土耳其南部马拉蒂亚空军基地起飞，一个半小时后从雷达上消失。后经证实，这架飞机坠毁在叙利亚领海，两名飞行员下落不明。叙利亚军方证实，叙利亚防空部队当天使用高炮击落了一架进入该国领空的土耳其F-4战机。军方发言人说，击落这架侵入叙利亚领空的土耳其战机符合相关法律。

土耳其总理府办公室6月23日发表声明说，参与土耳其和叙利亚联合搜救的相关机构和情报部门搜集到的情报显示，土耳其战机是被叙利亚击落的。声明表示，搜救两名飞行员的工作仍在进行中，待事件真相完全弄清之后，土耳其将作出最后表态，并将“采取必要措施”。土耳其总统居尔随后表示，叙利亚击落土耳其战机一事不容忽视，“由于速度过快，就算是战机飞越了海上边境也是常有的事情，这样的行动不是出于恶意。我们的调查将关注这架飞机是否是在越过边境线后被击落的，这个调查结论相当重要，在搞清楚所有细节之前我们不可能明确采取的行动”。

叙利亚和土耳其两国有长达900千米的边境接壤。自叙利亚危机爆发以来，土耳其一直支持叙利亚反对派，坚持要求叙利亚总统巴沙尔·阿萨

德下台。并且叙利亚反对派在海外的大本营也设在土耳其。因此两国关系一直处于紧张状态。在6月22日土耳其战机被击落后，叙利亚军方发言人说，击落这架侵入叙利亚领空的土耳其战机符合相关法律。但叙利亚军方表示，已同土耳其军方就寻找失踪飞行员保持沟通，并派出3艘船只协助找寻失踪的飞行员。一名叙利亚议会官员则称，土耳其军机遭击落是一次意外事件，而非叙利亚针对邻国土耳其的敌对行为。叙利亚议会议员沙里夫·舍哈德说："叙利亚是一个独立的国家，土耳其军机进入叙利亚领空本来就是违背国际法准则的。有鉴于此，叙利亚将坚定而严肃地对待这起事件可能带来的任何后果。如果这是土耳其在向叙利亚传递某种信息，我想我们的回答是显而易见的，而如果这只是一次错误，我想叙利亚也不应完全对这起事件负责。其实，我们还是希望能与土耳其保持良好的关系，因为土耳其人是我们的朋友。"

联合国秘书长发言人内西尔基6月23日说，联合国秘书长潘基文希望土耳其和叙利亚能够保持克制，通过外交渠道处理土耳其战斗机被叙利亚击落的事件。内西尔基说，潘基文认为这是一起"严重的事件"，他目前正密切关注有关局势的发展。土叙两国在这一事件上都保持了克制。土耳其没有采取强硬的态度，叙利亚则全力帮助搜寻失踪飞行员下落。这些迹象表明，出于地缘政治的考虑，两国均不愿进一步恶化两国之间关系。叙利亚最终就击落土耳其战机表示道歉。

韩国客机侵犯领空，苏联战机将其击落

1978年4月20日，一架大韩航空902号航班从法国巴黎飞往韩国首都汉城（今首尔）的过程中闯入苏联领空，这架波音707客机遭到苏联空军苏-15战斗机的拦截，由于该机没有按照苏联飞行员的命令飞行，在接近摩尔曼斯克苏联北方舰队战略导弹核潜艇基地上空时被苏联战斗机开炮示警，机上109名乘客和机组人员中有2名乘客死亡，13人受伤，飞机最后迫降在苏联和芬兰边境附近已经冰冻的科皮亚维湖湖面上。所有乘客两天后获释，搭乘一架泛美航空公司的波音727客机离开苏联摩尔曼斯克抵达芬兰首都赫尔辛基，换乘另外一架波音707客机回到汉城。机组人员则被留在苏联接受调查，韩国飞行员承认误入苏联领空，也承认曾收到苏联战

斗机发出的追降信号，但是没有理会。此后，苏联政府曾向韩国政府索取10万美元的“照顾费”用于补偿在这期间苏方为902号航班上的乘客所支付的各项开销。1978年4月24日，苏联塔斯社公开报道了本次事件。报道称，苏联军方和地方政府对这次事件进行了10天的调查，结果没有发现此班机上装备无线电侦察设备。

1983年，一架从美国阿拉斯加起飞的大韩民航波音747飞机，在飞往汉城（今韩国首尔）途中又偏离航道飞向了堪察加半岛南部以及萨哈林岛，飞越了苏联部署洲际弹道导弹的军事基地。苏联起飞苏-15战斗机，发射导弹将其击落，机上269名乘客无一人生还。当时世界舆论一片哗然，成千上万人上街游行，要求对苏联的鲁莽行动进行报复。出人意料的是，苏联、韩国、美国官方全都对此表示沉默，美、韩没有对苏联的行为进行追究，苏联既没道歉也没赔偿。离奇的事件，存疑的结果，致使各种版本的阴谋论在世界流传。许多组织和个人介入事件调查和推论，但始终没有权威的结果。

偷梁换柱，美国把间谍机伪装成民航客机

1983年8月31日，269名乘客在美国阿拉斯加州最大城市安克雷奇机场等待飞往韩国汉城的1490次航班，执行此次航班任务的波音747客机是大韩航空公司编号为55719的民航飞机。乘客们被告知，1490次航班因为天气原因而延迟40分钟登机。同时，在阿拉斯加州首府朱诺附近的军用机场也起飞了一架伪装成大韩航空公司编号为55719的波音747客机，机上没有乘客，只有18名机组成员和10名美国情报部门特工，机上装满了侦察监视器材，实际上就是一架间谍飞机。

美国间谍飞机的主要任务就是借用大韩航空公司航班航线，在飞临苏联堪察加半岛及萨哈林岛上空时启动机上电子侦察设备进行探测，将获取的机密情报实时传输给在太空掠过的美国间谍卫星，把间谍卫星的略查功能与间谍飞机的详查功能相结合，这就要求间谍飞机与间谍卫星必须在同一时间经过苏联的上述地区。美国间谍卫星环绕地球飞行一圈的周期为96分钟，可探测宽度为3000千米，主要搜集苏联雷达、通信等电子信号。大韩航空公司的1490次航班推迟40分钟起飞其实是为了等待间谍卫星经过苏联堪察加半岛及萨哈林岛上空的时间。备选的时间窗口有两个：一个是莫斯科时间8月31日18时45分，间谍卫星飞抵苏联堪察加半岛和萨哈林岛

上空，在这一地区的逗留时间为12分钟，这是间谍飞机与间谍卫星进行情报传递的最佳时刻。如果交会失败，下一次将在20时24分飞临这一地区上空。间谍飞机和间谍卫星相互配合，能够监听苏军正在工作状态和战备状态下雷达和无线电通信的强度，并且准确地侦测这些目标的位置信息。当飞机进入苏联领空时，苏联远东军区的防空雷达工作强度和单位间的通信增大了近两倍。而这些突然开机的信息都会被侦测到，这些情报被实时传输给地面接收站，整个苏联远东军区的战略目标因此而处于电磁“透明”状态。

苏联反间谍部门事后研究分析了美国间谍飞机的飞行航线及高度，发现其飞行高度比正常客机要高，从航行中的不断机动可以看出，间谍飞机飞行员对可能遭到的攻击早有防备，显然是在刻意规避苏联地面防空导弹以及战斗机的跟踪。间谍飞机规避航线就证明，它在飞越苏联领空的过程中接受了来自美国远程地面指挥中心的指挥，通过自身搭载的特种电子侦察设备，正在执行高度保密的特种侦察飞行任务。可以肯定，机上有大量已经侦获的苏联秘密情报。因此，在苏联战斗机的胁迫下间谍飞机宁可冒着被击落的危险也不愿意迫降苏联机场接受检查。在间谍飞机侵犯苏联领空的过程中，参与联合对苏侦察任务的除了太空轨道的电子侦察卫星外，还有两架美军的RC-135侦察机，在卫星尚未抵达远东区域时，这架间谍飞机沿着库里斯克山脉进行巡逻飞行。同时，侵入苏联领空的还有一架美军的E-3A空中预警机，它负责侦测苏联远东地区派出的苏-15战斗机并为间谍飞机进行导航。

间谍飞机假装迷航飞越领空，被苏联导弹击落

8月31日深夜，一架波音747飞越苏联领空。这种事情以前经常发生，但每次都会通报“飞机迷航”。然后，“迷航的飞机”在苏联空军战斗机的陪同下迅速飞离苏联领空。而这一次非常奇怪，飞越苏联领空的波音飞机无视苏联军方的警告，不仅没有离开，反而在飞出苏联地空导弹射程后，又飞临苏联核潜艇基地上空。该基地部署有洲际弹道导弹，是苏军绝密的核武器基地。

多年来人们一直不明白，为什么苏联军方不在波音客机飞到该基地之前就将其击落，或是将其迫降到附近的机场。1976—1984年担任苏联远

东军区司令、当时亲自下令战斗机起飞并发射导弹击落韩国客机的特列季亚克大将（后任苏联防空军总司令），在事件发生20多年以后终于向世界披露了真相，原来，这竟然是美国人一手策划和导演的惊天骗局。据他回忆："我们当时已发现，飞机在向卫星发送密码文件。另外还有一点让我生疑。我们在附近部署有两个导弹营，而飞机刚好从二者间的缝隙中穿过，谁都打不到它。早在波音飞机进入我国领空那一刻起，我们就获悉，机组成员在同北约情报部门通话。我们有很多次机会可以击落飞机，但没有那样做，因为如果飞机在堪察加半岛上空爆炸，可能会引爆潜艇或其他设施上的核弹。我们将因此而遭受难以估量的损失。如果我们迫使对方在我军用机场降落，美国人可能引爆飞机，因为我们的航母就停泊在附近，上面也有核武器。"

后来的调查证实了这一判断：苏联战斗机发射导弹击中了飞机，但此后飞机又继续飞行了17千米，到达中立水域上空后爆炸。爆破专家认为，飞机是因内爆而解体的，因为其残片是均匀散落的，没有大的残片。爆炸威力很大，相当于4吨TNT炸药，苏联战斗机发射的空空导弹根本不具备如此大的威力。这是一架间谍飞机，机组人员身上装有遥控设备，一旦被迫降，有可能将飞机炸毁。

当年亲自驾驶苏-15战斗机击落韩国客机的退休飞行员格那蒂·奥斯皮维奇中校披露了一些鲜为人知的内幕：9 月1日清晨，他接到紧急命令，一架身份不明的飞机正穿过堪察加半岛向库页岛飞来，他的任务是在离苏联领空95英里的空域进行拦截。奥斯皮维奇驾驶着飞机跟在它后面，在距它8英里的地方，初步判断是一架苏联运输机，根本没想到会是一架外国飞机。美国情报部门的飞机通常只沿着苏联的边境线飞行，而西方的商用飞机不可能载着乘客飞到既定航线几百英里外的苏联军事重地上空。奥斯皮维奇跟踪60英里以后，便爬升到10000米的高空，在距离其150米或200米处观察，判断是一架民用波音飞机，是一架外国飞机！奥斯皮维奇向地面指挥员报告，请求将其击落，但没有获得批准。上级命令他拦截后使其迫降。为了迫使其降落，奥斯皮维奇先后三次开火，一共发射520发炮弹，这是要求对方必须服从命令，进行迫降，否则就要开火的信号。但是，对方根本不予理睬，几分钟后，韩国客机已飞到海上。奥斯皮维奇便发射两枚空对空导弹，准确击中了目标，使韩国客机坠入大海。尽管知道击落的是一架民航客机，奥斯皮维奇仍坚持认为它负有特殊使命，且上面根本没有乘客。他不后悔亲手打掉它，甚至为此感到荣耀。让他不太满意的是，苏联当局给他的奖金低于他的期望值：200卢布还得扣除税费。

当时在一线直接下达开火命令的是苏联航空师师长阿纳托利·利尔努科夫少将，后来受命与波音客机乘员组家属会面时直接表明了自己的疑惑。他说："波音747客机装备了现代化导航设备，它大大偏离了航线，为什么机组人员却不知道？也没有能够及时修正航向？为什么机组人员对战斗机发出的信号和警告性射击毫无反应？美国和日本的地面监控人员为什么始终没有采取任何措施纠正波音飞机的航向错误，而是坐视悲剧发生？为什么不与苏方联系，请求告知必要的数据？"

尽管苏联军方怀疑这是一架美国伪装的间谍飞机，但在美苏冷战期间击落波音客机毕竟是一件惊天动地的大事，搞不好可能引发战争。这位师长下达击落波音客机的命令是自作主张，还是奉命行事？如果是奉命行事，又是怎样的一个决策程序？为什么在那么短暂的时间内就作出如此重大的决定？后来的调查表明，这位师长当时确实按照指挥程序向上级进行了报告，但苏军总参谋长奥加尔科夫元帅不知所措，苏联国防部长乌斯季诺夫也不敢擅作决定，外交部、国防部和克格勃都在等待指示，最后请示苏共中央总书记安德罗波夫，可这位苏联最高领导人正在医院里接受治疗，且生命垂危。也就是说，逐级请示的程序按照作战规则走了一圈儿，实际上是白白浪费时间，决策机关和决策者们相互推诿，都害怕担当责任，最终没有一个人下达授权开火击落波音客机的命令。作为一线指挥员，利尔努科夫师长抓住战机，大胆决策，毅然决然地下达了"立即开火，击落波音客机"的命令，同时向苏联远东军区司令伊万·特列季亚克大将进行了报告。这位敢作敢为的航空师师长后来被提拔为俄罗斯空军总司令。

间谍飞机坠毁，韩国客机着陆，事件真相终败露

间谍飞机坠毁后，苏联远东军区司令伊万·特列季亚克大将立即派遣特种部队封锁了飞机坠毁海域，同时组织人员进行打捞。据他回忆："当时我下令组织了远东军区潜水员的打捞行动，整个行动持续了整整一个月，而且潜水员们每天要进行6~8小时的打捞作业。最终打捞起18名亚洲

人的遗体和10名西方人的遗体，还有他们的大量遗物：皮质上衣、鞋子、带皮套的防雨罩。除此之外，更重要的是我们打捞起了大量无线电侦察设备的残骸，这些是永远都无法洗刷或隐藏的罪证。根据飞机坠毁海域打捞出的证物，得出这种判断的不仅仅只有我一人，包括我的同事陆军上将安东·卡尔努科夫，当时他负责指挥远东军区第40空军集团军，并且下达了战斗机升空拦截的命令。”

机上到底有多少人？打捞情况表明，机上乘客最多不超过29人。可是为什么有269人的行李呢？而且奇怪的是，这些行李都被绑在了一起。特列季亚克大将认为，这样做的目的显然是为了防止水流将行李冲散，只要行李在就会向外界证明机上共有269人死亡。

击落民航客机造成269人死亡属于反人道罪，即便是击落经过伪装的美国间谍飞机，也一定会引发美国的外交和军事报复。奇怪的是，参与调查该事件的多个国际委员会都表示，苏方的做法是符合国际惯例和国际法的，而且没有人对苏联正式提出指控，苏联也没有给予受害者家属任何赔偿。后来解密的资料证实，其实是美国与苏联达成的一项秘密交易：美国认定苏联无罪；苏联也不公布被击落的波音飞机是美国间谍机这一事实。原来是周瑜打黄盖，一个愿打一个愿挨。事情就这样稀里糊涂地过去了。

被调包后那架真正的韩国民航55719号客机降落在美国空军基地，机上269名乘客中居然90%都是日本游客。乘客们走出舱门时发现飞机已被全副武装的美国海军陆战队和日本警察包围，他们对乘客逐一进行搜身检查，收走各种能与外界联络的通信器材和半导体收音机。所有乘客都被安排住进了美国空军基地内的一处营房。他们实际上被当作了人质，完全丧失了人身自由，与外界彻底隔离，听不到任何有关民航客机被击落的消息。待世界舆论炒作的热潮过去几个星期之后，日本乘客乘坐飞机被送回了日本，韩国乘客乘坐美国军舰被送回了韩国。在离开之前，他们每个人都获得了飞机票等经济补偿，并获得了一笔可观的封口费，签署了相应的保密协议。

1992年叶利钦访问汉城时，曾正式向韩国道歉，并隆重地将那架波音客机的两个黑匣子交给了韩方。但令韩方大失所望的是，黑匣子是空的，原来总统办公厅主任彼得罗夫当时递给叶利钦的就是两个空匣子。叶利钦得知此事后大怒，当即将彼得罗夫解职。而黑匣子里的秘密资料却因此留在了俄罗斯，等待重见天日的一刻。

美国侦察机闯入领空，朝鲜发射导弹击落

1969年4月15日，从日本冲绳美军嘉手纳空军基地起飞的一架美国海军EC-121大型电子侦察机，在朝鲜附近的海域上空执行侦察任务时被发现，朝鲜人民军空军的两架米格-21战斗机奉命起飞拦截，使用对空导弹将入侵的美机击落，机上31名人员全部葬身海底。事发之后，美国国防部宣称EC-121侦察机在距离朝鲜海岸50海里以外的空域飞行，而朝鲜宣布的领海宽度是12海里，所以该飞机并没有侵犯朝鲜领空。超级大国的侦察机居然被一个四流军事国家朝鲜的军机击落，这大大损伤了美国人的自尊。EC-121侦察机被击落后，美国总统尼克松立即命令“企业”号、“提康德罗加”号等三个航母战斗群开赴日本海，数百架轰炸机和战斗轰炸机前往韩国，准备对朝鲜进行军事报复行动。

4月15日事发当天，美国总统尼克松和国家安全事务助理基辛格立即召开国家安全会议，讨论对朝鲜实施军事报复的方案：一是使用核武器进行报复；二是使用B-52战略轰炸机进行战略空袭；三是使用海军A-6航母舰载攻击机对两架米格-21战斗机所在的机场进行袭击；四是扣押朝鲜的海外资产，包括正在海上航行的朝鲜商船。尼克松和基辛格都认为这是新政府执政以来面临的“第一次重大危机”，也是1968年朝鲜海军扣押美国“普韦布洛”号侦察船之后又一起重大国际事件，所以都力主采取强硬措施，对朝鲜实施空袭。但是，国防部部长莱尔德和国务卿罗杰斯坚决反对这个方案。他们说，如果派出的美军飞机大部分被击落，美军将遭受惨重损失。结果，美国不得不取消对朝鲜实施报复性打击的计划。深层次的原因是美国当时深陷越南战争的泥潭而不能自拔，已经无力再开辟第二战场。当然，这也是朝鲜战争后遗症的体现，美国担心重返朝鲜战场的后果，不愿意再在错误的时间、错误的地点，发动一场错误的战争。

1994年12月17日，1架美驻韩第8军第17航空旅的OH-58“基奥瓦”侦察直升机闯入朝鲜领空，被朝鲜人民军高炮部队发现之后，使用37毫米高炮将其击落，两名飞行员被抓获。他们在电视机面前痛哭流涕，面向朝鲜人民做了深刻检讨，并表示认罪悔过，最后通过外交途径和平解决。

2003年3月2日上午，从日本冲绳美军嘉手纳空军基地起飞的一架美国海军RC-135S侦察机，在日本海距离朝鲜海岸大约240千米的空中执行侦察任务。朝鲜空军立即起飞两架米格-29战斗机和两架米格-23战斗机进行空中拦截，美军侦察机发现朝鲜战机后立即停止了侦察任务，掉头返回在日本的美军基地。朝鲜战机紧紧咬住美军侦察机不放，足足跟踪了22分钟才掉头返航。其间，朝鲜战机和美军侦察机之间的最近距离只有15米，美军机组人员和朝鲜飞行员之间没有进行任何无线电通话联系。在拦截过程中，一架朝鲜战机的火控雷达突然开机并锁定了美军侦察机，但最终朝鲜战机没有开火。

1954年中国战机误击英国客机

1954年7月23日上午7时45分左右，英国国泰航空公司的一架DC-4“空中霸王”客机从新加坡起飞，抵达曼谷后继续返港。机上有机组人员6人，乘客12人。客机在海南岛以东30海里以外公海上空以3000米高度飞行，天气晴朗，能见度高。突然，副驾驶发现左侧有一架螺旋桨战机飞近，曾经是战机飞行员的澳大利亚机长又发现了第二架战斗机。两架战机在毫无警告的情况下对客机进行射击，一号发动机被击毁，四号发动机与四号油箱被击中起火。驾驶员做出了机动躲避动作，战机使用了交叉攻击。攻击行动在降低到300米的高度时停止，并且离去，攻击持续了2分钟。

事后查明，当时中国空军驻海口空29师85团拉-11战机正在三亚外海为苏联、波兰油轮护航，发现一架不明身份的飞机闯入我国领空，以为是国民党飞机，遂将其击落。DC-4“空中霸王”民航客机上18人中10人死亡，其中包括2名英国人和3名美国人。

英国客机海上迫降，美英法搜索救援

机长下令求救，发出求救信号后，飞机准备迫降。飞机虽然失去了尾舵、襟翼，但仍以每小时300千米的速度在海面浪高3.5米的恶劣海况下艰难迫降成功。右翼在迫降过程中折断，机尾随后折断。部分生还者成功离开下沉中的飞机残骸，机长和副驾驶爬上气胀式救生艇，协助生还者上艇。一共10人爬上了救生艇。

一架由越南河内飞往香港的法属越南航空民航客机事发时在现场附近，收到求救信号后改道飞往事件现场，机上有人目睹国泰客机沉没，并发现漂浮在海上的救生艇。法国从最接近事发地点的越南大南机场派出一架PB-4Y型海上巡逻机到现场。驻港英国皇家空军指示一架当时正从香港飞往西贡的列达式军用运输机改道飞往现场，另外从启德机场先后派出一架军用约克型运输机、一架新德兰飞艇及两架黄蜂型战斗机到现场搜救。国泰航空公司亦从香港派出一架PBY水上飞机前往现场。美国空军得到消息后，从菲律宾克拉克空军基地先后派出空军第31搜救中队的两架格鲁曼SA-16信天翁式飞艇协助搜救。此外，美国海军在附近巡逻的航空母舰派出8架A-1 入侵者攻击机到现场。

香港启德机场通过无线电，通知白云机场有客机在海南岛对开海面坠海，将派出军机救援。白云机场则回应，只准许新德兰飞艇到场，威胁其余军机若进入领空，将会被击落而不予警告。英美等救援部队选择不予理会。英军最先抵达，但由于现场风浪太大，浪高至5米，新德兰飞艇盘旋两小时仍无法降落。美军航空搜救队的首架格鲁曼SA-16信天翁式飞艇于下午1时左右抵达。它在现场上空盘旋半小时后闯入中国领海，试图在大洲岛附近较为平静的海面降落，在大浪中滑行了两英里后到达现场，救起所有生还者。飞艇由于超重将近一吨而无法起飞，安装火箭助推后辅助起飞，下午5时30分到达启德机场。其中一名女乘客于降落前身亡，其他获救者被送往九龙医院。机长因此次救援成功获飞行十字勋章。

英国客机军民混用，被中国战机误伤

出事飞机为美国道格拉斯飞机公司制造的C-54A型（DC-4为该款飞机民用时之型号）军用运输机，1944年5月16日交付美国陆军航空兵使用。1946年2月，出售给皇家荷兰航空公司。1949年8月转卖给国泰航空公司，机身编号改为VR-HEU。按历史照片及当日机长描述，飞机除了在两方机身写有国泰航空之英文名字（Cathay Pacific Airways）以外，在垂直尾翼还涂有1.7米长、1.02米宽的英国国旗。

DC-4飞机属于大型飞机，有44个座位，安全性很好，非常结实耐用，除了发动机、油箱、驾驶舱等关键部位被击坏以外，机身、机翼被打几个窟窿通常不影响飞行，加上没有气密舱，遭到攻击后机舱没有发生破坏性

损坏，所以还能迫降成功。该型飞机由于军民两用型号混乱，经常被误击误伤。1952年4月29日，一架法国航空公司的DC–4飞机在柏林降落前就遭到两架米格–15攻击，致3名乘客受伤。1953年10月24日，瑞典的一架DC–4飞机被以色列战斗机击落，机上35人全部遇难。中国空军击落DC–4“空中霸王”民航机也是个误会。国外对击落DC–4飞机的中国战斗机的识别也非常混乱。事件发生后，遭到攻击的国泰航空公司DC–4飞机机长说是拉–9，美军官方记录是拉–7，还有报道说是米格–15。根据中国资料，该飞机型号为拉–11。

中国致歉赔偿，美航母借机报复

事件发生后，中、英、美、法的关系立即紧张起来。英国驻华代办杜维廉奉英国外交大臣之命正式照会中国外交部副部长章汉夫，向中方提出严重抗议，要求中国政府对此事负责和赔偿。美国国务卿杜勒斯发表强硬声明进行谴责。中央得知这一消息后指示外交部着手调查。美国借机派出“菲律宾海”号及“大黄蜂”号两个航空母舰战斗群抵达海南岛附近海域搜索遇难者并进行军事威慑，南海的形势骤然紧张。美国海军太平洋舰队司令公开表明，若美军受到威胁，将毫不犹豫立即发动攻击。其他航空公司停飞了该航段。

7月26日，中国外交部副部长章汉夫代表中国政府正式复照杜维廉，指出7月23日事件起因是两架战机在三亚榆林港南部海域上空执行为苏联和东欧国家轮船护航巡逻任务时发现了一架大型飞机，地面指挥命令查明，但两名战机飞行员误以为飞机是属于国民党的轰炸机，并擅自将其击落。事件纯属意外，中国政府对伤者及受难者家属致以同情及慰问，并表示将向相关方面给予适当的抚恤与赔偿。

在中英双方就此事件进行外交磋商的同时，美国突然以军事手段介入。7月26日上午10时05分，美国海军航空兵与中国空军再次在海南岛东部海域发生空战，解放军空军第29师的两架拉–11战斗机全部被击落，长机飞行员周振东与僚机飞行员阵亡。对此次空战，中美官方给出了不同的说法。中国外交部副部长章汉夫于27日提出最严重抗议的声明：“7月26日，包括美国航空母舰两艘及驱逐舰若干艘的混合编队，进入我国海南岛东部附近海面，9时25分由舰上起飞的美国战斗机4架，侵入我国榆林港上空。10时05分，又一批美国战斗机12架侵入我海南岛乐会上空，攻击我国两架巡逻飞机，我两机遭击落。其后又有2架美国战斗机向波兰两艘商船及我国护航舰艇进行俯冲射击，经我舰自卫还击后逃逸。”

空战当天，美国承认了此事，但反称是中国战斗机先发起攻击。27日，美国国务院也发出了对中国的抗议声明。美国海军航空兵对此次空战有详细的记载：“菲律宾海”号（CVA-47）航空母舰的VF-54中队AD-4螺旋桨攻击机主动攻击了中国空军的拉-11战斗机，协同攻击的是VC-3中队的 F4U-5N螺旋桨战斗机。

接到中方的复照后，27日，英方照会中国政府，提出四点要求：第一，英方对中国军机袭击英国客机表示不可理解。第二，英方要求中方对造成此次事件的负责人员予以惩戒。第三，中方应立即采取措施，防止类似事件再度发生。第四，赔偿有关生命及财产损失。

9月15日，英方就赔偿问题照会中国政府，提出总计36.7万英镑的赔偿要求，其中包括飞机损失计25.2万英镑，行李及货物损失计3万英镑，生命损失赔偿7.5万英镑，生存者所受伤害及灾难赔偿计1万英镑。10月21日，中国政府答应了英方的要求并立刻兑现了赔款。至此，中英双方关于赔偿问题的交涉告一段落，同时，也标志着由于误击英国民航飞机事件而引发的中英外交争端基本解决。

第八章

国家管辖水域的维权执法

专属经济区

专属经济区制度的形成与发展

20世纪40年代和50年代，一些拉丁美洲国家为保护其沿海资源开始尝试制定一些新的海洋制度。1946年阿根廷提出对“大陆外缘海”的主权主张；1947年智利提出对邻近其海岸的海域的主权主张；1952年智利、厄瓜多尔和秘鲁在《关于海洋区域的圣地亚哥宣言》中宣布，各国对其沿海200海里海域拥有专属主权和管辖权。

1972年6月20—30日，在喀麦隆首都雅温得召开了一次“非洲各国海洋法区域性讨论会”，参加这次会议的有17个非洲国家。正是在这次会议上，首次提出并全体一致同意将专属经济区的概念写入会议建议中。在这项建议中，非洲国家决定把领海扩展到12海里，主张各国有权在领海外设立专属经济区。在此基础上，肯尼亚于1972年向联合国和平利用国家管辖范围以外海床洋底委员会提交了关于专属经济区的条文草案。该草案主张经济区的范围应从领海基线算起至200海里的海域，但不能在殖民地设置经济区。当年，中美洲和加勒比海沿岸的一些国家通过《圣多明各宣言》，宣布沿岸不超过200海里的海域为“承袭海”，受各沿海国的管辖。

1973年以后，非洲15国纷纷提交了提案，使专属经济区的概念逐步趋于成熟，最终成为第三次海洋法会议争论的焦点之一。1974年在委内瑞拉首都加拉加斯举行的第三次联合国海洋法会议上，出现了多数国家赞成200海里专属经济区设想的明显趋势。之后，专属经济区作为一种新的海洋制度被写入1982年通过的《联合国海洋法公约》。

专属经济区的确定对广大第三世界国家来说无疑是一件大好事，因为它可以保护沿海国200海里内的海洋资源不被外国所掠夺，并且可以自由开发和利用海域内的一切资源。在《联合国海洋法公约》出台之前，只有部分沿海国通过国内立法宣布实行200海里国家管辖海域。到1978年，所调查的130个国家中，有69个国家主张200海里国家管辖海域，但名目各不相同。到1981年，对152个国家和独立领土统计发现，主张国家管辖海域超过12海里领海的有119个国家，其中90个国家主张200海里管辖海域。其中，主张200海里领海的有14个国家，主张200海里渔区的有22个国家，主张200海里专属经济区的有54个国家。截至1995年，世界上共有112个沿海国确定了200海里渔区和专属经济区，其中宣布专属经济区的有80多个国家。

1982年12月10日，在牙买加蒙特哥湾召开的第三次联合国海洋法会议最后会议上，通过了《联合国海洋法公约》并开放签署，1994年批准加入该公约的国家超过了60个，因而公约正式生效，目前已获152个国家批准。另外，已经签署但尚未批准的有26个国家，包括美国、利比亚、阿富汗、柬埔寨、伊朗、朝鲜、瑞士、中非共和国等；尚未签署的有18个国家，包括以色列、委内瑞拉、叙利亚、哈萨克斯坦、阿塞拜疆、摩多瓦、土库曼斯坦、土耳其等。

《联合国海洋法公约》规定，沿海国对自己专属经济区内的生物及非生物资源有勘探和开发、养护和管理的主权权利。沿海国可以根据自身需要，制定有关的养护和管理措施及勘探开发的规定。其他国家未经同意不得擅自开发区内的生物资源，如经沿海国许可进入，则应遵守沿海国制定的法律、法规和规章。这些权利都是专属性的，沿海国完全有权在自己的

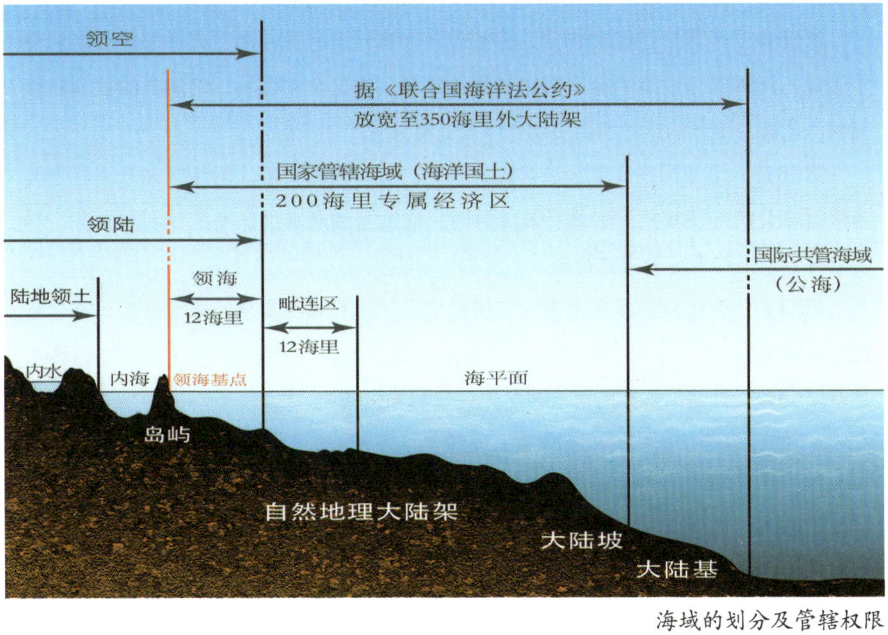

海域的划分及管辖权限

主权范围内来确定管辖范围，行使权利。沿海国对专属经济区的管辖权主要包括行政管辖权、民事管辖权和刑事管辖权，以及国际法所赋予的其他管辖权。在专属经济区的人工岛屿、设施及结构的建造和使用方面，沿海国在专属经济区内有授权建造上述设施的专属权利，并且对这些设施享有专属管辖权。在海洋科学研究方面，沿海国有专属管辖权，可以管理、授权并进行海洋科学研究，其他国家未经许可不得进行此类研究。同时，沿海国在专属经济区内也负有海洋环境保护和保全的责任。

1998年《中华人民共和国专属经济区和大陆架法》第11条明确规定："任何国家在遵守国际法和中华人民共和国的法律、法规的前提下，在中华人民共和国的专属经济区享有航行、飞越的自由……"这一条对外国飞机在我国专属经济区的飞越提出了明确前提条件。中国对专属经济区享有监测、监视和控制的权利。

援引法条：专属经济区

1982年12月10日，在牙买加的蒙特哥湾召开的第三次联合国海洋法会议最后会议上通过了专属经济区制度，1994年生效，已获150多个国家批准。

第55条　专属经济区的特定法律制度。专属经济区是领海以外并邻接领海的一个区域，受本部分规定的特定法律制度的限制，在这个制度下，沿海国的权利和管辖权以及其他国家的权利和自由均受本公约有关规定的支配。

第56条　沿海国在专属经济区内的权利、管辖权和义务。沿海国在专属经济区内根据本公约行使其权利和履行其义务时，应适当顾及其他国家的权利和义务，并应以符合本公约规定的方式行事。

第57条　专属经济区的宽度。专属经济区从测算领海宽度的基线量起，不应超过二百海里。

第58条　其他国家在专属经济区内的权利和义务。

1. 在专属经济区内，所有国家，不论为沿海国或内陆国，在本公约有关规定的限制下，享有第87条所指的航行和飞越的自由，铺设海底电缆和管道的自由，以及与这些自由有关的海洋其他国际合法用途，诸如同船舶和飞机的操作及海底电缆和管道的使用有关的并符合本公约其他规定的那些用途。

……

3. 各国在专属经济区内根据本公约行使其权利和履行其义务时，应适当顾及沿海国的权利和义务，并应遵守沿海国按照本公约的规定和其他国际法规则所制定的与本部分不相抵触的法律和规章。

第59条　解决关于专属经济区内权利和管辖权的归属的冲突的基础。在本公约未将在专属经济区内的权利或管辖权归属于沿海国或其他国家而沿海国和任何其他一国或数国之间的利益发生冲突的情形下，这种冲突应在公平的基础上参照一切有关情况，考虑所涉利益分别对有关各方和整个国际社会的重要性，加以解决。

援引法条：《中华人民共和国专属经济区和大陆架法》

1998年6月26日，第九届全国人民代表大会常务委员会第三次会议通过。

第二条　中华人民共和国的专属经济区，为中华人民共和国领海以外并邻接领海的区域，从测算领海宽度的基线量起延至二百海里。

中华人民共和国的大陆架，为中华人民共和国领海以外依本国陆地领土的全部自然延伸，扩展到大陆边外缘的海底区域的海床和底土；如果从测算领海宽度的基线量起至大陆边外缘的距离不足二百海里，则扩展至二百海里。

中华人民共和国与海岸相邻或者相向国家关于专属经济区和大陆架的主张重叠的，在国际法的基础上按照公平原则以协议划定界限。

……

第五条　任何国际组织、外国的组织或者个人进入中华人民共和国的专属经济区从事渔业活动，必须经中华人民共和国主管机关批准，并遵守中华人民共和国的法律、法规及中华人民共和国与有关国家签订的条约、协定。

中华人民共和国主管机关有权采取各种必要的养护和管理措施，确保专属经济区的生物资源不受过度开发的危害。

……

第七条　任何国际组织、外国的组织或者个人对中华人民共和国的专属经济区和大陆架的自然资源进行勘查、开发活动或者在中华人民共和国的大陆架上为任何目的进行钻探，必须经中华人民共和国主管机关批准，并遵守中华人民共和国的法律、法规。

第八条　中华人民共和国在专属经济区和大陆架有专属权利建造并授权和管理建造、操作和使用人工岛屿、设施和结构。

中华人民共和国对专属经济区和大陆架的人工岛屿、设施和结构行使专属管辖权，包括有关海关、财政、卫生、安全和出境入境的法律和法规方面的管辖权。

中华人民共和国主管机关有权在专属经济区和大陆架的人工岛屿、设施和结构周围设置安全地带，并可以在该地带采取适当措施，确保航行安全以及人工岛屿、设施和结构的安全。

第九条　任何国际组织、外国的组织或者个人在中华人民共和国的专属经济区和大陆架进行海洋科学研究，必须经中华人民共和国主管机关批准，并遵守中华人民共和国的法律、法规。

……

第十一条　任何国家在遵守国际法和中华人民共和国的法律、法规的前提下，在中华人民共和国的专属经济区享有航行、飞越的自由，在中华人民共和国的专属经济区和大陆架享有铺设海底电缆和管道的自由，以及与上述自由有关的其他合法使用海洋的便利。铺设海底电缆和管道的路线，必须经中华人民共和国主管机关同意。

第十二条　中华人民共和国在行使勘查、开发、养护和管理专属经济区的生物资源的主权权利时，为确保中华人民共和国的法律、法规得到遵守，可以采取登临、检查、逮捕、扣留和进行司法程序等必要的措施。

中华人民共和国对在专属经济区和大陆架违反中华人民共和国法律、法规的行为，有权采取必要措施，依法追究法律责任，并可以行使紧追权。

海上圈地运动引发海洋划界争端

按照传统海洋法概念，3海里领海之外就是公海，各国在公海上享有航行和飞越自由，以及资源开发自由等权利，也就是说，谁有能力谁就能尽情地利用海洋和开发海洋。美国、英国、日本等传统海洋大国称霸世界海洋数百年，经历过大西洋海战和太平洋海战，在海洋经济开发、海洋军事装备、海上战争经验及海权观念等方面具有丰富的经验和教训，他们习惯于不受任何约束地把自己的军事力量抵近沿海国3海里近海沿岸进行军事威慑，更习惯于使用先进的大型拖网渔船到沿海国领海外进行捕捞，或者进行石油或天然气的钻探。200海里专属经济区建立后，占世界海域总面积36%的广阔海域处于各沿海国的管辖之下，世界一些重要海域和海峡大都被包括在专属经济区之内，沿海国都要在200海里专属经济区内进行维权执法，这无疑限制了海洋大国的海上自由权和海洋开发权，大大影响了发达国家的经济利益。这些海洋大国再想像以前那样肆无忌惮地闯入别国近海沿岸进行军事活动已经不行了，在这方面开始受到很多限制。所以，世界海洋大国与沿海国之间的矛盾在逐渐加深。

由于地理上相邻或相向的自然分布关系，各国在宣称200海里专属经济区的时候，必然会造成大量的海域相互重叠，这就直接引发了国与国之间在海洋划界方面的争议。沿海国大都是发展中国家，在3海里领海时代，这些国家之间没有太多的海洋划界纠纷。比如，1946年中华民国宣布了中国南海传统疆界线（即十一段线）之后，越南、菲律宾、马来西亚、印度尼西亚、文莱等周边国家直到20世纪70年代中期都没有表示异议，不仅如此，这些国家还援引中国的地图出版了各自国家的南海地图。

20世纪70年代，国际上开始探索200海里专属经济区概念之后，南海周边国家便蠢蠢欲动，相继通过国内立法向外划定各自的专属经济区，致使1946年中国宣布的传统疆界线范围内的传统管辖海域绝大部分被划入这些国家的管辖海域之内，从而造成这些国家与中国之间的南海划界争端。这些国家与中国之间的划界争端同时也发生在它们之间，比如菲律宾和越南、文莱和马来西亚之间也有专属经济区划界方面的争端。为什么会造成这么多的争端呢？主要原因是《联合国海洋法公约》之前有十多年的讨论酝酿阶段，有些老实本分守规矩的国家在这个阶段只是观察思考，并没有采取行动，比如中国，直到1998年才宣布专属经济区的范围，到2012年还没有宣布南沙群岛、中沙群岛、东沙群岛的领海基点和基线。有些胆大包天、目无法纪的机会主义国家瞅准空子就想捞一把，先通过公告、声明的方式宣布专属经济区的范围，再逐步进行国内立法，越南、菲律宾等南海周边国家基本上都是这路数。

沿海国这种先下手为强、先占先得的行为，就像15世纪“地理大发现”和19世纪的殖民掠夺那样，在海洋上展开了一场大规模“蓝色圈地”运动，一纸文告就可把数万平方千米的公海海域攫为己有，一夜之间就使自己的海洋国土扩大几十乃至上百倍。太平洋中部有个冲鸟礁，只有几块在低潮时才露出水面的礁石，日本发现后立即通过海洋工程方法让其长出水面，并以此为领海基点向外划定200海里专属经济区。凭借一个巴掌大小的礁石，日本宣布领海基点、基线后获得的专属经济区面积达40多万平方千米，比37万平方千米的本土面积还要大。用这种办法不停地向公海扩张，日本居然可以划定444万平方千米的专属经济区，海洋国土面积比陆地国土面积一下子大出12倍！日本深深认识到，利用《联合国海洋法公约》赋予的权利，与周边国家争夺专属经济区比1931—1945年发动侵略战争还要划算，所以，日本进攻的主要战略方向不再是攻城略地，而是面向海洋进行开疆扩土。

提出问题就应该解决问题，揭露矛盾就应该解决矛盾。《联合国海洋法公约》规定沿海国拥有划定200海里专属经济区的权利，于是沿海国纷纷走向海洋，跑马占地，由此引发了一系列划界争端。于是，大家回头去翻查这个公约，却吃惊地发现，公约中居然没有解决争端的锦囊妙计，并没有规定沿海国在分享这种权利过程中如果发生争端怎么解决，只是原则性确定了调解、协商、谅解与合作的处理方法，致使划界问题变得更加复杂，因海洋划界问题而产生的争端越来越多，已经成为国际海洋斗争的热点和焦点。所有沿海国都认为自己是依法划界，信马由缰，划到哪里算哪里，根本不考虑相邻和相向国家的感受，更不考虑这片海域的历史性传承问题。海洋纠纷因此而不断扩大，造成这些问题的根源是《联合国海洋法公约》，因为该公约根本无法解决海洋争端，所以各国就土法上马，都创造性地在专属经济区内维权执法。由于法律总会滞后于实践，各沿海国在专属经济区内进行的这些维权执法实践都会对今后国际法的修改提供有参考价值的案例。

国家传统管辖海域

南海争端的来龙去脉

南海自古以来就是中国的传统管辖海域，1946年中华民国公布南海地图并明确南海主权之后，围绕南海问题的争端基本上可以划分为三个发展阶段：第一阶段，是1946—1973年，这个阶段持续了27年的时间。其间，就南海岛礁及划界争端而言，南海是和平之海，南海周边国家不仅没有发生海洋划界争端，反而尊重和承认中国对南海的传统管辖权。这27年间，曾经发生了很多历史性事件，比如1945年日本投降后中国海军舰队前往南沙群岛和西沙群岛收复失地、宣示主权，1949年中华人民共和国成立并于1958年宣布南沙群岛、中沙群岛、西沙群岛等为中国固有领土，自1951年起美国建立第一岛链并先后在菲律宾和越南驻军，1961—1973年美国发动越南战争等。虽然这段历史时期内，美苏两个超级大国都曾在南海周边炫耀武力，但并没有介入南海的海洋划界和海洋岛屿归属问题，南海周边国家之间基本上相处和睦。

第二阶段，是1973—2002年，这个阶段持续了29年。其间，越南战争结束，南越和北越实现祖国统一之后做的第一件大事就是背信弃义，抢占中国的南沙群岛，并单方面划定200海里专属经济区和大陆架。越南作为“带头大哥”起了一个很坏的作用，为其他国家在南海跑马占地提供了契机，致使菲律宾、文莱、马来西亚、印度尼西亚等国纷纷效仿，把中国南沙群岛的岛礁一抢而光，几十个岛屿和大量礁盘、沙洲被周边国家武装占领。根据国际法规定，陆地决定海洋。抢占中国岛屿之后就开始以此为基点宣布12海里领海、200海里专属经济区和大陆架。1946年中国宣布的九段线内的大片海域基本上被各国单方面宣布的专属经济区瓜分完毕。南海周边国家在划定各自的专属经济区之后，开始在国内立法，依据各国法律法规，海上执法力量和海军舰船开始维权执法，对进入其专属经济区内的中国渔船进行海上拦截、登临、检查、抓捕、扣押，或拖带回国进行审问、拷打、

1946年中华民国海军舰艇收复南沙群岛

罚款、判刑，有不少人被打死打伤。同时，南海周边国家还引入外国资本和海洋石油钻探公司，在大陆架上开采石油和天然气资源，其中相当多的区块侵入中国的传统管辖海域之内。中国南海岛礁被侵占，海洋资源被掠夺，海洋权益被侵犯，海洋主权和国家尊严遭到史无前例的蹂躏，小国蔑视大国已经达到登峰造极的地步。在忍无可忍的情况下，1974年和1988年爆发了中越自卫反击战，这是中国人民海军两次与外国海军作战。

第三个阶段，是2002年以后的10年。南海周边各国经过30多年的南海圈地运动，已经把南海瓜分完毕，渔业捕捞、油气开发已经成为各国的主要经济来源，国际石油价格从30年前的几美元一桶骤然升高到147美元一桶，南海各国乘机发了不少大财。30年的苦心经营，让南海周边国家生米煮成了熟饭，习惯成了自然，各国除国内立法、维权执法、加强海上已占岛礁的基础设施建设之外，还加强对外宣传，说明其管辖南海的合法性。对南海海域和已占岛礁重新命名，列入其国内行政区划，并向所占岛礁上移民，在上面开办学校、幼儿园、医院，强化海上岛礁的居住性，满足国际法规定的相关条件。在此基础上，利用南海资源开发赚取的外汇，大量采购海空军武器装备，快速武装自己，加强南海的维权执法力度。为了对抗中国，还借用第三方力量来制衡中国，一方面企图把南海问题国际化，首先在东盟内部形成统一机制和统一议题，以此来要挟中国；另一方面拉拢美国、俄罗斯、日本、澳大利亚、印度等域外力量介入南海事务，加强政治、经济和军事合作，使南海问题复杂化、长期化。面对南海周边国家的上述种种挑战，中国从国际战略高度考虑，稳定南海，维护好与各国的睦邻友好关系，希望求同存异，构建和谐海洋。自2002年11月双方签署以中国和东盟自贸区为主要内容的《中国-东盟全面经济合作框架协议》开始，至2010年1月1日中国对东盟93%产品的贸易关税降为零。同时，中国启动了与东盟各国互联互通，加速公路、铁路等基础设施建设的力度，希望通过经济技术合作，增进相互理解，缓解因南海争端而带来的一些矛盾。

中国一贯奉行国家不分大小、主权一律平等的基本原则，当发生国际性争端的时候，提倡相互尊重对方主权，用和平的方式、外交的方式、谈判的方式来解决，避免采用极端的、民族主义的、暴力的方式去刺激对方，以免引发海上武装冲突或战争。如果争端一时得不到解决，则可以暂时搁置争端，共同开发海洋资源，等条件成熟了再来解决争端。为了表达我们的诚意，中国与东盟2002年签署了《南海各方行为宣言》，中国与日本2008年达成了“东海共识”，这都是遵循搁置争议、共同开发、和平解决争端思路作出的决策。这些解决海洋争端的倡议和行动，中国已经实践了56年，历经上述三个发展阶段，现在回头去看，效果如何？在第一阶段的27年中，中国传统管辖海域与南海周边国家根本没有任何关系。到第二阶段，这些国家才通过侵占和单方面宣布及立法的方式抢占了本来属于中国的岛礁及海域，并擅自进行开发，进而造成既成事实。中国在这种情况下采取搁置争议、共同开发策略，本来是忍辱负重的和平愿望，却普遍遭到周边国家的曲解，它们把中国这种高风亮节误认为是软弱可欺，利用这个难得的机遇期在南海跑马占地，无本万利。1973年前这些国家还只有3海里或12海里领海，现在单单侵入中国传统管辖海域的面积就达到数十万至上百万平方千米。中国希望通过善意感动周边国家，通过经济技术合作加深感情，以缓解中国与南海周边各国之间的关系。可惜，这些国家并不领情，南海争端由此愈演愈烈，并开始向深层次发展和恶化。

中国在南海维权执法的实践

2012年，美国为了遏制和打压中国，决定结束伊拉克战争和阿富汗战争，全力以赴战略东移。大树底下好乘凉。为了配合美国战略东移的新战略，中国周边国家挟洋自重，拉着大旗作虎皮，借助美国来平衡和制约中国，从南海到东海，先是黄岩岛危机，再是钓鱼岛危机，还有一场接一场的针对性的军事演习，矛头全部指向中国。在这种情况下，中国忍辱负重、搁置争议、共同开发的传统思路面临严峻挑战，不得不考虑新的对策并建立新的思维模式。

2012年是中国海洋执法维权创新最多、收效最大、法律实践最为丰硕的一年。在黄岩岛危机中，中国出动海监、渔政等海洋执法力量，维护了国家海洋权益和主权尊严。在钓鱼岛危机中，中国该出手时就出手，及时宣布成立三沙市，并公布了钓鱼岛领海基点和基线，进入领海内巡逻的海监、渔政从无到有、从少到多，很快发展为常态，并开始驱逐在领海内的日本船只。在政治外交领域，利用外交部新闻发言人、电视、网络及纸质媒体等各种方式宣示主权，适时出版了钓鱼岛领海基点和基线的地图，以及三沙市管辖海域的全图。在军事维权方面，中国海军在国家管辖海域及西太平洋海域进行了大量有针对性的军事演习，并配合国家海监、渔政等执法力量进行常态性维权执法。

2012年11月27日，海南省人大审议通过新修订的《海南省沿海边防治安管理条例》，明确界定外国船舶及其人员进入海南管辖海域不得违反沿海边防治安管理的五项行为：包括通过海南管辖领海海域时非法停船或者下锚，寻衅滋事；未经查验准许擅自出境入境或者未经批准擅自改变出境入境口岸；非法登上海南管辖岛屿；破坏海南管辖岛礁上的海防设施或者生产生活设施；实施侵犯国家主权或者危害国家安全的宣传活动和其他法律、法规规定违反沿海边防治安管理的行为。《海南省沿海边防治安管理条例》规定，外国船舶及其人员有以上规定情形之一的，公安边防机关可以依法采取登临，检查，扣押，驱逐，令其停航、改航、返航等措施予以处置，可以收缴作案船舶或者附属通航设备等工具，并依法追究其法律责任。

《海南省沿海边防治安管理条例》的制定对于国家新时期在争议海域维权执法具有极大的推进作用，是依法治国、依法维权的创造性举措。鉴于国家战略和相关法律、法规，地方人大通过制定具体性的法规条例进行落实，在维权执法方面要大胆试、大胆闯，挺胸阔步，勇敢地走向争议海域，坚决维护国家主权和海洋权益。依法维权是法治国家的惯例，所有

海南省三沙市（永兴岛）效果图

执法维权人员都要进行法律法规的教育，要学法、用法、执法，以法律为武器，有理、有利、有节地进行海上斗争。将在外，君命有所不受。这句话并不是说在海上执行任务的时候可以不服从命令、不听从指挥，恣意妄为，而是说要采用委托式指挥的方式，但不能像稻草人那样做样子，更不能像风筝那样始终要有根线牵着，拉一下才动一动，要有战略思维，又要有法律意识且讲究执法艺术。要主动作为才能有所作为，如何作为需要依法创新。上级领导远离现场，不能要求在前线执行任务的人员什么都请示汇报，要给予前线人员最大的授权，让他们放手实践、大胆执法。在捍卫国家主权、维护国家海洋权益方面绝不让步，因为这不是对外侵略扩张，而是在保卫自己的家园。实践是检验真理的唯一标准，很多国际性争端都需要大量实践来探测对方底线，修正对策和策略，进而形成理论和法规。

海南省人大在地方海洋立法方面走出了坚实的一步，可喜可贺。在此基础上，我们也期望国家层面要根据党的十八大要求，围绕建立海洋强国的战略目标，抓紧制定国家海洋战略和《中华人民共和国海洋基本法》。《中华人民共和国海洋基本法》是国家海洋大法，是母法，这个法颁布之后，要制定一系列配套的部门法规，即海洋子法。在海洋配套法规方面，尤其值得注意的是，要紧抓三个方面法规条例的研究和制定：

一是海洋行政管辖法。要明确国家的领海基点和基线，进而划定相关的领海、毗连区、专属经济区和大陆架。同时，要以法律的形式对南海九段线以内的海域进行界定，这是海洋维权执法的基本法律依据。此外，要明确海上维权执法的主体以及各种不同执法力量之间的相互协同关系。要认真研究是否需要把中国海监与其他海上执法力量进行整合，扩充为中国海上准军事力量，授权在舰船上装备和使用重型武器，并与中国海军进行协同作战，战时经过动员后迅速转隶海军参加海上作战行动。

二是海洋主权维护法。在这个法规中要明确国家海洋主权的界定和范围，要明确谁是维护国家主权的主体，这支维权力量应该怎样建设，和平时期如何维护海洋主权，如何捍卫国家海洋安全，以及如何保护国家延伸到远洋的海外利益。同时，要依据人民战争的战略思想，制定平时、危机时和战时海上动员规则，充分发挥海上民兵、预备役人员在各个不同时期的作用。

三是海洋经济开发法。海洋经济开发的主要目的有两个：一个是通过海洋经济开发增强国家的经济活力；另一个是通过海上经济开发加强与海洋争端国家的经济联系，提高海洋经济活动的活跃度，提升争议海域的中国人气指数，形成你中有我、我中有你、盘根错节的复杂关系，以便遏制战争和武装冲突的爆发，为最终解决争端奠定基础。

南海九段线到底是一条什么线

在中国学术界长期流行一个说法，就是“中国拥有300万平方千米的海洋国土”，其实这个说法并不准确。“海洋国土”这个词源自日语，日本人在20世纪80年代创造了这个词，把专属经济区称作海洋国土。如果中国借用这个词来描述自己的专属经济区的话，那中国没有多大的面积。中国1992年通过了《中华人民共和国领海及毗连区法》，1998年才通过了《中华人民共和国专属经济区和大陆架法》，根据这两个法规，中国宣布的领海基点和基线包括三个部分：一是大陆沿岸的领海基点和基线（黄海还没有完整宣布）；二是西沙群岛的领海基点和基线；三是2012年刚刚宣布的钓鱼岛领海基点和基线。中国根据已经宣布的领海基点和基线，进而测出12海里领海、24海里毗连区、200海里专属经济区和大陆架。对于这些拥有明确法律规定和经纬度的国家拥有主权和管辖权的海域，应依照领海、毗连区和专属经济区等不同海域的法律规定进行维权执法。2012年11月27日通过的《海南省沿海边防治安管理条例》，主要维权执法海域就是限定在这些有法可依的范围内。

南海九段线最早是十一段线，第一次出现在1948年中华民国出版的官方地图中。中华人民共和国出版的南海地图改为九段线，且将其称作“传统疆界线”。从历史传承角度来看，虽然上千年来中国一直对这条线内的海域拥有管辖权，但直到1948年中国才以官方地图的方式正式宣示主权，中华人民共和国成立后一直沿袭传承至今。从法律角度看，九段线究竟是一条什么线，具有怎样的法律地位？

中国有些专家学者认为，这条线是中国的领海基线，这条线内是中国专属经济区海域。美国学者及某些政客认为，这条线内中国采取“拒止战略”，阻止外国自由航行和飞越。笔者根据自己的法律知识和对南海长期研究的心得，认为这条线的性质是一条从历史上传承下来的、没有明确经纬度的中国海上疆界线，由于中国人祖祖辈辈在这片海域中航行、捕捞，久而久之，形成了一些海图，1948年中华民国把它规范下来，画成地图，由国家公开出版，因而具备了法律效力。我们知道，专属经济区的概念是1973年之后开始酝酿，1982年在《联合国海洋法公约》中获得通过，1994年这个公约正式生效之后才真正具有法律效力的。换句话来说，专属经济区这个法律概念是在1948年中华民国宣布传统疆界线47年后才生效的。从国际仲裁的中立角度来看，南海周边国家宣布拥有南海专属经济区的有效期起码比中国晚了47年，这还不算1948年发布官方地图之前中国对南海拥有管辖权的那些漫长岁月和大量证据。

为了与“专属经济区”这个特定的法律用语相区别，笔者创造了一个新的词汇，建议把九段线以内的“传统疆界线”统称为“中国传统管辖海域”，这个用语规避了“专属经济区”“历史性海域”等具有特定法律效力的用语，又能够准确表述中国对其拥有历史性管辖权的主权权利。根据这个历史遗留下来的传统管辖权利，中国海军可以在九段线内捍卫国家主权，中国海监和渔政可以在九段线内进行执法巡逻，从而避免进入“专属经济区”“历史性海域”等那些现代海洋制度所规定的特定法律框架，这是一个防止入套，既能解套又能主动有所作为的新思路。在九段线以内及中国宣布的12海里以外的所有海域，外国舰船和飞机享有航行和飞越的自由。当然，这种自由并不是不受限制的，它是以尊重中国的主权、确保中国海洋安全和海洋权益为前提的。

九段线以内的海域暂且可以称为“中国传统管辖海域”，大量历史资料记载，中国人最早发现、占领南沙群岛、中沙群岛、西沙群岛、东沙群岛。由于历史久远，朝代变迁，文字用语多有不同，中华民国在经过长期水文调查和资料查阅之后，在1948年公布了官方地图，对南海岛礁沙洲重新进行了命名。中华人民共和国成立之后，对上述岛礁、沙洲的主权进行了传承，并用地图和声明的方式进行了公布，这在国际法上应该得到尊重和承认。九段线内的这些岛礁、沙洲在国际法上应该具有怎样的法律地位呢？

首先，它们是中国历史性传承下来的固有领土，这一点不受《联合国海洋法公约》等现代法律的制约，因为中国在这些固有领土上的实践活动远远早于现代国际法规，这符合先来后到的国际惯例，不能用今天的新法规去修正几百年前形成的习惯法，况且《联合国海洋法公约》并不涉及岛屿主权及争端的问题。

其次，中国在南海九段线内的这些固有领土基本上被南海周边国家分割完毕，并通过国内立法、宣示主权、武装占领、长期驻军、实际控制、岛上移民及行政管辖等方式窃为己有。这些岛礁、沙洲本来是中国的固有领土，因为种种原因被其他国家用武力的方式抢占并据为己有，这在国际法上是不被承认的，无论这些国家实际占领多少年都是非法和无效的。1942—1943年间，日本一度用武力侵占了太平洋上几乎所有大小岛屿，同时占领了中国沿海内陆、朝鲜半岛、苏联库页岛和南千岛群岛，以及东南亚国家。1945年8月15日日本投降之后，根据《中英美三国开罗宣言》和《中美英三国促令日本投降之波茨坦公告》这些领土全部无条件退还给主权国家。这说明，根据现行的《联合国宪章》，用战争的方式、侵略扩张的方式攫取别国领土是非法的、无效的。因此，外国实际控制和占领的中国南海固有领土应该被认为是非法的、无效的。

最后，由于南海岛屿基本上全被外国武装占领，中国无法在这些敌占岛礁上宣布领海基点和基线，即便是强行宣布也无法维权执法。中国虽然在南海武装占领了一些礁盘，但《联合国海洋法公约》规定，礁盘无论如何是不能作为基点来宣布领海基线的，只有岛屿才具有这样的法律地位。所以，中国目前在南海占领的所有礁盘虽然在军事上具有宣示主权的作用，但都不能作为岛屿宣布领海基点和基线。也就是说，虽然南沙群岛、中沙群岛、东沙群岛、台澎金马都是中国的固有领土，中国对其拥有无可争辩的主权，但到目前为止，中华人民共和国在这些地区和岛屿都没有宣布领海基点和基线。没有领海基点和基线，专属经济区和大陆架就无从谈起。

今后中国在南海要做的工作有三个方面：一是要充分发挥三沙市行政管辖权的作用，对九段线以内的传统管辖海域进行行政管辖，对已占岛礁进行主权管辖。二是要最大限度地增强在传统管辖海域内的活跃度，除常态性维权执法外，三沙市政府要制订南海建设规划和计划，加大南海渔业生产和油气资源开发的力度，同时可考虑与台湾联合，依托太平岛开展海洋旅游，并在黄岩岛等有条件的岛礁、沙洲上建造旅游度假设施。三是要通过政治外交和军事手段视情况解决南海被占岛礁问题，可以继续按照“主权属我、搁置争议、共同开发”的思路与各方接触。但历史的经验值得注意，要接受以往的教训，丢掉幻想，准备斗争，任何情况下都不要放弃武力威慑和军事斗争准备，任何情况下都不能中断常态性维权执法，任何情况下都不能停止南海传统管辖海域内的经济开发。

管辖海域内的航行自由权

公海航行自由是引发冲突的重要诱因

“公海航行自由”原则是一项国际法惯例，不仅在传统海战法中有所阐述，在战后以来的海洋法规中也多有叙述。“公海航行自由”原则通常是指在国际海峡、公海海域和重要的海峡通道等享有航行自由的权利。传统海洋法规定，一国领海为3海里，领海以外就是公海，军舰和商船在公海享有航行自由权，战机和民航飞机享有自由飞越权。1982年《联合国海洋法公约》通过并于1994年生效之后，关于公海的界定出现了一些争论。按照新的海洋制度，12海里领海以外还有24海里毗连区、200海里专属经济区和350海里大陆架。有些国家擅自宣布了50海里、150海里甚至200海里领海。这样一来，在法律解释上就出现了许多问题，有的国家说应该这样，有的国家却说应该那样，所以国际海洋争端往往都是从这样一些分歧中展开的。

美国及西方海洋大国至今仍维持传统的3海里领海制度，并坚持认为领海之外就是公海，应该适用“公海航行自由”原则。美国至今尚未加入《联合国海洋法公约》，根据国际法中“条约对第三方无效”的原则，新的海洋制度对美国没有约束力，美国更没有义务去遵守。尽管如此，根据国际法“普遍性”原则，美国即便不是《联合国海洋法公约》的签约国，由于世界上绝大多数国家签署了这一公约，在法律上形成了一种“普遍性”，也就是说绝大多数国家都认为应该这么做，美国不能因为不加入这一公约就公然违背普遍认可的国际准则，这叫作国际惯例。比如国际通行的惯例是“杀人犯法”，美国不能因为不加入相应的国际公约就擅自推行“杀人合法”的行为。

按照新的海洋制度，在领海之内，外国舰船享有“领海内无害通过”的权利，即美国军舰或商船在平时不用提前通报，便可无害通过外国领海。但是，这一条款许多国家在加入公约时有所保留，就是要求外国舰船在通过其领海之前要进行申报，获准之后才能无害通过。中国、朝鲜、越南、俄罗斯都保留了这一条款。尽管公约有明确规定，但由于主权国家提出了保留，因此，外国舰船通过中国领海之前必须通报，否则就被认为是侵犯中国的主权和尊严。

1986年3月，美国海军2艘驱逐舰突然闯入苏联领海以内，并一直行驶到距其军港6海里处的近海。苏海军措手不及，动用了各种电子设备，结果正好中计，全部让美舰截获。1988年2月12日，美国海军又出动3艘导弹巡洋舰和驱逐舰，借口“维护无害通过权”，再次闯入苏联领海距塞瓦斯托波尔军港7海里处。苏联则以“侵犯领海且有危险动作”为由，命令两艘护卫舰前往拦截。苏舰先向美舰发出“我舰奉命撞击你舰”的信号，见美舰无反应，便全速撞击上去，结果两败俱伤。

同年3月，美国海军舰队宣称要在利比亚沿海进行军事演习，而利比亚则发表声明，说距其领海基线200海里的锡德拉湾封口线为一条“死亡线”，如果美国舰队进入，则是侵犯利比亚的领海主权。美国海军第六舰队派遣三个航母战斗群在舰载飞机的掩护下强行越过“死亡线”，利比亚空军2架战斗机紧急起飞拦截，经过短暂交火，2架战斗机机毁人亡。美利冲突的导火索就此点燃，从而引发了一场代号为“草原烈火”的高技术局部战争。在这个案例中，利比亚违反了国际法。国际法规定一国领海宽度为12海里，利比亚擅自将领海宽度扩展到200海里；在锡德拉湾两端的米苏拉塔和班加西之间画出一条线，把这条线以内的海域作为其领海，并宣称这是一条“死亡线”，如果外国舰船和飞机进入这条线，就让它有来无回。《联合国海洋法公约》第10条第4款明确规定，海湾天然入口封口线的宽度不应超过24海里，锡德拉湾的封口线宽度则达到240海里。很显然，锡德拉湾不属于利比亚领海，利比亚这样做是在海上圈地，是违反国际法的行为。美国作为世界警察，认为有必要用自己的实际行动维护“海上航行自由权”。所以，三个航母战斗群气势汹汹地闯入“死亡线”以内，对利比亚内陆本土及近海沿岸的目标进行作战行动，用战争的方式向世界表明，沿海国不得擅自跑马占地，否则美国就要管一管。

如果改变一下思路，利比亚完全按照《联合国海洋法公约》规定，在自己的领海基线外划定12海里领海、24海里毗连区和200海里专属经济区，那么锡德拉湾就不再是其领海，而成为200海里专属经济区，之外才是公海。在这种情况下，美国海军舰队是否有权对利比亚进行类似的作战行动呢？按照美国人的观点，任何海域，无论发生什么冲突或危机，都不能影响它在公海等国际水域进行遏制和炫耀武力的所谓“航行自由权”，否则，美国就要动用武力来威胁或强行通过。对于美国等海洋大国经常到距离自己国土如此近的海域内活动，第三世界国家感到很不安全，所以都极力反对。

从法律角度来讲，美国确实享有“在12海里领海以外包括国际海峡在内的所有海域进行自由航行和飞越”的权利，也就是说，军舰可以随便航行，航空母舰上的飞机可以自由起飞和降落，导弹、火炮和鱼雷可以随便操练，当然还可进行情报侦察、军事演习和使用武力进行海上威慑。但其中有一个非常重要的问题，就是美国在享受“航行自由权”的同时，也要负有一定的责任和义务，不能因为自己的“航行自由”而限制了别国为维护国家主权和海洋权益而行使的自卫权。也就是说，要以尊重沿海国主权和管辖权为前提，美国的军事行动不能对沿海国的安全构成威胁，否则，沿海国就会进行驱逐和监控。由于利比亚与美国之间心存芥蒂，即便是在12海里领海之外进行抵近侦察或者军事演习，美利冲突仍然难以避免。

在处置这类争端的问题上，美国一般采取三种措施：一是在外交上从一开始就不承认沿海国宣布的领海、专属经济区等合法，为以后的军事介入奠定法律基础；二是在法律上为军事行动提供广泛支持，所有军队师以上（海军编队以上）指挥员全部配备专职军法官，负责涉外法律的解释和争议海域航行的法律咨询；三是有计划、有目的地在争议海域内制造事端，通过军事冲突、舰机相撞、武力威慑、强行进入等强硬方式，甚至不惜以爆发局部战争的极端方式来维护所谓的“航行自由权”。美国所有的海军官兵都必须学习和掌握法律知识，任何一艘军舰上都有各种国际法和国内法手册，更重要的是，所有军舰上都有一本《交战规则》，其中明确规定什么情况下可以采取什么样的军事行动。所以，美国任何一艘军舰和飞机都可自主采取军事行动，无须事前请示汇报，这叫作“委托式指挥”。

专属经济区是否具有航行和飞越自由

关于航行和飞越自由问题，《联合国海洋法公约》的规定相互矛盾，一方面确认在专属经济区内所有国家都享有航行和飞越自由，另一方面又要求在进行这种航行和飞越自由的时候适当顾及沿海国的权利和义务，遵守沿海国制定的有关法律和规章等。美国认为，所谓航行和飞越自由，是延续了传统国际法“公海航行自由”的基本原则，因此，就专属经济区内的航行和飞越而言，如同在公海一样，是完全自由的、畅行无阻的。既然他国在一国专属经济区内享有航行和飞越自由，军事演习、导弹试射、海洋调查和军事侦察监视也应是自由的。

中国认为，外国军用舰船和飞机在中国专属经济区和传统管辖海域内航行和飞越是自由的，但这种航行和飞越自由与“公海航行和飞越自由”是完全不同的概念，也就是说这种自由并不是不受限制的。顺着这样一个思路，中国就对专属经济区和传统管辖海域提出了两个限制条件：

第一，在海洋经济方面，中国对专属经济区和传统管辖海域享有主权和管辖权。专属经济区区别于公海的一个明显特征就是沿海国不仅拥有主权，而且拥有管辖权。当然，这种主权与领海是有区别的，它仅限于经济领域，而不是全部的、排他的主权。换句话说，中国对专属经济区和传统管辖海域享有经济开发权和管辖权，主要表现在中国海监、渔政、海事等海洋执法部门代表国家进行的行政管辖。外国舰船和飞机在上述区域中享受航行和飞越自由的时候，应该顾及中国的行政管辖权和经济开发权。中国行政管辖权主要是依据国家法律法规对专属经济区和传统管辖海域的疆界进行巡视，对海洋环境进行检测，对外国舰船和飞机的非法测量进行监管，对外国非法捕捞和资源掠夺进行驱离、临检、拿捕和罚没，用法律的手段维护国家主权和海洋权益。同时，保护国家在上述区域内的正常经济开发活动，如渔业捕捞、石油天然气开发、海洋科学考察、海洋环境保护、海上搜索救援等。

第二，在海洋安全方面，中国对专属经济区和传统管辖海域享有自卫权。从海洋安全角度来看，专属经济区和传统管辖海域是中国大陆的海上屏障，为了确保中国领海、领空及内陆本土的安全，必须向海洋方向扩展防御纵深，这个防御纵深扩大到什么程度取决于国家武装力量的防卫能力和国家的防卫需求。美国把本国的防御纵深前推至中国领海，从1951年起就在中国正面建立了第一岛链和第二岛链，这个防御纵深距离美国本土有1万多千米。中国军事战略是积极防御，中国海军战略是近海防御，所以中国无论军事现代化达到何种程度，都不会把防御纵深前推至美国本土。但是，随着中国军事力量的不断增强，拱卫内陆本土及领海和领空的防御纵深必须有所拓展。在过去相当长的时间内，中国海上防御纵深被限制在领海和领空附近的海域和空域。今后，中国将把自己的防御纵深逐渐扩展到专属经济区和传统管辖海域。这并不是美国兰德公司所说的“拒止战略”，而是为了保卫本土安全和国家海洋安全而采取的军事防卫行动。中国为捍卫国家主权而进行的这样一系列军事行动完全是自卫的，它丝毫不影响在中国专属经济区和传统管辖海域内为了和平和经济目的而进行的正常的航行与飞越自由。

如果外国舰船和飞机为了敌对目的打着航行和飞越自由的旗号进入中国专属经济区和传统管辖海域，进行军事侦察、非法测量、军事威慑、针对性军事演习和导弹试射等危害中国海洋和国家安全的行为，中国武装力量有权采取军事行动予以驱逐、制止或使之变为无害。在这种情况下，外国舰船和飞机实际上已经失去了《联合国海洋法公约》所赋予的航行和飞越自由的权利，因为这种以危害沿海国和平与安宁为目的的行为是对专属经济区“航行和飞越自由权”的滥用，它已经演变为一种军事行动。为了应对由此而引发的一系列军事威胁，在国际实践中，一些国家颁布了禁止别国在其专属经济区内进行军事活动包括军事演习的国内法律和政策声明。如印度在宣布批准《联合国海洋法公约》时申明，外国在印度专属经济区和大陆架进行军事活动必须获得印度的同意。马尔代夫1976年通过法律，只承认外国军舰在其专属经济区内享有无害通过权。马来西亚和巴西主张外国未经许可不得在其专属经济区内进行军事演习。朝鲜1977年宣布东海岸之外50海里和西海岸专属经济区为军事安全区，任何外国船舶和飞机在安全区内的航行和飞越都必须征得朝鲜的同意。

用来规范海洋活动的国际法规有两个系列：一个是和平时期的国际法规，主要是《联合国海洋法公约》；另一个是危机时、武装冲突时或战争时期的国际法规，主要是海战法和海上武装冲突法。如果在这一区域内不是进行资源开发等经济活动，而是进行军事活动，那就不能用《联合国海洋法公约》去规范，因为该公约不是军事法规，无法规范军事行为，涉及海上军事行动，应该援引海战法等军事法规的相关条款去规范。

专属经济区是《联合国海洋法公约》中专门为经济开发而规定的一个特殊区域，沿海国对该区域的自然资源享有主权，并在其他一些方面享有管辖权，从而限制了其他国家在该区域内的活动。管辖权是国家主权的一个组成部分，但不是全部，不要把专属经济区与领海及内水等同起来，因而其他国家在专属经济区内仍享有一些自由，比如航行和飞越自由。需要指出的是，这种航行和飞越自由的前提是无害的，对沿海国安全是没有威胁的，不能因为这样的军事活动而影响或加害于沿海国。某些海洋军事大国，动用航空母舰等具有巨大杀伤破坏威力的武器装备或先进的电子侦察监视装备，在沿海国专属经济区内肆无忌惮地进行大规模军事演习，抵近进行军事侦察监视活动，这些都不属于航行和飞越自由的范畴。在这种情况下，可以援引国际法中的对等原则，兵来将挡，水来土掩，你不仁我也不义。如果对方不顾及沿海国利益，沿海国也没必要顾及对方利益，可以用对等的原则大胆进行维权执法。

管辖海域内主权和安全管控

外国军用舰机进入中国管辖海域该如何处置

在国际法上，海域中的航行方式主要有“许可通过制”“无害通过制”“过境通过制”及“自由通过制”等几种形式。“许可通过制”主要适用于国家控制的内水范围，因此，外国船舶要通过沿海国内水均须事先请求并得到批准才行。“无害通过制”主要适用于沿海国领海、群岛水域及部分不适用过境通过制的“用于国际航行的海峡”。其特点是外国船舶在不损害沿海国和平、良好秩序或安全的前提下，可以继续不停地迅速通过沿海国的领海，而无须事先请求并得到批准。但无害通过制有某些严格的限制性因素，比如，外国潜水器通过时必须“上浮水面，展示国旗”，外国飞机不得作“无害飞越”。

“过境通过制”主要适用于“国际航行的海峡”及群岛水域中指定的航道中。其特点是外国的船舶、飞机在不损害沿海国的主权及利益的前提下，可以在有关水域“毫不迟延地”迅速通过或飞越，而无须事先请求并得到批准。与“无害通过制”所不同的是，它不限制飞机的飞越，也不要求外国潜水器必须“上浮水面，展示国旗”。“自由通过制”主要适用于毗连区、专属经济区等国家管辖海域及其以外的公海海域，在这些海域中，外国舰船和飞机应享有自由航行的权利，不存在那些必须“事先请求并得到批准”、必须“继续不停地迅速通过”或“毫不迟延地迅速通过”、潜水器必须“上浮水面，展示国旗”等限制性因素。

从理论上讲，依照《联合国海洋法公约》的主张，我国可以划分300万平方千米的管辖海域，事实上，岛礁被侵占，资源被掠夺，海域争端日趋突出，与周边的朝鲜、韩国、日本、菲律宾、马来西亚、文莱、印度尼西亚等国家存在海域划界问题，有争议的面积多达120万平方千米。在东海，我国钓鱼岛被日本实际控制；在南沙群岛，包括台湾地区控制的太平岛在内，我国仅控制着9个岛礁，其余大部分岛屿都不在我国控制之中，越南、菲律宾、文莱、马来西亚、印度尼西亚等国家抢占我国南海岛礁约50个。海洋资源被疯狂掠夺，渔业资源争端、油气资源争端已经成为影响国家关系的重要因素。南海周边国家无视我国的海洋权益，对我国南海油气资源进行疯狂的掠夺性开发，严重侵害了我国的主权、海洋权益和经济利益。

外国军用飞机和军用舰艇经常到中国近海沿岸进行抵近侦察、监视和骚扰，这类挑衅性活动大致可分为三种类型：一是侵犯中国的领海和领空。美国“小鹰”号航母战斗群在20世纪80—90年代曾经常侵入中国山东半岛、东海及东南沿海一线的领海及领空，有时深入中国内陆上空数十千米。从法律上讲，这属于严重侵犯中国主权的军事行动，性质十分恶劣。在危机应对策略上，正确的做法是：首先进行严重警告，同时起飞战斗机进行驱离，如对方一意孤行，继续向我内陆纵深抵近，我空中力量及地空导弹部队应同时进入拦截状态，迫使其在我指定机场降落或将其击毁。

二是侵犯中国的海上管辖区域。海上管辖区域是指根据国家颁布的法令，明确划定的毗连区、专属经济区和大陆架区域。外国军用飞机或军用舰船如侵入国家管辖的此类区域，在处置方式上要注意把握两个基本原则：首先是警告。根据预先双方的商定，使用无线电、高频电话、旗语、灯光等海上约定的识别方式等进行警告，提醒对方舰机已经驶入中国管辖海域和空域，希望其自行撤离。其次是驱离。根据国际海洋法规定，国家管辖海域主要涉及渔业捕捞、油气开采、海上运输、卫生防疫等与经济开发有关的行政执法管辖，这与国家主权的捍卫是有区别的，在使用力量方面要充分注意这些区别，最好以国家渔政、海事、海监、海警、海关、卫生防疫等执法力量为主，海军、空军等武装力量为辅。在具体执法过程中，也要坚持有理、有利、有节的斗争策略，不可鲁莽行事，更不能过度使用武力。在这方面，2012年在黄岩岛和钓鱼岛维权执法的长期实践中已经积累了丰富的经验，今后需要进一步加强这些执法力量的力度，在法律上授权其进行武装，在装备上加速现代化建设，公务船要向大型化、现代化、自动化方向发展，在维权执法上要加强法律知识的学习，同时要加强与海军舰艇之间的互联互通和联合作战，相互支援。同时，要发挥人民战争的光荣传统，与在管辖区域作业的中国渔民及油气开发人员加强联络，保护他们的安全生产，同时也要把他们纳入海上维权执法的具体系统中来，军民结合、平战结合，共同维护国家主权和海洋权益。

三是侵犯中国的传统管辖海域。根据1948年中华民国宣布的传统疆界线，即南海十一段线，中国最南端的领土是曾母暗沙，广大的南海海域应该成为中华人民共和国的主权范围。但是，南海海域达350万平方千米，有数百个岛礁、沙洲，20世纪70年代以来南海周边国家单方面宣布的专属经济区和大陆架纵横交错，你中有我，我中有你，难分彼此。最重要的是，中华人民共和国除正式公布西沙群岛和钓鱼岛的领海基线外，并未公布南沙群岛、中沙群岛的领海基点和领海基线，换句话来讲，除西沙群岛外，中华人民共和国在南海任何海域并无具有法律依据的领海、专属经济区和大陆架，拥有的只是名义上的继承性主权。这种状况就给国家执法部门造成很大的法律盲区，也就是说不清楚该从哪里开始计算执法的起始点。在全国人大制定南海新的法律之前，中国应把传统疆界线作为中国传统管辖海域的基准线，这条线以内的所有岛礁、沙洲都是中国的固有领土，在法律上属于中国主权性质。这条线以内的200多万平方千米的海域属于中国传统管辖海域，在法律上可参照专属经济区的性质，但不是专属经济区，不要与专属经济区概念混为一谈。在维权执法上，可参照在专属经济区内的维权执法规则，即外国舰船和飞机享有自由航行权，但同时要尊重中国的管辖权和军事安全。

延伸阅读：日本在东海击沉长渔3750船

2001年12月22日凌晨1时30分，日本鹿儿岛县奄美大岛西北240千米海域上空，日本海上自卫队的P-3C海上巡逻机发现一艘可疑船只。6时20分确认，该船左舷标有“长渔3750”字样，排水量100吨左右，外形类似渔船。P-3C巡逻机认定此船形迹可疑，立即向正在附近海域游弋的日本海上保安厅巡逻艇发出拦截信号。日本海上保安厅出动PM-95、PS-04、PS-03、PS-11等25艘巡逻艇赶赴现场，海上自卫队也派出14架飞机、最先进的7500吨宙斯盾导弹驱逐舰和一艘导弹护卫舰在周围海域掌握制空权和制海权。

中午时分，日本海上保安厅4艘巡逻艇在距离奄美大岛西北400千米处包围了“长渔3750”船，对空鸣枪示警，命令其停船并接受检查，但遭到拒绝，继续向正西方向中国海域航行。日本海上保安厅巡逻艇以违反日本渔业法嫌疑向该船上空和附近海面连续进行了5次鸣枪示警，但“长渔3750”船仍拒绝停船受检。

16时16分，日本海上保安厅两艘巡逻艇用20毫米速射炮向“长渔3750”船尾部射击13次，子弹全部击中船体，企图破坏该船的螺旋桨和操作舵，迫使其停船。很快，该船前部甲板部分起火，随即停止航行，船上人员开始紧急灭火。两艘巡逻艇对“长渔3750”船进行夹击，准备强行登船检查，“长渔3750”船上人员突然向日方巡逻艇开火射击，造成2名警官受伤。“长渔3750”船还向日方巡逻艇发射了2枚反坦克火箭弹，由于风高浪急，未命中目标。随后，该船还使用高射机枪与另一艘巡逻艇展开对射。在日本海上保安厅巡逻艇的火力压制下，该船停止射击。

18时53分，日本海上保安厅人员准备登船检查，这时“长渔3750”船甲板上突然冒出10个人，其中有三四个人挥舞着手中的铁棍不让日本人接近，双方近距离对峙了近3个小时。

21时22分，“长渔3750”船突然启动。日本海上保安厅巡逻艇决定强行登船，突然，“长渔3750”船上两名裹着毯子的男子架起机枪朝日方巡逻艇猛烈扫射，当即打伤两名日本警员，日方3艘巡逻艇轻度受损。日方巡逻艇立即开火射击，22点13分左右，“长渔3750”船发生剧烈爆炸并沉没，15名船员失踪，在中国领海外约260千米（140海里）处海域沉没。23日，日本海上保安厅的巡逻艇在沉没现场附近打捞起2具尸体。

“长渔3750”船究竟是一艘什么船？是哪个国家的船？它是怎么沉没的，是被日本击沉的，或着火后沉没的，还是自行炸沉的？日本海上保安厅发布的消息说，是他们击沉的。为了弄清事件真相，日方多次与中方磋商，希望打捞“长渔3750”船。2002年6月18日，中国批准日方提交的打捞方案，当年9月11日，该船在中国专属经济区海域被打捞出水。一个月后，日本海上保安厅公布了调查结果和回收物的照片，结果在船上发现了火箭发射器和冲锋枪等7种武器和一些物品，部分武器上刻有朝鲜文字。

2003年，日本政府公开展示了这艘“间谍船”。它配有4台俄制大功率发动机，航速高达33节，船尾两扇大门内藏着一艘小型快艇。船上设有自爆装置，危急关头可以爆炸沉没。船内还隐藏有一门14.5毫米的机枪。另外，船上还发现了很多日本生产的罐头、不同型号的日本短波收音机、全球定位系统和通信器材。甚至打捞出来的日本手机还记录有打给日本黑帮的电话号码。日本政府据此宣布，已打捞的“长渔3750”船是“朝鲜间谍船”。朝鲜方面断然否认，并强烈谴责日本袭击船只的行为是“残暴的海盗行为”和“现代恐怖主义”。

美国海军测量船抵近侦察该如何应对

美国海军对中国沿海的侦察监测行动早在20世纪90年代中期就已经开始了，经常派5000吨级综合测量船到中国东南沿海进行测量。2002年，美国海军监测船“鲍迪奇”号在距离中国海岸约60海里的海域进行海底地形绘图时，发生了与我国渔船相撞的事件。2003年、2004年、2005年和2009年，在中国的黄海、东海和南海专属经济区，中国海军多次与美国海军测量船、海洋调查船和电子情报侦察船“相遇”。其中，美国海军测量船“鲍迪奇”号多次闯入中国黄海水域进行“勘探工作”，遭遇中国军机和海军舰艇的“拦截”和“尾随”，中国舰船数次向美国测量船发出信号，要求其停止作业并离开这一水域。事后中国政府向美国国务院提出外交照会，抗议美国海洋测量船“鲍迪奇”号侵入中国黄海“专属经济区海域”，从事监听、侦察等“活动”。而美国国防部的某些官员则指责中国的抗议“很无理”，因为“鲍迪奇”号没有武装，其水文测量行为并不对中国构成威胁；而且它是在中国海岸以外大约100千米的“公海”上作业，应享有航行自由权。

外国舰船军事测量活动对我国安全造成了严重不利影响。美国“鲍迪奇”号、“无瑕”号等海军舰船配备各种用途、不同种类的尖端高技术设备，连年进入我国管辖海域的军事敏感区域进行非法军事测量，最近时距我国领海仅14海里。其目的是获得各种海洋环境和地理环境资料，在反潜作战中对潜艇实施探测，在导弹攻击中对巡航导弹和弹道导弹飞行状态进行修正，还可在超视距侦察预警中为卫星提供校验参数，这明显是针对我国进行的战场准备，对我国安全造成威胁。围绕海洋科学调查的权益斗争备受关注。一方面，我国的海洋科学调查船正常的海上科研调查活动受到周边国家的非法阻挠、拦截、干扰和无理“抗议”事件时有发生；另一方面，外国科研船、钻井船、打捞船未经我国批准或不按照批准的条件在我国管辖海域进行非法作业及侵犯我国海洋权益的事件时有发生。科学意义上的海洋调查活动已与国家安全和权益维护交织在一起，各国对此的敏感性和警惕性较以往任何时期都有所加强。对于此类事件，依据国际法和国内法，可从以下几个方面进行分析：

“鲍迪奇”号测量船的定性。这是一艘什么性质的船只？“鲍迪奇”号是一艘隶属于美国海军建制序列，装载专业性海洋水声侦察监视设备，由美国海军专业技术人员和海军官兵操纵，对中国近海沿岸海洋水文气象等进行侦察监视的军事情报侦察船。由此可见，这艘船在执行军事情报搜集任务，是一艘具有海上间谍性质的军用舰船。

“鲍迪奇”号测量船的作业海域定位。当时它处于什么性质的海域？是国家主权海域、国家管辖海域、国际争议海域，还是公海海域？美国政府声称“鲍迪奇”号在中国北方海岸以外100千米的“公海”上作业，并未侵入中国管辖水域。根据中国宣布的专属经济区范围，距中国海岸以外100千米的水域，正处于中国专属经济区水域范围，而非美国政府所称的“公海”海域。“鲍迪奇”号当时处于中国专属经济区内，那里正是中国管辖海域，也就是说，中国海监、渔政、海事等公务船有权依法维权执法，如有必要，中国海军和空军也可配合公务船维权执法。

“鲍迪奇”号测量船的活动定义。当时它正在做什么事情？是在国际航道上正常航行，还是在非国际航道上进行经济活动之外的非法活动？“鲍迪奇”号当时在中国专属经济区内执行军事侦察监视和水声测量任务，这种任务的特点是开启舰上雷达、通信、导航、电子干扰等侦察监视系统，搜集中国沿岸军用指挥控制情报等电子信号；使用舰壳声呐和拖曳式阵列声呐，对中国近海沿岸数万平方千米的水文、气象、地貌、水声等敏感军事信息进行全面侦测和记录，属于明显的军事间谍行为。这种行为的危害是美国海军在确切掌握了中国近海沿岸的雷达、电台等电磁频谱之后，可将此类信息输入反辐射导弹的制导装置，在战时对相关的雷达、通信设备等进行摧毁或干扰。美国海军在确切掌握了中国近海沿岸的水深、水温、航道、沟壑、地貌及不同舰船的音响特征等信息之后，可将信息输入鱼雷、水雷、潜艇、声呐数据库中，在战时提前发现、跟踪、识别或摧毁中国的潜艇、水面舰艇等目标，对蛙人在水下潜伏上陆也具有十分重要的参考作用。由此可见，“鲍迪奇”号的抵近侦察活动属于军事侦察监视行动，而非国际海洋法所允许的自由航行范畴。“鲍迪奇”号在中国管辖海域内的行为侵犯了中国的国家安全而不仅仅是经济安全，这种行为已经与“航行自由权”无关。在这种情况下，中国海军和空军完全有权介入，以捍卫国家主权和安全，必要时也可行使自卫权。

航行自由说不通，美国方面改口，辩称“鲍迪奇”号进入黄海的主要使命是进行“水文测量”。他国在沿海国专属经济区内进行海洋科学研究必须具备两个最基本的条件：一是以和平为目的。美国海军派遣现役军用水声检测船进入中国专属经济区搜集军事情报，显然不是一般的民用海洋科学考察，不是为了和平，而是为了军事和战争而进行水文地质测量。二是事先应获得沿海国的同意，并不应侵害沿海国的主权和管辖权。沿海国在专属经济区内就海洋科学研究一事享有专属管辖权，也就是说，沿海国有权许可或拒绝外国舰船在其专属经济区内进行这种海洋调查活动，有权通过国内立法来约束或规范这种海洋科研活动，也有权对违法的海洋科研考察活动采取任何必要措施。外国船舶能否在沿海国专属经济区内进行海洋科学研究，以及在什么条件下进行此类海洋科学研究，应完全按沿海国的法律、法规的要求来办。“鲍迪奇”号在中国专属经济区内进行的所谓“水文测量”根本就没有得到中国政府主管机关的批准，已严重地侵害了中国政府在该区域的专属管辖权。由此可见，“鲍迪奇”号在中国专属经济区内的所谓“水文探测”活动在国际法上属于不符合《联合国海洋法公约》要求的海洋科学研究活动，按中国国内法也应属于非法的海洋科研活动。

中方舰船在发现“鲍迪奇”号测量船之后，采取了哪些行动，这些行动是否失当？在“鲍迪奇”号闯入中国专属经济区后，中国海军舰艇及军机对之进行了“拦截”和“尾随”，这样的行动是否符合国际法和国内法的规定？首先，“鲍迪奇”号不是民用船舶，而是军用舰船，其活动可定性为军事行动。按照国际惯例，通常是采取对等的策略，兵对兵，将对将，如对方出动渔船、民间调查船，我方可出动渔政、海监等公务船，如对方出动军舰、战机或军用辅助舰船，我方则毫无疑问地出动军舰和战机视情况进行驱逐、拦截、临检或扣押。其次，在活动海域方面，黄海属于明确划定专属经济区和大陆架的海域，1996年中国政府就将该区域的领海基点和基线以中英文方式公布，“鲍迪奇”号测量船上的海图是明显标注的，所以属于明知故犯，擅自闯入中国专属经济区。最后，在任务特征方面，显然不是在执行一般的海洋科学考察活动，而是抵近进行军事侦察监视，属于间谍行为。从这个意义上讲，中国海军出动舰艇和飞机进行警告和驱离是合法的军事行动。“鲍迪奇”号如果不服从监管，中国海军舰艇和飞机有权依法进入紧追、登临、检查、逮捕等司法程序。所谓紧追、登临、检查、逮捕，是指使用直升机或小船登临“鲍迪奇”号测量船，对该船进行控制、检查，命令其驶往制定港口，由海事法院进行审判。

需要补充说明的是，在专属经济区执行此类任务时，如果海军舰艇和飞机发现类似“鲍迪奇”号测量船之类的目标，应及时通报给海事、海监、海警、渔政等国务院海洋执法部门，由它们派遣舰船和飞机按照相关规定进行海洋执法，海军兵力予以配合及支援，这样的解决方式，比较适用于中国的国情，可以在纷杂多变的周边环境中留有余地，防止因出动军用舰艇和飞机与对方迎头相撞，如果把这种事件界定在法律管辖的框架内就更加稳妥。2012年11月，海南省人大出台的《海南省沿海边防治安管理条例》就是一个很好的探索，有了这样一个具体化的地方法规，就可以在依法维权方面加大力度。

延伸阅读：美国监测船与中国舰船南海对峙

“无瑕”号海洋监测船是“无瑕”级监测船的首舰，也是该级别唯一的一艘军舰，于2001年交付使用，美国海军编号为“T-AGOS 23”。其中，AGOS是“一般性辅助海洋监视”的缩写。而“T”字母则表示由受聘于海军的文职技术人员操作。该舰长约86米，宽约29米，排水量为5368吨，航速22节。“无瑕”号海洋监测船配有约20名水手、10名技术人员和20名海军官兵。其中，水手负责运行、导航、维护船只，技术人员主要负责维护声呐设备，而海军人员则负责利用声呐收集数据。

“无瑕”号采用双体形船身设计，具有较强耐波性，可以充当一个稳定平台，利于声呐收集数据。因其任务的特殊性，它是除了潜艇外，美国政府执行任务时使用的最安静的舰船。该船主要用途就是利用高性能声呐来侦测及追踪潜艇等海底威胁，为此，“无瑕”号上部署了美军最先进的拖曳式阵列传感器系统（SURTASS）。该系统的探测装置分为两部分：一部分为美军目前最先进的拖曳式阵列传感器系统，由被动声呐组成，被水平拖曳在船后，拖缆长达1800米，可以探知水下150米至450米深度潜艇的方位和类型，系统收集声呐数据后，将信息由卫星传输至岸上基站进行分析或引导反潜攻击；另一部分被称为低频主动声呐，是垂直悬挂在舰船下方的主动声呐阵列，用以对付被动声呐无法探知的“极安静”的潜艇。

2009年3月4日，美国海军侦察船“无瑕”号在黄海距离中国231千米处执行侦察任务，被中国渔政部门的巡逻艇和Y－12海洋侦察机警告。3月5日，中国一艘舰船逼近美监测船“无瑕”号，并在船头91米外掠过并对其发出警告。3月7日，中国一艘情

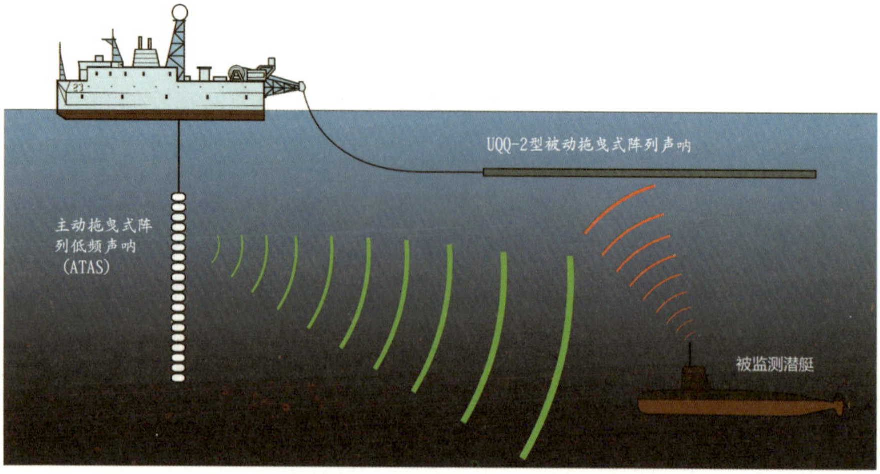

美国海军“无瑕”号测量船作业图

中国一艘拖网渔船接近美国海军“无瑕”号侦察船

报船用无线电警告美国海军“无瑕”号，称“无瑕”号正在进行非法活动，要求其立即撤离，否则“后果自负”。3月8日，美国海军“无瑕”号监测船在距离中国海南岛75海里的海域遭5艘中国舰船包围。

3月9日，美国国防部宣布，“无瑕”号监测船在“国际水域进行例行勘察”时，遭一艘中国海军情报搜集船、一艘海事局渔业监督船、一艘国家海洋水文监督船和两艘挂着中国国旗的拖网渔船包围，两艘船驶近至仅距离“无瑕”号15米的范围，“无瑕”号用消防水龙驱赶其中一船，但对方船员脱下外衣仅剩内衣裤，继续逼近至8米处。美国国防部指出，中国舰船还向海面抛圆头阻挡“无瑕”号去路，两艘船更驶到“无瑕”号前面，迫使“无瑕”号紧急刹车。中国船员还用长杆爪钩试图钩断“无瑕”号拖曳的大型声呐基阵，迫使“无瑕”号不得不紧急下锚以防发生对撞事故。此时，“无瑕”号用无线电通知中方舰船准备撤离这一海域，要求对方让出安全航道。

美国官方强调，“无瑕”号监测船并无武装，船员只是承办商人员，中国舰船的行动不专业、太危险，漠视其他船舶的安全，违反国际法。又指“无瑕”号和另一海洋监测船“胜利”号上周已先后六次遭到中方滋扰挑衅，并扬言会继续在那一带的“国际海域”作业。3月11日，美国海军宣布已经派出“伯克”级导弹驱逐舰“钟云”号前往南海为“无瑕”号的海洋监测工作执行护航任务。

中国政府迅速对此做出回应：不仅批评美国是恶人先告状，还公开表示，“无瑕”号的主要任务就是搜集中国南海潜艇和海床的情报，其擅自进入中国专属经济区，违背了《联合国海洋法公约》和中国法律。

美国航母进入中国管辖海域该如何处置

2010年6月初，韩国媒体率先爆料，声称美国华盛顿号核动力航母6月中旬要进入黄海军演。就是这样一条未经美国军方证实的消息，引发中国媒体长达一个多月的群起反击，中国官方也积极表态，中国外交部和国防部新闻发言人先后十次提出抗议，国家和军队权威媒体接连发表评论文章，坚决反对并抗议美国航母进入黄海军演，认为这样的军事行动是在挑战中国的利益底线。有评论甚至提出，美国航母如果胆敢进入黄海海域，中国就让它有来无回！人不犯我，我不犯人，人若犯我，我必犯人！一时间，黄海周边火药味浓烈，似乎战争离中国不再遥远。出乎所有人意料的是，美国军方从未在这个问题上发声或回应，军演的时间也一再推迟。最终的结果居然是美国让步，美韩从7月25—28日在日本海举行了大规模的联合军事演习，总共出动了约20艘舰船、200架飞机以及8000名陆海空三军人员。这是自1976年以来，美韩军队进行的最大规模军演。

美韩军演地点从黄海改到日本海，美国华盛顿号航母不再进入黄海军演，这是为什么？许多人认为，这是美韩屈服于中国的表现。结果，没过几天，令所有人都吃惊的是，8月5日，美国官方发言人宣布，华盛顿号核动力航母即将在中国南海与东盟六国举行卡拉特军演，然后访问越南。华盛顿号航母结束南海的军事行动后，将在黄海进行军演。美国官方的这个表态深深刺痛了中国人的心，大家这才明白，美国航母在中国南海、东海、黄海等周边管辖海域进行军事演习是绝对的，不在这些海域进行演习才是相对的。11月28日起，美国华盛顿号航母战斗群如期而至，在黄海进行一次声势浩大的美韩军演。中国官方连续五次表态进行反对，很多专家甚至提出，中国要给美国立规矩，在南海和黄海画出一条不可逾越的红线，告诉美国人那里是中国的核心利益，美国飞机与舰艇不得靠近！

美国航母是否有权进入黄海、东海和南海军演，真的来了我们应该怎么办？这是个很严肃的国际海洋法和海战法问题，不是一个简单的时事政治和外交问题，更不是一个简单的军事问题，不能任由媒体炒作，不能用感情代替政治，用政治代替法律。要尊重客观现实，摸清历史脉络，弄清法律条款，照顾各方诉求，厘清思路，不带有任何偏见地客观分析问题。

海洋

只有这样，才能找出令人信服的解决争端的办法。

美国方面认为，中国12海里领海以外的任何海域都可以自由航行，中国无权干预。虽然在这些地方中国宣布了专属经济区，但是，专属经济区内允许航行和飞越自由。由此可见，在美国人的词典中，没有“屈服”这个词。在美国军队的实践中，没有“忍让”这个词。美国人认为，美国拥有世界上最强大的军事力量，它想去哪儿就去哪儿，所到之处只应该有献花和掌声，不允许有咒骂、谴责和隆隆的炮声。从1949年中华人民共和国成立之日起，美国就在中国的正面建立了一道岛屿锁链，如今，美国突然发现中国龙正在冲破这道锁链，前往太平洋和印度洋试水。于是，美国企图在南海压住龙头，在黄海断其龙尾，让中国龙首尾难顾，成为龟缩在第一岛链内的一条“中国虫”！

中国方面的观点比较混乱，大致分为三类：一是海洋主权说。认为南海、东海和黄海是中国的传统海域，中国在这些海域享有无可争辩的主权，捍卫国家的海洋主权，事关中国的核心利益，对于美国军舰进入上述

中国驱赶美国海军“无瑕”号监测船

海域，中国表示反对和抗议，如果美国执意进入，中国有权采取军事行动进行反击。二是国家管辖说。认为中国有权对200海里专属经济区进行管辖，外国军舰和军用飞机如果进入这些区域，应该提前申请和报批，未经批准不得进入这些区域。三是无害通过说。认为中国领海以外的专属经济区和大陆架上覆水域，外国舰艇和军用飞机可以无害通过，但不得停留进行军事演习、海上作战等危及中国安全的军事行动，如果出现上述情况，中国将武装驱离。

中国的海上主权范围，具体而言包括两个部分：一是大陆海岸线，二是根据岛屿主权确定的领海基线。中国大陆海岸线，北起辽宁鸭绿江口，南达广西的北仑河口，全长18000多千米。根据中国宣布的领海、专属经济区和大陆架法，我国实际上宣布的领海基点和基线是北起山东半岛的成山头，南至北仑河口，北部与朝鲜的领海基线没有宣布，所以黄海中一部分海域实际上中国是没有专属经济区的。中国的外海岛屿主要有台湾岛、海南岛、钓鱼岛、西沙群岛、南沙群岛、东沙群岛、中沙群岛、澎湖列岛等群岛。在这些岛屿中，2010年我国实际上只宣布了海南岛和西沙群岛的领海基线，2012年9月11日才宣布了钓鱼岛的领海基线，其他岛屿没有宣布领海基线。没有宣布领海基线就不可能出现领海，更不可能出现专属经济区的概念。实际上，中国在中沙群岛、南沙群岛、东沙群岛、台湾岛和澎湖列岛等广大海域不拥有专属经济区。当然，根据1946年宣布的传统疆界线，中国可把这条线以内的海域作为传统管辖海域，在维权执法上可以比照专属经济区。

按照《联合国海洋法公约》的有关规定，已经宣布领海基线的海域，在12海里之内中国享有完全的排他的主权，外国舰船和飞机未经许可不得进入，一旦进入，中国武装力量可采取坚决的军事行动予以驱离、拦截、临检、扣押或摧毁。12海里以外是毗连区，毗连区是指邻接领海并在领海以外的海域。根据1958年《领海及毗连区公约》，毗连区宽度为12海里，在法律地位上属于公海。1982年《联合国海洋法公约》对1958年《领海及毗连区公约》进行了修改，取消了原来把毗连区归属于公海的提法，同时把毗连区的外部界限从原来的12海里扩展到24海里。毗连区的性质和法律地位不同于领海，它不是一国的海洋领土，国家不能在这一区域行使完全排他的主权。毗连区没有独立的法律地位，其地位取决于所依附的海域，或接近公海，或接近专属经济区。

《联合国海洋法公约》规定沿海国在毗连区可行使下述管辖权：防止在其领土或领海内违反其海关、财政、移民或卫生的法律和规章，惩治在其领土或领海内违反上述法律和规章的行为。各国一切船舶（包括军舰）在毗连区内享有自由通行的权利。1992年2月25日颁布的《中华人民共和国领海及毗连区法》规定："中华人民共和国毗连区为领海以外邻接领海的一带海域。毗连区的宽度为十二海里。中华人民共和国毗连区的外部界限为一条其每一点与领海基线的最近点距离等于二十四海里的线。""中华人民共和国有权在毗连区内，为防止和惩处在其陆地领土、内水或者领海内违反有关安全、海关、财政、卫生或者入境出境管理的法律、法规的行为行使管制权。"由此可见，国家在毗连区内行使的管辖权仅是为了维护本国的主权和法律秩序，是为了对在本国陆地或领海内违法犯罪者进行追究和惩罚。

从历史上看，许多国家都曾在领海以外的海域自行宣布一些管制区，为了保护海洋渔业资源和国家安全，我国先后宣布过许多专门管制区。这些管制区有专属渔区、渔业保护区、防止污染区、中立区、军事警戒区、军事禁航区、军事作战区等，主要是限制外国舰船的航行自由，保护自己的经济和政治利益。这类管制区规定外国军舰未经许可不得在此区内停泊。需要注意的是，中国宣布的领海及毗连区法中比《联合国海洋法公约》中多了一个管辖条件，就是安全，这说明中国对于该管辖区域中安全问题有重大考量。综合考虑中国宣布的专门管制区和毗连区中的安全要素，说明中国希望通过限制外国舰船在毗连区内的敌对活动来保证自己的安全，而美国等海洋大国则力图通过扩大自己在毗连区内的航行自由和飞越自由等权利来达到其称霸海洋、炫耀武力、威胁沿岸各国的目的。综上所述，外国舰船和飞机虽然根据国际海洋法在毗连区内拥有航行和飞越自由权，但在进入中国24海里毗连区和专门管制区之后，必须考虑中国法律的尊严和国家安全，在这些区域中的航行和飞越自由权是受到限制的，是有限自由权而不是无限自由权。

在对领海和毗连区界定完毕之后，我们来分析一下专属经济区内的行为规则。专属经济区是1982年《联合国海洋法公约》中新提出的一项法律制度，规定从领海基线算起，向公海方向划定200海里的专属经济区和最远达350海里的大陆架。专属经济区是国家管辖海域，国家仅仅在经济开发方面享有专属权，不能享有完整的排他的主权。按照海洋法规定，沿海国对专属经济区的管辖权主要包括四个方面：一是人工岛屿、设施和结构的建造和使用；二是海洋科学研究，其他国家未得到沿海国的同意原则上是不得进行海洋科学研究；三是海洋环境的保护和保全；四是行政管辖权、民事管辖权和刑事管辖权以及国际法所赋予的其他管辖权。这些权利都是专属性的，沿海国完全有权在自己的主权范围内来确定管辖范围，行使权利。当然，这也要顾及国际法和其他有关国家的利益。为此，《联合国海洋法公约》第58条规定：在专属经济区内，所有国家，不论为沿海国或内陆国，在本公约有关规定的限制下，都享有“航行和飞越的自由、铺设海底电缆和管道的自由”，以及和这些自由有关的海洋及其他国际合法用途诸如“船舶和飞机的操作及海底电缆和管道的使用”。

美国航母战斗群到底能不能进入中国的专属经济区和传统管辖海域内航行，进行军演和导弹试射？总体上回答是肯定的，没有问题。由于航母战斗群的作战半径在1000千米以上，作战能力非常强大，拥有数百枚导弹和鱼雷，它出现在中国的专属经济区和传统管辖海域内不仅对中国安全构成严重威胁，还严重影响在这些区域中进行正常渔业捕捞和油气开采作业的经济活动，虽然美国航母拥有航行和飞越自由权，也必须顾及中国作为沿海国的这些担忧和疑虑。处置的方式大致可以分为三种：如果美国航母战斗群在中国专属经济区和传统管辖海域内抵近侦察，采取敌对性行动，或针对中国进行军事演习和武力威慑，中国军队必须针锋相对地进行军事斗争，出动军舰和战机进行驱逐、拦截和警告，以捍卫国家主权和安全利益。如果美国航母战斗群并不是专门针对中国进行军事演习和武力威慑，而是与中国专属经济区和传统管辖海域邻近的国家进行例行军事演习，中国军队可以保持监视，同时做好军事斗争准备。如果美国航母战斗群只是经过中国专属经济区和传统管辖海域，中国应该确保其航行和飞越自由的权利。

在对待美国航母战斗群进入中国专属经济区和传统管辖海域问题上，我们要不怕鬼、不信邪。美国虽然拥有航空母舰，还有核武器，可毛泽东说：“美帝国主义和一切反动派都是纸老虎！”在战略上藐视敌人，在战术上重视敌人，这就是我们的策略。美国对外政策说得天花乱坠，看似多变，其实就是西奥多·罗斯福说过的一句话：说话要和气，但手里要有大棒。这就是“胡萝卜加大棒”的传统政策。没有永恒的朋友，只有永恒的利益。国家之间讲友好、交朋友为的是什么？钱串子，米袋子，脑瓜子。美国与中国交好是希望中国多买美国国债，支持美国经济发展。中国在这方面已经做了很多，但美国却总是不满意，这说明美国醉翁之意不在酒，而在于要打压中国、遏制中国，担心中国经济增长过快而超越美国，美国不习惯也不愿意做世界老二。所以，美国战略东移，村村点火，处处冒烟，煽动中国周边国家惹是生非，干扰中国经济发展大方向。对此，我们必须保持清醒的头脑，以斗争求团结则团结存，以忍让求团结则团结亡。厘清了这个思路，就很容易理解美国航母战斗群为什么总是围着中国南海、东海、黄海转悠，它在这些海域游弋不是为了增进中美之间的友谊，而是为了给中国使绊，给中国添堵，使中国处于危险之中。

中国是一个负责任的大国，中国是一个爱好和平的国家，中国是一个以经济建设为中心的国家，我们说话、做事、分析问题都要从战略上去考虑，不要贪图一时痛快，就像孙子说的“主不可因怒而兴兵”。我们要摆事实、讲道理，从国际法角度、从新安全观角度、从民众的情感角度、从中美两国战略合作的角度去思考问题，提出对策和建设性的建议。提出问题的目的是要解决问题，而解决问题的最好方式就是平等协商和交流合作，要避免出现极端民族主义情绪，要避免因小失大、积累矛盾、制造危机，最终因为误会而触发中美之间的战争或冲突。

援引法条：《中华人民共和国领海及毗连区法》

1992年2月25日第七届全国人民代表大会常务委员会第二十四次会议通过。

第四条　中华人民共和国毗连区为领海以外邻接领海的一带海域。毗连区的宽度为十二海里。

中华人民共和国毗连区的外部界限为一条其每一点与领海基线的最近点距离等于二十四海里的线。

……

第十三条　中华人民共和国有权在毗连区内，为防止和惩处在其陆地领土、内水或者领海内违反有关安全、海关、财政、卫生或者入境出境管理的法律、法规的行为行使管制权。

第十四条　中华人民共和国有关主管机关有充分理由认为外国船舶违反中华人民共和国法律、法规时，可以对该外国船舶行使紧追权。

追逐须在外国船舶或者其小艇之一或者以被追逐的船舶为母船进行活动的其他船艇在中华人民共和国的内水、领海或者毗连区内时开始。

如果外国船舶是在中华人民共和国毗连区内，追逐只有在本法第十三条所列有关法律、法规规定的权利受到侵犯时方可进行。

追逐只要没有中断，可以在中华人民共和国领海或者毗连区外继续进行。在被追逐的船舶进入其本国领海或者第三国领海时，追逐终止。

本条规定的紧追权由中华人民共和国军用船舶、军用航空器或者中华人民共和国政府授权的执行政府公务的船舶、航空器行使。

军用舰机应加强敌我识别，避免误炸误伤

1987年，伊朗和伊拉克正在海湾进行袭船战，当时，美国和伊拉克比较友好，没有敌对关系，美舰的主要作战对象是伊朗海军。5月17日晚，美国导弹护卫舰“斯塔克”号和其他舰艇一起在距伊拉克48千米的海域执行正常的巡逻任务，全舰处于三级战备（美国战备等级共分五级），221名舰员中75人进行战斗值班，舰上各种探测装置处于正常工作状态。21时，美国E-3A预警机发现1架幻影F-1战斗机从伊拉克军用机场起飞，以885千米的时速沿波斯湾海岸向东南方向飞行，之后对准“斯塔克”号飞去。于是立即将这一情况向各舰通报。21时58分，“斯塔克”号雷达发

美国海军导弹护卫舰“斯塔克”号

“斯塔克”号遭袭

现空中目标，距离70海里。此时，其他舰艇询问“斯塔克”号是否在监视目标，“斯塔克”号回答：正在监视。22时09分，“斯塔克”号用国际通信频道243.0兆赫应急频率向目标发出无线电呼叫信号，并通报自己是美国海军舰艇，方位078度，距离12海里。37秒后，第二次警告，但均无回应。伊拉克幻影战机飞行员把美舰当成了伊朗舰艇，发射了一枚法制飞鱼导弹。导弹准确命中舰艏左舷2号甲板100号肋骨处，但并没有爆炸。25秒后，第2枚导弹袭来，命中同一部位，并钻入水兵舱内爆炸，撕开一个3米×

4.6米的大洞，舰上立即起火，供电系统瘫痪，37人当场死亡。事件发生后，美国立即派出调查组进行调查，“斯塔克”号舰长、副舰长和作战军官被撤职并退出现役。伊拉克总统萨达姆·侯赛因很快向美国政府道歉，并表示愿意赔偿。美国方面经调查也承认属导弹误击事件，并未深究。这次事件最大的教训是，战区目标识别存在严重的问题。“斯塔克”号和其他舰艇都曾用无线电向幻影战斗机进行询问和发出警告信号，但伊拉克声称飞机在243.0兆赫UHF或121.5兆赫VHF频段都没有收到任何信号，而且飞行员通晓英语，并具有丰富的飞行经验。可见，在现代国际性武装冲突和海上危机中，对峙双方目标识别问题的确值得引起注意。